城镇化高质量发展系列丛书

产业优化、城市进化
与京津冀协同发展

Industrial Optimization, Urban Evolution
and Coordinated Development of the Beijing-Tianjin-Hebei Region

刘建朝 著

中国财经出版传媒集团

经济科学出版社
Economic Science Press

图书在版编目（CIP）数据

产业优化、城市进化与京津冀协同发展／刘建朝著
. -- 北京：经济科学出版社，2023.3
（城镇化高质量发展系列丛书）
ISBN 978 - 7 - 5218 - 4666 - 9

Ⅰ.①产…　Ⅱ.①刘…　Ⅲ.①区域经济发展 - 协调发
展 - 研究 - 华北地区　Ⅳ.①F127.2

中国国家版本馆 CIP 数据核字（2023）第 059005 号

责任编辑：杜　鹏　武献杰　常家凤
责任校对：王苗苗
责任印制：邱　天

产业优化、城市进化与京津冀协同发展
刘建朝　著
经济科学出版社出版、发行　新华书店经销
社址：北京市海淀区阜成路甲 28 号　邮编：100142
编辑部电话：010 - 88191441　发行部电话：010 - 88191522
网址：www. esp. com. cn
电子邮箱：esp_bj@ 163. com
天猫网店：经济科学出版社旗舰店
网址：http：//jjkxcbs. tmall. com
固安华明印业有限公司印装
710 × 1000　16 开　16. 25 印张　290000 字
2023 年 9 月第 1 版　2023 年 9 月第 1 次印刷
ISBN 978 - 7 - 5218 - 4666 - 9　定价：99. 00 元
（图书出现印装问题，本社负责调换。电话：010 - 88191545）
（版权所有　侵权必究　打击盗版　举报热线：010 - 88191661
QQ：2242791300　营销中心电话：010 - 88191537
电子邮箱：dbts@ esp. com. cn）

前言

　　京津冀城市群地域完整、人文相亲，在资源、能源与产业等方面具有天然互补优势，在我国区域经济格局中占据无法替代的战略地位。但是，京津冀城市群不合理的空间结构、核心城市无序且过度集中的空间结构、政府间治理制度不足导致的滞后的区域治理制度安排，统一的规划缺失导致的区域重复建设、低水平竞争，造成了明显的产业梯度差和城市经济的不同步性，严重限制了区域经济的协同发展。与此同时，京津冀城市群的城市化进程继续快速推进，人口向城市持续集聚和长期滞留现象不断得到强化，资源、能源、产业环境压力空前严峻。

　　京津冀协同发展是党中央、国务院着眼于创新区域发展体制机制、优化国家发展区域布局作出的全面谋划和前瞻性部署，包含着京津冀协同合作与有序疏解北京非首都核心功能的丰富内涵。《京津冀协同发展规划纲要》的印发，标志着京津冀协同发展重大国家战略由顶层设计转向全面实施。如何实现京津冀区域协同跃迁发展，深度促进产业体系迭代与城市空间优化，提升治理水平是一个重大的研究命题。

　　鉴于此，本书以京津冀城市群为研究指向，通过构建京津冀城市群产业优化与城市进化的适应性理论模型，并运用空间计量经济模型，剖析京津冀城市群产业优化与城市进化的互动机理，进而探究这一机理在京津冀协同发展中呈现形式，以崭新的视角为京津冀协同发展提供新证据。

　　在学术思想上，本书基于京津冀城市群的资源禀赋、发展阶段、主要矛盾与发展目标，提出在城市群经济与城市发展关联的种种因素之中，最重要和最具现实意义的是产业优化与城市进化的关系，产业优化是城市进化的动力源泉，城市进化是产业优化的支撑保证。在产业优化中预防城市衰退,在城市进化中实现产业优化,在产业优化与城市进化的互动中,使京津冀城市群进入新的更高层次的发展周期,并实现经济结构优化,在螺旋式上升的过程中实现可持续发展,是京津冀城市群的战略选择。

在研究思路上,本书总体上按照"理论模型构建—协同发展经验—空间范围判定—分工与产业链治理—投资与城市产业变迁—产业与城市空间计量—产业与城市空间重塑—区域治理创新"进行层递式研究,包括规范分析与实证研究两大方面、纵向研究与横向比较两大维度、国际视野与国内实践两大空间,逻辑清晰,层次分明。

在研究方法上,本书综合运用以空间计量模型为核心的经济统计方法,运用城市联系强度与城市流模型判定京津冀空间范围、采用联系程度和感应力系数研究产业分工与产业链治理、采用时间序列模型方法分析产业链投资与核心城市产业结构变迁、采用空间面板计量模型方法探析京津冀城市群产业优化与城市进化的动态关联,方法多样,结论具有说服力。

国家"十四五"规划指出,要以京津冀、长三角、粤港澳大湾区为重点,提升创新策源能力和全球资源配置能力,加快打造引领高质量发展的第一梯队。如何通过塑造中心城市和城市群整体经济发展优势,增强经济和人口承载能力,带动全国经济效率整体提升,从而开拓高质量发展的重要动力源是未来研究着力拓展的方向。

由于本人水平有限,难免出现遗漏甚至偏误,竭诚欢迎读者批评指正。

作　者

2023 年 1 月

目录

绪　　论

1.1　研究背景及意义

经济社会大转型是 21 世纪中国最突出的国情。制度、经济、社会等方面都将发生显著变革，特别是以距离、密度和分割为变量的空间重构也是这一变革的重要方面。区域经济加速一体化、生产要素快速集聚、生产专业化分工日益精细所导致的新型低地域体日渐形成并不断发展，主次分明、分工明确、协同演进的以若干大城市为核心的城市群（urban agglomeration）日益成为我国区域经济发展的主要形式。

所谓城市群，是以核心城市为中心在一定空间范围内以多种形式依托不同路径进行拓展所发展形成的城市集合。城市群在交通方面联合一体、产业方面分工协同、社会方面联系密切、文化方面相亲相近，具有突出地域特点和相似的文化属性。就宏观视角而言，国家层面甚至更大层面的经济，都可以由若干大的城市群组成，因此，城市群在整个国家甚至更大范围、更大层面都扮演着举足轻重的角色。国与国之间的竞争，是以科技为核心，以产业为依托的竞争。从空间范围讲，以产业为源泉的城市群是这一竞争的毋庸置疑的"主角"。就西方资本主义国家而言，从纽约城市群、伦敦城市群、巴黎城市群到东京城市群，其范围经济、规模经济、产业层次、服务辐射等功能在各自国家均有着不可替代的地位，而这些成功的城市群无不是以世界城市为核心、以产业为支撑的。从世界范围来看，区域经济发展和演进的主要方向便是以要素空间集聚与优化为途径的产业与城市的空间集聚，城市化与工业化是产业经济与城市群的动力机制，也是城市化和工业化进程的必然结果。由于工业化的发展，生产要素日益流向城市，他们的组合与优化，使得分工日益精细，这也就导致了以产业特色为体现的城市群。产业经济是城市发展的动力源泉，城市发展是产业经济的主要载体，正是由于产业经济与城市发展的优化、互动、协调与共生，才推动了整个城市群的空间优化，才能实现城市群的可持续发展。

京津冀城市群地域完整、人文相亲，在资源、能源与产业等方面具有天然互补优势，在我国区域经济格局中占据无法替代的战略地位。但是，京津冀城市群不合理的空间结构，核心城市无序且过度集中的空间结构，政府间治理制度不足导致的滞后的区域治理制度安排，统一的规划缺失导致的区域重复建设、低水平竞争，造成了明显的产业梯度差和区域经济的不同步性，严重限制了区域经济的协调发展。与此同时，京津冀城市群的城市化进程继续快速推进，人口向城市的不断集聚和长期滞留现象不断得到强化，资源、能源、产业环境压力空前严峻。

面对京津冀城市群复杂的发展态势，发展目标与发展取向的互动和互补、整合和协调应成为其发展主题。然而各自为政的现实困境与发展愿景的差异使得京津冀城市群的协调发展必须寻求可持续的发展动力。

京津冀协同发展重大国家战略是党中央、国务院着眼于创新区域发展体制机制、优化国家发展区域布局作出的全面谋划和前瞻性部署，包含着京津冀协同合作与有序疏解北京非首都核心功能的丰富内涵。《京津冀协同发展规划纲要》的印发，标志着协同发展由"顶层设计"阶段转向"全面实施"阶段。如何实现京津冀区域协同跃迁发展，即深度促进城市间空间优化、提升治理水平是一个重大的研究命题。

从国内外城市群发展的轨迹来看，任何一个城市群的发展都是有其内在规律的，这种规律在产业层面上与产业发展的演进轨迹切合。在发展的某个时期或者某几个时期，由于产业发展的力量推动，可能获得较快的发展，但一个发展快速的城市不会无限期维持其高速增长势头，它必定会减慢速度，时快时慢，周而复始，最终被新的增长所取代。如何促进产业经济与城市发展"双轮驱动"，能够保持长期的繁荣与健康发展，即实现连续性产业优化与城市进化，是京津冀城市群协调发展中必须研究的重大理论课题。基于京津冀城市群的资源禀赋、发展阶段、主要矛盾与发展目标，在产业优化中预防城市衰退，在城市进化中实现产业优化，在二者融合发展的过程中，使京津冀城市群进入新的更高层次的发展周期，通过循环往复，在螺旋式上升的过程中实现可持续发展，是京津冀城市群的战略选择。

学术界关于城市进化及其与产业优化的研究不太集中，但其丰富内涵蕴于已有的大量研究成果中，其逻辑的科学性可以得到充分保证。本书以京津冀城市群为研究指向，通过构建京津冀城市群产业优化与城市进化的适应性框架，并运用空间交互效应模型，剖析京津冀城市群产业优化与城市进化的互动作用机制，探究这一机制下京津冀城市群的政策体系，以崭新的视角为京津冀城市群可持续发展提供新证据。

1.2 国内外研究现状

学术界关于城市进化及其产业优化与关系的研究不太集中，城市群中产业优化与城市进化的研究尚未发现，但两者丰富的内涵蕴于已有的大量研究成果中。关于产业经济与城市发展互动关系问题，国外学术界关注较早，库兹涅茨（Kuznets）和钱纳里（Chenery）在 20 世纪六七十年代最早注意到产业结构变动与城市化发展之间的相互关联，并且提出了一些重要的学术思想，成为以后学者研究的依据和出发点。随着学术界对产业结构变动与城市化关系的日益关注，其相关研究领域也不断拓宽深化。相比于国外，国内学术界对于城市化与区域产业结构的相互作用关系研究起步较晚，大体上改革开放后才开始逐渐引起了国内学者的广泛关注，并且基于中国社会经济发展以及城市化进程的特征，进行了一系列的理论与实证研究，取得了系列的研究成果。总结起来，国内外相关研究主要集中在以下方面。

1.2.1 城市群

（一）城市群的概念内涵及理论源流

基于城市群视角对城市进行研究最早的要数霍华德（Howard，1898），其成果为著名的《明日田园城市》，田园城市的概念也由此而来。他认为社会城市由田园城市构成。而所谓田园城市，就是基于工业需求而来。其主要涵盖了工业导向、规模适中、生活健康、社会功能等多种要义。在此之后，库恩（Queen，1910）初步定义了城市群这一概念，并认为由内城、边缘区及其腹地三大板块构成了都市区。而真正开都市圈（metropolitan coordinating region）研究先河的却是盖迪斯（Geddes），他于1915年创新性地提出了"组合城市（conurbation）"这一超前理念。昂温（Unwin）则以此为基础于1922年将"组合城市"进一步发展成为"卫星城"，即城市群由母城、新城和卫星城组成，其中，母城为核心，在其之外，依托各种纽带，布局一些卫星城或新城。针对当时城市群的快速形成，萨伊宁（Saaeinen，1918）提出，城市群已经到了以有序疏导取代过度集中的新阶段。随着研究的进一步推进，克里斯泰勒（Christaller）以德国为研究区域，以城镇空间为研究对象，系统梳理了已有城市群的研究，提出了具有划时代意义的中心地理论（central place theory）。与此同时，西方国家将其城市群思想应用于实践之中，到1939年，勒施（Losch）构建了城市经济圈的主要模式，进一步夯实了现代城市群发展的理论根基。同时期内，"城镇密集区"由福塞特（Fawcett）提出。自此，城市群的研究进一步繁荣，一批重要成果陆续推出。如杜坎（Ducan）在1950年，第一次提出了城市体系（Urban System）的概念。而真正使城市群的研究产生世界影响的则是法国学者戈特曼（Gottmann），他的研究是城市群研究史上的里程碑。他于1957年提出了城市集群（Megalopolis）这一得到广泛认可的概念，并首次提出了城市群的构成条件，即：城市群的人口规模一般不低于2005万人；区域空间中集聚着数量较多的城市，并且大城市达到一定数量，这些大城市都拥有发达的都市区；城市群各城市之间存在便捷的交通体系，各要素在城市之间可以自由流动。同时他也提出了城市群存在一定等级结构，即：存在核心城市与外围城市，两者的社会联系非常密切；发挥着交通枢纽的功能，在国家经济中扮演核心角色。在戈特曼以后，其他研究者也进行了相关的研究。到了20世纪50年代，日本的一些研究者提出了"城市圈"这一概念，并于10年后，用"大都市圈"取代了这一概念。进入20世纪90年代，世界经济一体化与区域经济集团化风起云涌，昆曼和魏格纳（Kunzmann and Wegener，1991）、范吉提斯（Pygiotis，1991）系统研究了跨国网络化中的城市体系，其主要观点在于城市群是一种新的地域空间组织形式，是产业在一定空间尺度上的集合，将在世界范围内发挥日益重要的作用。

从国内看，最早对"城市群"进行研究的是城市学家和经济地理学家。从现有研究成果看，1964 年，地理学家严重敏将克里斯泰勒（1962）提出的城市层次结构，译为中文时，采用的为"城市系统"，而宋家泰则是有文献可查地首次提出"城市群"这一概念的学者，其阐述"城市—区域"的逻辑时，提出随着城市的进一步发展，会在城市周围形成与城市密切联系的区域，两者形成了稳定的地域结构体系。在中国的国情下，这一体系存在两大主要模式：一是与行政区无关的城市经济区，在这些城市经济区之中，多中心城市区构成了城市群；二是与形成区域相对应的城市经济区域。于洪俊、宁越敏于 1983 年首次将戈特曼的研究引入国内，并将城市群进行了如下描述：城市人口在 2500 万人以上，城市职能非常鲜明，城市与农村的界限日益模糊，城乡发展日益一体化。而崔功豪于 1993 年将戈特曼的思想解读为"城市带"，并系统介绍了其概念内涵、主要特征、动力机制以及在国内的发展情况。之后，一系列与城市群相关的概念不断被提出来，如城市组团、城市圈、都市连绵区等。

国外学者，特别是城市地理学家对城市群的研究一直保持着很高的热情，以时间为线索，主要研究成果可以归纳为以下各个阶段：（1）工业化时代的城市群研究，包括大都市区研究、大都市带研究（Gottmann，1957）、城市场的研究（Friedma，1965）等；（2）关于发展中国家城市群的研究，包括城乡混合区研究（McGee，1991）、扩展型大都市区研究（薛凤旋等，2003）等；（3）全球化背景下的城市群的研究，包括巨型城市区域研究（Hall，2005，2006）、巨型区域研究（Lang，2005）。

随着城市群成为发达国家城市化的主体形态，国内学者开始对城市群进行系统研究，最早对城市群进行系统研究的当为以姚士谋为代表的城市地理学家（姚士谋，1992，2001，2006）。进入 21 世纪，中国城市群的经济性凸显，城市群的发展开始上升为国家战略，代表性的研究有：跨世纪中国城市发展战略研究（建设部，1999）、中国集聚经济发展模式（世界银行，2004）、托起中国的大城市群（周牧之，2004）、中国城市发展报告（2003～2004）：组团式城市群（中国市长协会，2004）、2020 国家城市体系框架（国家发展和改革委员会，2005）、全球区域研究（吴志强，2005）、中国现代化的引擎三大都市密集区（牛凤瑞，2006）、以城市群作为推进城镇化的主体形态（"十一五"规划纲要，2006）、为十亿城市大军做好准备（麦肯锡，2008）、中国发展报告 2010：促进人的发展的中国新型城市化战略（中国发展基金会，2010）等。

（二）产业发展与城市群的关系

一般而言，城市经济学构成了城市圈研究的理论基础。而言及城市经济学，则必须要提到阿朗索（Alonso）等人。他们提出了城市内部结构理论，着重强调了城市土地的相关议题。而亨德森（Henderson）于 1974 年的研究则是现代城市经济中最早对城市系统进行深入研究的成果。纵观文献研究可以发现，大致有四大理论流派对城市群展开研究，分别是：内生经济增长理论，以罗默（Romer）、卢卡斯（Lucas）等学者为代表；产业组织理论，以迪克西特（Dixit）、施蒂格利茨（Stiglitz）等学者为代表；城市经济学，以米尔斯（Mills）、亨德森（Henderson）等学者为代表；新经济地理理论，以克鲁格曼（Krugman）、藤田（Fujita）等学者为代表。

1. 经典的城市经济理论对城市群主体关系的关注

经典的城市经济理论一般将外部规模经济性作为向心力，而将过度集中引起地租的提高而导致的集聚不经济作为离心力，对于最终交易源于空间因素的影响重视不够，从而将城市群的主要缔造者归结为政府或者是某些最大化利润的受益方。在此类研究中，由阿朗索所提出的城市内部结构理论框架是经典的模型，基于此框架，亨德森（1974）运用一般均衡的方法，在要素完全流动的假设下，将这一模型拓展到对城市体系的研究中，从而构建了城市体系形成的静态模型，并对城市群主体（政府或利益受益者）着重进行了研究。但该模型也并非完美：其微观基础关注不够，模型并不稳固，此外，模型对研究假设中专业化城市的假定也不完善，现实中城市群的分工体系不可能达到全部实现专业化城市的程度。自此之后，阿卜杜勒和藤田（Abdel and Fujita，1990）得到了与亨德森相同的研究结论，他们的做法是将马歇尔集聚用张伯伦集聚予以替换。而亨德森的研究也未停止，他于 1985 年、2007 年对专业化城市系统进行了更加深入的研究，他的主要结论是产业规模决定了城市规模，如果产业规模较大，则意味着较大的规模经济，从而促进较大城市的形成，此外，城市群因交通建设而导致的用地紧张对城市规模产生了制约。而其此后的研究则将政府纳入了动态模型中，进一步考察了制度在城市系统中发挥的重要作用。阿卜杜勒（1990）则将更多的因素纳入城市形成的模型中，包括产业间的范围经济、非贸易型产品与服务等，考察了多样性城市与专业性城市在城市系统中的角色。戈德斯坦和格鲁伯格（Goldstein and Gronberg，1984）的研究则独辟蹊径，他们将研究的重点放在了城市集聚经济源泉，并构建了相应的分析框架。

2. 产业组织理论对差异化产品和产业关联的关注

基于 D－S（dixst-stiglitz）模型，即垄断竞争模型和产品差异化模型，霍布森（Hobson，1987）、里维拉－巴提兹（Rivera-Batiz，1988）、阿卜杜勒和藤田（1993）以产业组织理论研究范式为指导，对城市圈形成的微观机制进行了创新性探索。这些研究假设企业为不完全竞争，产品存在差异化，且存在内部规模经济。城市群中每个城市都生产差异化的产品，城市之间没有要素流动。差异化产品模型对于多样化城市的形成具有较高的解释力。而为了构建更具有普适价值的分析框架，藤田和阿卜杜勒（1990）进一步引入了范围经济，提出多样性城市与个性化城市可以在城市群中实现均衡共处。阿纳斯（Anas，2003）认为城市区位成本与贸易成本的相互作用是城市专业化与多样化形成的主要原因。而迪朗东和普加（Duranton and Puga，2001）则将此模型与产品生命周期结合起来，认为多样化城市与专业化城市共存，从而对其微观基础进行了研究。

3. 内生经济增长理论对人力资本与知识溢出作用的强调

一直以来，内生经济增长理论都将城市群形成发展的动力归为人力资本与知识溢出。例如，伯利兹和克鲁格曼（Brezis and Krugman，1997）将导致城市集聚的向心力归结为知识专业化与干中学，认为新技术必将促进新城市的发育，而使用旧技术的城市也会走向衰落。迪朗东和普加（2000）基于城市体系结构分析模型，将企业学习能力变量引入，分析了城市体系三种均衡：只存在多样化城市，或者只存在专业化城市，或者两者并存。而当企业学习能力降低时，两者并存的结构就会存在。而倘若城市的主要受益人有能力创造一个新的城市，则极有可能产生最优规模的城市体系。布莱克和亨德森（Black and Henderson，1999）基于经济增长与城市化两大维度，通过城市形成演化分析框架，研究了经济增长对城市化的影响路径以及城市化对经济增长的作用机制等。他们认为知识溢出吸引了人口集聚，人力资本积累则促进了经济的增长。知识溢出和人力资本规模越大，城市规模就越大，相应地，城市的数量也会随之增加。阿朗索（2002）在垄断竞争的条件下，建立一般均衡模型，着重研究都市区形成这一命题。他认为，城市集聚更多的是人力资本溢出的结果，这是经济活动集聚的主要诱因，此外，规模报酬递增与运输成本也是影响因素之一。城市群的集聚力由知识溢出等组成，分散力则由拥挤成本等组成。在此之后，贝里安特、瑞德和王（Berliant S Reed and Wang，2006）通过构建城市发展与空间集聚动态模型，提出了基于区位的知识溢出是城市体系形成的主要动力。

4. 新经济地理理论对集聚经济与外部性的强调

规模经济、报酬递增、路径依赖、运输成本是新经济地理理论的核心概念，运用微观经济数学模型，剖析城市体系的形成及其过程，将城市群的形成视为自组织过程。其中，规模报酬递增是城市区位锁定的主要因素，这是早期中心地理论的观点。区位相邻、报酬递增、经济集聚会产生三大外部性，分别是技术溢出、中间品共享以及劳动力市场的匹配。一般而言，规模经济是促进城市形成的积极因素，即集聚力，而运输成本则是城市形成过程中的消极因素，即分散力。而随着集聚程度越来越高，土地资金和劳动力成本也逐渐提升，则企业必须通过区位的增加缩减运输成本。所以，要素流动、运输成本与规模经济是城市区位锁定的三大因素。克鲁格曼（1991）构建了动态多区位模型模拟城市形成，进而分析城市体系的产生，并论证了因果循环累计可导致与中心地累积的结果；克鲁格曼和藤田（1995）基于单中心空间经济模型，采用理论演绎的方法，将其发展为多多城市体系模型，在此模型中，向心力是产品的多样性，而离心力则是城市间的运输成本。此外，他们研究证明，在人口有限且产品差异极大的条件下，杜能的"孤立国"实现了空间均衡，否则，单一城市体系将转化为多城市体系。此外，克鲁格曼通过构建多中心城市结构的空间自组织模型，论证了城市的形成是一个自组织过程，即向心力与离心力相互作用的结果。进一步地，藤田和莫里（1997）以及藤田、克鲁格曼和莫里（1999），基于演化理论，运用分叉方法，将藤田—克鲁格曼模型发展深化为多城市模型。此模型的发展源头为单中心城市，引入市场潜能模型研究了新城市的动态形成，并仿真了人口增加如何促进经济空间演进。基于城市体系的成果，藤田、克鲁格曼和维纳布尔斯（1999）通过对企业、消费者行为的考察,更加深入地剖析了城市是上述行为主体追求自身利益最大化的结果。

1.2.2 产业经济与城市发展

(一)产业发展与城市化

城市化是工业化的产物,其与产业经济存在高度的依赖和互动关系。在这方面的研究中,库兹涅茨研究后发现城市化对于农业的影响主要在于:一是城市化进程是分工与专业化的结果,与工业化过程相对应,农业人口会向工业转移,而农村人口也会向城市转移,这反过来加大了对农产品的需求,会加速农业发展;二是随着更多的人口进入城市,城市拥挤会带来成本的提高,产品会更多进入城市以供消费,这一过程便带动了服务业的繁荣。

关于城市化与工业化的关系,潘迪(Pandy,1997)通过实证研究发现,非农人口所构成的劳动力,对城市化的发展有积极且显著的影响。戴维斯和亨德森(Davis and Henderson,2003)计算 1841~1931 年英格兰和威尔士的工业化与城市化的相关系数为 0.985,1866~1946 年法国的工业化与城市化的相关系数为 0.967,均为非常高的正相关系数。穆玛和沙特(Moomaw and Shatter,1996)研究认为工业人口的增加对城市化发展有促进作用,而与此相反,农业人口的增加会阻碍城市化进程。莫里把 1945~1973 年这个时期划分为三个阶段,统计了 75 个国家(地区)的数据进行分析考察,结果表明:在发展水平较低的阶段里,城市化与第二产业有紧密的联系,而发达国家的第三产业的劳动力份额和城市化之间,有着更加密切的联系。刘耀彬和王启仿(2004)研究结果显示:中国省区的工业化与城市化协调发展的地区分布和区域经济发展水平存在很大的空间对应关系。张燕和吴玉鸣(2006)应用耦合机制和时空协调性模型进行了研究。余华银和杨烨军(2007)研究表明,安徽工业化对城市化的促进作用是较为显著的,新型工业化水平每提高 1 个百分点,城市化水平会提高 0.53 个百分点。

第三产业发展对城市化的作用。莫里(2006)将 1945~1973 年分为三个阶段选取了 75 个国家的研究样本,研究认为:在发达国家,城市化与第三产业从业人员比重的关系非常密切,而在不发达国家中,则与第二产业从业人员比重更为密切。布莱克和亨德森（2003）提出，城市规模的差异导致服务业和制造业对城市化有着不同的影响，如果服务业发达，则城市规模一般较大，如果制造业发达则城市规模相对要小一些，由此，亨德森认为，经济活动在成熟的城市系统中日趋分散，服务业、研发产业以及定制的高端制造业更多地集中于大城市，一般制造业则分散到规模较小的城市之中。

曾国平、刘佳和曹跃群（2008）研究发现，长期内我国东部地区服务业发展与城市化互为因果关系，服务业发展是中部地区城市化进程的长期原因，但反之不成立，西部地区服务业与城市化相关性较弱；方俊伟和刘银通过对1982~2004年浙江省第二产业增加值和城市人口比重的数据进行协整和格兰杰因果关系检验，得出浙江省现代服务业发展和城市化进程互无显著的因果关系的结论；张自然（2008）通过1978~2006年的时序数据分析，得出我国城市化对人均服务业增加值的正向作用明显强于人均服务业增加值对城市化的反向影响。张建伟、杜德斌、张战仁（2011）以上海市为例，采用回归分析模型、基于因子的协整与格兰杰因果检验的方法对研发产业与城市化的关系进行了定量研究，最后对研发城市构建的影响因素进行了分析。

（二）产业结构演变与城市化

集聚经济在产业结构与城市化的关系中扮演了重要的角色。戴维斯和亨德森（2003）研究发现在主导产业以现代服务业取代农业和工业，劳动力相应地从农业转移到工业，最终流向服务业，企业更加向城市集中，从而获得规模经济，从而加速城市化进程。在城市化对产业结构的作用机理方面，欧阳晓和生延超（2006）研究认为，城市化作用于产业结构的内在机制表现在投资形成、投资导向和产业整合三个方面。在产业结构对城市化的影响机理方面，陈甫军和陈爱贞（2004）认为，产业的区域转移带来的集聚效应和规模经济也将推动城镇化的发展；李丽萍和郭宝华（2006）提出，由于产业的集聚效应加之产业间的关联效应，使得产业集聚发生乘数效应，以此加速了城市化的发展。赵航（2011）认为城市空间是由一系列块状功能区组成，如商业区、商务区、工业区等。要素空间集聚是功能区产生的内在动因，以此改变城市空间布局，促进了城市空间的结构调整。

要素空间转移也是产业结构变动推动城市化的因素之一。李培祥和李诚固（2003）认为在城市化初始阶段，产业结构以传统产业为主；城市化加速阶段，人口向城市迅速集聚，城市数量迅速增加，第二产业在 GDP 中所占比重最大；城市化终极阶段，城市人口比重增长趋缓甚至停滞，产业结构中第三产业处于主导地位。陈鸿宇和周立彩（2001）通过建立计量模型，得出广东的城市化率每提高 1 个百分点，将使第二、三产业比重之和增加 1.57 个百分点。并且，城市化对第三产业的带动作用大于对第二产业的带动作用；战明华和许月丽（2006）通过分析得出，第二、三产业之间的关联效应是影响我国城市化水平的重要因素。

人力资本也是产业结构与城市化的中间变量。对于人力资本对区域经济的显著积极作用，卢卡斯（1988）进行了著名的研究与论证。得益于人力资本的积累，知识外部性更加明显，并加速了要素在城市中的集聚，促进了城市在区域经济中地位的形成。布莱克和亨德森（1999）也认为，人力资本可以有效提升城市的集聚经济水平，是产业结构与城市化的重要作用变量。

技术进步也是产业结构与城市化互动关系的重要机制之一。例如，莫里（2006）通过研究后发现，发展中国家由于使用更先进的生产技术，使得制造业对劳动力的吸引能力受到影响，水平有一定的下降，这就导致剩余劳动力直接转移至第三产业。村太（Murata）也认为，得益于技术进步，农业生产效率不断改善，从而释放出更多的劳动力，这些劳动力不断向第二产业和第三产业转移，从而推动了城市化的加快发展。

最后，经济政策也将发挥作用。古斯塔沃·加尔萨（Gustavo Garza）以墨西哥联邦政府为例深入研究了经济政策对产业与城市化的影响；此外，戴维斯和亨德森（2003）研究后发现，政府制定实施的经济政策会对城市化产生很大的影响，如财政政策、货币政策、贸易政策、投资政策等，其作用机制往往是间接的，即首先受到影响的是各产业，进而对城市化发生影响。袁志刚和绍挺（2010）认为中国城市结构往往呈现"扁平化"，中国的发展必须以大都市圈模式为主，而此模式的转化需要政府有所作为，即政府应从土地制度改革入手，积极转变职能，创造更加有利于企业发展的政策环境。

（三）产业集聚与城市化

在产业集聚与城市化的互动关系研究方面，国外学者通过研究后指出了城市的本质即集聚。马歇尔（A. Marshall）在其名著《经济学原理》中提到了"地方性工业"的概念，他是城市化与产业集聚关系研究的开拓者。

关于产业集群与城市化的关系，1990 年以来，以保罗·克鲁格曼（Paul Krugman）、藤田昌久（Masahisa Fujita）、安东尼 J. 维纳布尔斯（Anthony J. Venables）为代表的新经济地理学派，系统探究了人口和经济集聚累积因果机制，在此基础上，提出了投入－产出联系驱动模型和迁移驱动模型等几种理论模式。迈克尔·波特从竞争优势和创新的角度分析产业集群与都市区域经济的关系；日本学者长尾谦吉在《大都市圈经济和产业集聚》中论述了产业变化和都市圈经济的发展关系。拉尔（Lall，2004）从企业、产业与区域三个角度探讨了集聚经济对于经济效率的影响程度。阿朗索（2004）分析了1993～1999 年西班牙产业地域集中的情况，得出结论为：科技水平越高的产业表现出来的集聚性越明显，同时强调劳动力市场、信息外溢和工商业等对于产业集聚的重要影响。

近几年，产业集聚程度与城市化的关系问题得到了国内学术界的重视，并取得了一些成果，蔡孝箴（1998）指出集聚经济为城市化提供了直接动力，通过厂商、要素的集聚，推动城市形成并使之不断膨胀。朱智文（2006）通过对新疆交通运输设备制造业集聚与城市化发展的关系进行回归分析，得出二者之间存在着双向互动关系；此外，罗薇薇通过实证方法得出电子及通信设备制造业的产业集聚程度与城市化水平存在强正相关关系。在产业集群与城市化的相互作用关系方面，王君萍和项杜英（2007）认为，产业集群通过提升城市竞争力、降低城市化的成本，在城市化拓展地理空间等方面推进城市化进程；李敦瑞（2007）研究认为，城市化为集群发展提供了有利条件，在城市化发展进程中，大量人口的集中为群内各个企业提供了广阔的销售市场。吴丰林、方创琳和赵雅萍（2011）在综述国内外相关研究的基础上，认为目前城市产业集聚动力机制与模式的研究方法尚比较薄弱，尤其是通过构建模型进行定量研究鲜有涉及。通过构建 PAF 模型耦合了动力机制与模式的关系，分析城市产业集聚的动力机制与所应采取的合理发展模式，并可以通过对动力的调控来实现城市产业经济的持续健康发展。

（四）产业发展与城市空间发展

在经济发展与城市扩展相互作用机制研究方面，米尔斯（Mills，1986）认为，工业化引起工业和服务部门产出的上升，于是大量企业集聚在城市地区，导致城市规模扩大。卢卡斯（1988）认为，城市数量增加将使得交易成本降低，而集聚经济则有助于提升生产效率。

在经济发展与城市土地利用研究方面，拉特克利夫（Ratcliffe）提出了一个比较完整的城市土地利用经济模型；阿朗索（2004）研究得到了市场均衡地租曲线，这对于城市发展具有决定性影响；斯科特（Scott）认为当代西方国家城市边缘区已变成高度多样化的经济活动和经济增长的重要地域，新的生产社会关系和劳动力市场形式代替了以都市为中心的产业和经济活动。

目前，国内关于产业发展与城市空间发展的相关研究，主要集中在产业与城市空间结构互动、开发区与产业发展互动作用、城市群与产业发展的关系、产业发展与城镇体系关系等方面。在产业结构与城市空间结构互动关系方面，王磊（2001）认为，城市产业结构的调整使各类城市用地布局按产业的不同呈现出明显的区位特征；此外，徐秋实（2006）研究表明，城镇结构在很大程度上影响城市的经济功能和生产效率。在开发区与产业发展互动作用研究方面，刘现伟（2008）通过研究发现，我国开发区数量与地方经济规模之间具有明显的正相关关系；张占录和李永梁（2007）研究表明，土地资本、技术等推动开发区经济增长，但土地要素在经济增长中的功能逐渐弱化，技术和制度要素促进经济增长的贡献在增大。

关于城市群体与产业发展的关系研究，张祥建、唐炎华和徐晋（2003）认为，产业关联效应、产业转移效应、产业集聚效应是城市群空间结构演化的产业机理。涂人猛（2007）认为产业集群是提升城市圈产业竞争优势、推动城市圈经济增长、促进城市圈不断系统创新的重要途径。冯碧梅和刘传江（2010）从全球价值链的视角分析武汉城市圈产业体系构建，提出发展低碳经济是城市圈融入更大区域乃至全球价值链，不断朝着全球价值链的高附加值环节攀升，具有持久的生命力和强大的竞争力的途径。

关于产业发展与城镇体系关系研究，李全胜（2004）分析了城市发展对区域经济增长的影响，认为城市的集约性和高效性是区域经济增长的外部推动力，城镇规模体系的构成状况影响区域经济增长的空间；杨波和吴聘奇（2007）根据模型的分析得出，我国的城市集中度对区域经济发展存在一定程度的影响。

综上所述，可以发现在城市群经济与城市发展关联的种种因素之中，最重要和最具现实意义的是产业优化与城市进化的关系，产业优化是城市进化的动力源泉，城市进化是产业优化的支撑保证。在产业优化中预防城市衰退，在城市进化中实现产业优化，在产业优化与城市进化的互动中，使京津冀城市群进入新的更高层次的发展周期，在螺旋式上升的过程中实现可持续发展，是京津冀城市群的战略选择。

1.2.3 区域协同跃迁与城市群治理

全球作为一个庞大的物理空间，由很多大小各异的社会空间单元组成，这些社会空间单元联合形成了一个梯度化的地理构架。在区域协同跃迁的现状下，一般传统的地理尺度需要进行漫长的重组过程，包括权力在地理空间内的协调以及企业部门的重组。空间网络较窄的机构具有更大的空间网络内机构所具有的某些权力及特征（Smith，2000；Shen，2007）或是试图参与更大空间网络的利益协商和分配（沈建法，2006），就会形成区域协同跃迁现象，其核心便是空间重塑与治理改进。

国外学术界专门针对城市群协调的研究多以区域治理作为研究对象，而且大都使用定量研究方法。例如，统计学、概率论知识构建模型（Grossman，1992，1995；Shafik，1994；Anderies，2003），内生经济增长模型对宏观调控的强调（Moon，1996），基于交互式计算机仿真模型的系统动力学方法（Lutz and Scherbov，2000）。

国内学术界主要聚焦特定城市群，以目标导向为基础，针对城市群提出系统有效的治理建议。较为典型的有：经济—地理—制度三个维度关中城市群治理框架（郭子彦，2007），市场为基企业为主的长三角常设机制（王玉珍，2009）；在城市群空间结构的优化方面，城镇空间形态下跨行政跨部门机制优化（张尚武，1999），政府职能对城市群部分范围内协调实现的作用（宗传宏，2001），空间—规模—职能维度下成都平原城市群的协调与优化（裴玮，2007），基于梯度分布的昌九城市带空间能级优化（阳彩平，2008）；在城市群产业结构优化方面，城市间分工与协作破除产业同构（阎小培等，2007），需要审时度势对区域加以治理和调整（张京祥等，2002），就长三角地区，需要组建跨区域的机构来协调管理区域事务（郑瑛琨，2009）；在基础设施布局与规划方面，珠三角城市群城际客运、港口、航空、道路整合等（刘德平，2006）。

1.2.4 产业链与产业链治理

（一）产业链

赫希曼（Hirschman，1958）在解释产业链含义时从产业的前后向联系出发，这也是系统研究产业链的肇始。对产业链的进一步探究是在 20 世纪 80 年代的新产业组织理论刚兴起的时候，它发掘了处于产业链上的生产者为了侵占市场而实施的一系列举措（Wlliamson，1981，1985；Nathan，2001）。通过产业链的整合能够强化企业核心能力，这是企业能力理论的观点，同时该理论也证明产业链具有创造价值的作用，该作用的实现依托于整合不同能力的组织（Prahalad and Hame，1990；Mahoney and Pandian，1992）。目前，"产业链"这一概念在国外文献中已经鲜有涉及（李想和芮明杰，2008）。产业链在西方学者的眼中并不是一个独立的层级概念，而是将其划分至企业和产业层级当中，所以在实际研究中并未将产业链看作一个单独的整体采取系统的研究方法，而是将研究的侧重点放在其外在表现形式上（邵昶和李健，2007；程宏伟等，2008），将重点落在以价值链为新的时代背景下生产组织方式的工具进行产业链研究，着重处理产业链上下游企业间的协调以及跨区域的资源配置难题。西方产业链研究中很多涉及产品、供给、价值以及功能等的产业锛条，实际上都渗透了产业价值链的研究思想（Porter，1985；Kogut，1985；Armistead and Clark，1993；Krugman，1995；Markusen，1997；Wood，1998；Kaplinsky，2000；Kierzkowski，2001；Gereffi，2005）。

从国内看，我国学者在近几年从多个维度对产业链进行研究，其中较为典型的代表性研究包括以下方面：在产业链的内涵方面，郁义鸿（2005）将产业链理解为由最开始的资源原料变成最终产品再到交由消费者的整个流程中每个环节串联成的生产链条。吴金明等（2005）认为产业链具有多重含义、价值与资源传递、起止点相同以及高效确定路径等特殊性质。邵昶等（2007）偏向将产业链定位为介于产业、企业间的中间夹层，同时具有这两种层级的特征，同时也构建了"玻尔原子"模型来进一步反映产业链结构。程宏伟等（2008）把冲破资源传递的地理限制的资源整合系统作为产业链本质。在产业链的类型和效率方面，郁义鸿（2005）按照产业间存在的纵向联系形式把产业链分为三种类型，而且可以将整个产业链的效率提升作为判断产业链效率高低的尺度要求。在产业链的培育与形成方面，吴金明（2006）将产业链视为四维对接机制、四维调控机制和四种具体模式之间相互作用的产物，也据此构建了"4+4+4"模型来描述产业链的构成机制。在产业链的演化与运行机制方面，程宏伟等（2008）透过要素流通配置的角度，得出产业链在资源、资本、知识等各个要素的共同作用下所呈现出的非线性演化趋势。唐浩等（2008）在研究改变经济发展模式的引导目标下得出了产业链由低端走向高端的动态演化过程。刘贵富（2007）发现产业链的健康持续发展得益于构成产业链的六大机制借助"看得见的手"与"看不见的手"的联合作用。杜龙政等（2010）按照驱动力来源不同把产业链区别为资源驱动型产业链、市场主导型产业链和技术主导型产业链，显而易见，这三种模式的驱动主体分别是"资源""市场""技术"，除了这三种要素主体，"协调"也是对这三种要素有着重要影响的不可或缺的要素。在产业链整合方面，芮明杰等（2006）提出了能够适应新环境变化的新的产业整合理论，与传统产业理论不同的是，新的产业整合理论从演化过程、企业基础能力及顾客导向等出发加以阐述。杨惠馨等（2007）将成本与收益作为分工制度具体安排的依据，在外部条件变化过程中会引起收益和成本波动，进而使得产业链在这个波动变化中持续整合。张利庠（2007）以饲料产业为研究对象，分析了该产业的链条整合情况，并据此构建了能同时改善环境条件和加强企业实力的协同价值体系。在全球产业价值链理论运用方面，我国的学者们很多都是在全球价值链理论的基础上，从如何参与全球价值链以及全球竞争的全面规划的角度探究增强我国产业国际竞争力的路径。

（二）产业链治理

1. 合作治理

合作治理是企业之间以交易费用与资源禀赋为理论基础的治理方式，在治理过程中，一方面着重于关系建立，另一方面着重于活动协作。

（1）从合作关系的视角。交易费用经济学（TCE）为评价治理方式效率贡献了一个有效的对比框架（Williamson，1994），从交易费用的角度出发，发现与市场和层级这类治理方式相比较，关系契约这种治理形式更具优势（Eccles，1981；Jarillo，1988）。传统的 TCE 框架将其他因素都看作固定量

（Langlois and Foss，1999；Carterand Hodgson，2006），仅观察静态的交易费用的变化（Langlois，1992），不考虑内部组织费用（Hennart，1988）及和市场与层级有关的收益或价值提升的概率（Leiblein，2003），同时也不考虑由于技术差异而引起的交易地点变化因素（Baldwin，2009），并观察动态视角的交易费用和资源能力，探究动态视角下交易费用以及与治理形式有关的潜在收益对企业合作治理方式选择的影响。（Kuittinen et al.，2009）。以上研究说明在一定程度上减少交易费用会影响企业边界，而且因治理产生的收益也会对企业边界有一定影响。

企业之间存在很多种合作方式，而联盟作为其中重要的一种合作方式，按照产权不同常被区别为资产或非资产联盟。企业选择联盟的合作形式取决于企业目标、对联盟成员的信任或依赖等。如果仅仅从研发目的考虑，不同于其他目的，联盟大都会选择资产联盟；但如果联盟主体间的资产趋于相似，联盟选择资产联盟的可能性就会下降。

（2）活动协作的视角。能够将协作视为一个系统，系统内是一种关系的集合。也就是说，存在两个及两个以上的利益攸关者进行资源整合，可以达到单个个体不能达到的目标。

基于价值链的功能协作，大都应用在价值链的一些环节上，比如自发明集成电路产业链上的设计、制造及物流运输等。

基于供应链的联合协作能够有效实现供应的来源共享，并且建立一个基于新型供应网络的错综复杂的生产关系。拉福梅等人（La Forme et al.，2007）将供应链之间的协调与合作模式分为两类，其中一类为协作特征模式，另一类为协作导向的绩效模式。其中，前者是建立在一般流程和供应链信息交换的基础上，当进行技术创新活动时，会在行业竞争者之间形成协作关系。格耶瓦里和帕克（Gnyawali and Park，2011）在研究了合作竞争的整个发展流程后，发现合作竞争能力能够促进企业在一定程度上创造和占有价值，尤其是一些领先企业间的竞合关系会影响行业的进一步发展。奥尔森（Olson，2006）主要研究竞争者之间的协调机制，特别是新产品研究开发过程中的水平与垂直协调机制，认为多个竞争者之间的联结对于协调有十分重要的作用，比如强制性的目标、共同的流程、团队和知识转移。当协作处于具有通用目的的技术创新系统时会趋于多样化（Pandza et al.，2011）。行业间合作或是竞争会对创新产生不同的影响。芒雄（Menttion，2011）认为在服务行业中的企业创新不是来源于竞争者的信息，而是来自市场、行业内和企业间合作的信息，这些有效信息会引致市场创新。生产者的企业社会责任的观念也会受到企业间关系性质的影响，例如，当企业间由市场交易关系转变为合作伙伴关系，企业社会责任的观念就会植入企业日常行为规范中（Lim and Phillips，2008）。

2. 网络治理

相较于上述以对偶关系为关注点而未顾及网络结构对交换的作用的合作治理，网络治理作为补充就避免了这一缺陷。

目前学术界对网络的分析探究主要基于两个视角。一个是以经济社会学科领域为主的"网络分析工具"视角，这一视角下主要研究构成网络的节点、节点间的关系和网络结构特征，比如密度、中心性和"结构洞"（Burt，1992；Wasserman and Faust，1994；Knoke，1990）；另一个是以新制度经济学派研究为主的"网络作为治理形式"的视角，在这一视角下将网络作为分析单位被看作是一种协调机制（Williamson，1975）。

不同的经济发展阶段的背景下，人们对网络的研究侧重点也不尽相同。处于"新竞争"阶段时组织间的经济活动协调有了新的形式，比如"网络组织"（Miles and Snow，1986）、"组织的网络形式"（Powell，1990）、"企业间网络"、"组织网络"（Uzzi，1996，1997）、"弹性专精"（Piore and Sabel，1984）及"准企业"（Eccles，1981）等，这类专业名词多被用于描述企业间存在的协调关系。而且该协调关系区别于企业内存在的层级构成以及企业间存在的契约形式（Gerlach，1992；Nohria，1992）。研究者将此类形式的协调关系称为"网络治理"。这意味着在处理经济活动关系时要采取差异化形式（Powell，1990），即采取强制性的约束形式在网络层次上配置要素、控制集体活动，由此实现网络效率。

3. 空间治理

空间治理围绕两大层面进行，一个层面是随着空间结构的变动改变维系交易关系的制度安排，另一个层面是将空间尺度与具体的治理形式相结合的共同演化过程。

第一层面，随着空间结构的变动改变维系交易关系的制度安排。各个学科对于治理有着不同的关注点。例如，产业组织主要关注通过价格与数量将经济活动具化为模型。而新制度经济着眼于市场主体等经济活动的实际组织，意图从效率角度阐明组织在治理中所扮演的角色。而交换在交易理论中被看作是一种非空间现象。

经济地理学和区域科学把治理与空间结合起来。较为典型的研究有：格里芬（Gereffi，1999）认为距离与地方化会作用于行动主体的网络，因此将地方化的生产体系核心看作治理问题，进而总结出五类治理全球价值链的具体形式。特拉弗斯克（Traversac，2011）在观察治理的过程中考虑了空间层面的影响，并由此引申出领域治理这一概念，也就是在集体选择及实现得到保证的情况下，形成的突出制度、组织和个体之间的相互关系的系统，通过制度安排和空间布局两个层面得到治理等级这一名词。

产业组织即便是在经济发展模式相近的国家，对产业升级的作用也不尽相同。以中国和拉美地区为例，两地的经济发展模式非常相似，都是重视对外开放能力、致力于吸引外商直接投资并且以出口为导向的产业。但是从具体的发展成果来看，中国的产业升级模式相较于以墨西哥为主要代表的拉美地区更为优化，导致这一结果的原因主要是中国独特的产业组织形式，凭借这一优势可以在全球价值链上获得一席之地（Gereffi，2009）。

第二层面，空间尺度与具体的治理形式相结合的共同演化过程。同微观经济活动的组织模式互相影响的因素不仅包括交易费用、能力、技术、企业家认知，也包括金融、市场规模及组织形式等。雅各比德斯和温特（Jacobides and Winter，2005）将企业能力与交易费用的演进过程看作是生产制度结构的影响因素，同时这二者也是垂直产业链广度的决定因素。阿盖尔和曾格（Argyres and Zenger，2007）认为企业间的持续往复的联系与交流取决于其交易费用及能力，同时企业所选择的治理模式又会反过来作用于企业能力。莱塔尔（Linetal，2011）研究了中国台湾高新技术产业现状，认为其处于不同生命周期的技术水平、资本状况和盈利能力与其产业链上下游治理模式是相辅相成的。比如在高新技术产业的初始阶段，产业发展的盈利能力较强却具有不确定性，此时中国台湾高新技术产业治理模式趋于网络模式，当进入成熟阶段，产业模式较为复杂且产业盈利能力较低，此时产业治理模式趋于市场模式或层级模式。

区域创新系统是空间层面的一种集体制度安排，可以加强企业间的协调能力。区域创新系统的作用之一就是协调企业家间的认知（Lorenzen and Foss，2001）。这种认知协调尤其是在相互信任的合作及创新系统中的企业家间显得尤为重要。作为区域创新系统中的一个重要协调形式，企业家间的认知协调会在一定程度上降低交流互动的交易费用。在企业家具有共同认知特征的区域基础上，企业家间的认知协调可以促使技术知识的产生（Belussi and Gottardi，2000）。为了达到企业加强技术创新能力的锻炼和在全球竞争中占有一定优势，信息和地区内创新体系都是必不可少的因素。特别是要重视地区内的知识密集型的服务业，其既是该地区创新体系内的创新源泉，也是优势连接地区创新关系的桥梁（Yam et al.，2011）。

制度体系可以加强人员之间的技术互动，通过一套标准的代码定义、规范和程序，使得参与者能准确清楚地阐明其需求及解决问题能力，相互间学习交流，提高市场交易效率。如果是在长期交流和合作中营造出了相互信任、自信融洽的环境，就会对制度体系产生推动作用，在这种情况下，可以减少知识交易过程中产生的成本，并且避免形成过多的联结，最终减少构建知识型市场所付出的代价。

各个参与者间相互协调的演进结果就形成了技术知识生产系统和集体特征，这些参与者共享要素基础以及相关的制度安排，也就建立了一致的认知框架。但是与此同时，它们的规模、范围等带动组织间的协调互动产生变化，这就需要再次考虑通过机制协调组织间行为，也就是要求契约及关系机制有各个层面的联系（Roehrich and Lewis，2010）。

4. 国内研究

国内研究者大都将协调把控有联系的经济活动作为产业链发展的必要过程。进行治理是为了生成并获取产业链租金，最终的目的是加强产业链的竞争能力。企业集合在面临非具体的需求时作出的反应就是产业链治理。例如，侯淑霞和王雪瑞（2010）将制度的强制性与政策的引导性看作是产业链上各个环节间的联系进行制度变迁的重要影响因子。于立宏和郁义鸿（2006）在保持产业链上相关活动的供需平衡方面，提出了价格规制的管理制度。

目前，国内学者针对产业链治理主要从三个方面展开研究。

（1）产业链与治理的组织模式。一是从分工视角出发，深入分析产业分工制度安排，分析的主要依据是比较新制度经济学下交易费用的成本与收益，分析过程中将产业链纵向关系看作一种企业行为，这种企业行为是针对分工制度设置和整合施行的，并且主要以三种纵向关系处理方式进行：纵向一体化、纵向契约关系及纵向分离。与之相似的是吴金明和邵郝（2006）按照实际联系与契约形式将产业链区别为市场交易式、准市场式、纵向一体化式以及混合式这四种形成模式。二是从产业链构成主体角度出发，建立从横向、纵向协同两方面实现产业链协同的模式（钱慧和吕廷杰，2006）。还有研究人员基于主体属性，研究了产业链上组织对象间进行协作的影响因素。三是产业链的组织形式会影响资源的控制权。在治理产业链时会在组织模式中确定一个最具交易效率的形式，以此达到知识共享、融合及创新。产业链整合可以通过以下几种方式：①以产业集群为基础的产业链整合（卜庆军等，2006）；②从产业链出发的战略组合（里昕等，2006）；③借助产业集群完善产业链（周绍东，2011）；④有活动联结的产业链网络（陈静和孙林夫，2010）；⑤借助外在制度约束达成产业链协同（韩敏，2006）。

进行产业链治理的关键在于经过整合协调链上的多种要素资源实现产业链的绩效提升（朱毅华和王凯，2004）。企业资源、企业能力及纵向关系资本是影响产业链纵向整合绩效的核心企业内外部因素的三维度特征，这三个维度对整合策略都会形成正向效应。

（2）产业链与空间、产业的相互关系。一是产业链与地区间的关系协调。当前的产业链空间布局跨区域程度较大，所以基于产业链协调区域间的产业关联和协作就显得十分迫切。区域之间的产业链联结将有助于实现区域经济融合发展，但同时又会激发区域间关系的张力，此时就需进行关系协调（袭勤林，2004）。一方面要注重在区域合作竞争时建立新型一体化分工模式，这同时也是减少甚至消除区域间产业发展过程中出现恶性竞争的有效方法（魏后凯，2007）。另一方面就是在区域之间通过产业链减小区域间发展落差（李妞，2010）。二是产业链与园区转型升级。目前我国在进行产业园区建设时，应该以产业链在区域内集聚为基础。三是产业链集聚度与产业竞争力。处在同个产业链上的各个环节的企业集中现象越相似，则其对该产业在增强竞争力方面的成效越显著（高伟凯等，2010）。四是产业链与城市空间结构。进一步延伸产业链的影响因素包括资源的数量、结构及开发模式，产业链范围的扩大可以推动有丰富资源要素的城市改善其空间架构（金贤锋等，2010）。五是技术引进与产业链升级。典型的例子就是我国资源型产业链一定程度上依赖于技术链的优化与扩张。

（3）产业链与企业成长的关系。一是产业链与企业自生能力。产业链治理能够帮助企业增强其自生能力，这一目的是依据治理过程中产业的相关配套情况实现的（吴金明等，2005）。二是产业链地位与企业创新行为。在链条末端的企业未显现出与之对应匹配的创新优势；企业的创新能力和企业内部存在的分工状况间存在"U"型关联，这种联系是非线性的、复杂的；我国企业的创新能力受集聚影响而表现出正向的作用（张杰等，2007）。三是产业链地位与金融信贷。产业链上的领先企业倘若扩大其产业链范围将可能帮助这些企业得到金融行业的支持（许月丽，2010）。四是产业链与企业吸收能力。组织产业链条上的产业结构并调整企业竞争方案都会影响企业吸收能力（原长弘，周林海，2011）。五是产业链与技术创新。以农业为研究对象，认为其产业链的各个环节都有助于农业技术的扩散（常向阳，赵明，2004）。基于产业链互动机制，将技术创新看作生产企业与其相关联的其他企业的产业链条上企业衔接互动的结果（刘志迎，李慧，2009）。由于企业技术创新带来的社会福利的提升与产业链上下游企业间的生产成本差额呈负相关（付红艳，李长英，2010）。六是产业链与知识转移、知识整合。韩菁等（2007）在产业链基础上提出了知识转移形式。

1.2.5　研究现状评述与趋势展望

产业链能够有效调节各种产业活动间的关系，经过一系列的组织形式变动及结构调整，最终可获得经济系统的动态效率。产业链治理是以战略导向为基础，由多个主体参与并从多个层次对主体间的关系和活动采取适时调控协调措施，以此应对环境的不确定变化。其具体的治理形式有三种：主体间合作治理、企业间网络治理、产业间空间治理。产业链治理过程中会形成并占有产业链租金，由此产业链绩效提高成为产业链竞争力。

上述成果对于本书有重要的参考借鉴。但在以下方面的研究不够深入。

第一，对产业链形成演化的动态过程研究不够丰富。目前产业链方面的研究大都集中在一些表现形式及内在动力等静态分析，对产业链的演进及动力机制等动态分析的研究少之甚少。所以无法全面洞悉产业链在各个发展时期的升级情况及其动态发展时期特征。

第二，通过定量方法分析产业链治理的研究不够丰富。目前在产业链的相关研究中，对其特征方面基本都是采用定性方法加以分析，对其采取定量研究的参考文献资料较为匮乏。

第三，加强推进产业链治理方面的政策研究系统性不足。目前缺少联合需求和供给政策及制度环境政策全面系统支撑产业链治理政策体系的研究。

综上所述，学术界基于产业链及其相关视角对区域经济及城市群方面的研究多以微观、静态、定性分析为主，国内学者主要针对长三角与珠三角进行了研究，而对京津冀城市群的研究很少，虽然涉及多个方面，但是视角纷杂，较为分散，缺乏系统整合，因此，研究成果缺少有力的理论支撑。此外，研究假设限定不清晰，研究的准确性和科学性有待进一步的加强，虽然一些研究结论有较大争议，但是还是为本书的研究提供了重要启示。

随着全球区域集团化及区域经济一体化进程的加快，中国空间经济重构进程提速，特别是京津冀城市群的协同发展上升为国家重大发展战略，基于产业链治理角度，结合多个学科交叉的研究成果，采用计量经济模型、综合集成分析等多元化的分析研究方法，加强了对城市群空间结构与治理绩效的研究，但是仍处于相对不成熟、不完善的阶段，因而，无论是从规范研究出发还是实证分析出发，城市群空间重塑与治理改进的研究存在巨大空间，这将是相关学者进行研究且大有可为的方向。

1.3　研究内容与章节安排

本书设计总体上按照规范分析、实证研究两个层次展开，二者相互印证，形成逻辑统一、结构完整的有机体。本书的研究内容与章节安排如下。

第 1 章为绪论。本章首先阐明本书的研究背景及意义；其次，分别对城市群、产业经济与城市发展的国内外研究现状进行梳理，包括城市群的概念内涵及理论源流、产业发展与城市群的关系（包括经典的城市经济理论对城市群主体关系的关注、产业组织理论对差异化产品和产业关联的关注、内生经济增长理论对人力资本与知识溢出作用的强调、新经济地理理论对集聚经济与外部性的强调）、产业发展与城市化、产业结构演变与城市化、产业集聚与城市化、产业发展与城市空间发展等方面；再次，提炼本书的研究内容与章节安排并指出了具体的研究方法，绘制技术路线；最后，归纳出了可能的创新点。

第 2 章为城市群产业优化与城市进化理论模型构建。本部分从研究主题的确定以及选题来源入手，明确本书的切入点和研究意义，并对基本概念进行界定，阐述产业优化与城市进化的研究内容框架，梳理国内外产业结构演变与城市进化互动关系研究进展。在文献综述与概念界定的基础上，运用空间经济学中心外围模型为基础模型，基于空间经济活动的布局受离心力和向心力两种力量在循环累积因果机制的作用下进行的基本观点，基于建立城市群产业优化与城市进化的互动与协调发展理论模型，明确产业优化与城市进化在城市群相互作用的关系及其作用机理，奠定本书的理论基础。

第 3 章为城市群产业优化与城市进化协调发展经验证据。先发国家的城市群发展在不同程度上均经历了衰落—整治—复兴的过程。并且，城市化发展过程在欧洲、美国、日本等已经经历完整城市化进程的国家（地区）中表现得较为完整，其城市群的发展轨迹有着突出的典型性与代表性。因此，对于国内外典型城市群产业经济与城市群发展实践的考察是本书的重要内容。目前国内典型城市群处于产业经济加速集聚城市发展快速的阶段，两者的相互作用呈现出一定的规律性，其相互作用关系、作用机理等也具有一定的特点，因此，本章研究旨在印证本书的理论体系构建及实证分析，并奠定本书的事实基础。

第 4 章为京津冀城市群空间联系与空间范围判定。本章首先综合采用经济联系强度与城市流两大模型，分别从区域和产业两大维度，对京津冀城市群空间联系进行实证研究；其次，以城市群空间联系为依据，以国内外著名学者对城市群的界定为准绳，采用系列指标对京津冀城市群进行全面综合评价，以此定量界定京津冀城市群的空间范围，为后面的实证研究提供直接明确的研究对象。

第 5 章为京津冀城市群产业分工与产业链治理。本章首先通过京津冀部分产业行业的结构变化来洞悉其当前的产业发展和空间布局分工状况，其次基于投入产出表的影响力系数和感应力系数法研究京津冀区域主导产业选择，再次采用 6 部门分类法对京津冀地区的产业链现状进行测度，从统计上说明京津冀地区的产业链联系日益强化的特点，同时通过市场分割指数测度京津冀区域合作与市场一体化状况。继而选取了具有代表性的电子信息制造业和汽车制造业分别探究高新技术产业和传统制造业产业链协同治理情况，最后基于生产性服务业与制造业在产业发展和空间布局两个视角来进一步探究其互动发展机理。

第 6 章为产业链投资与核心城市产业结构变迁。本章选取我国四个直辖市为研究样本，以电子信息产业为例，通过比较分析其产业集聚度、细分产业发展状况、试验与研究发展和新产品开发经费支出等指标，探究其电子信息产业的发展与投资现状。依据已经界定的产业链投资的概念，建立时间序列模型，实证分析产业链投资与区域产业结构变动的关系。

第 7 章为京津冀城市群产业优化与城市进化实证研究。本章基于空间交互效应对京津冀城市群产业优化与城市进化进行实证研究。首先，本章系统介绍了空间效应的识别和估计方法、空间计量经济模型及其估计方法；其次，着重研究了空间交互效应下，基于空间截面数据模型的影响机制，包括空间交互效应的分类和表达、空间截面数据模型的分类和表达、空间权重矩阵的设定、静态空间面板模型的影响机制、动态空间面板模型的影响机制等；最后，构建了基于交互效应的京津冀城市群的产业优化与城市进化的分析模型，并进行了静态和动态实证分析。

第 8 章为京津冀区域治理创新的政策体系。本章基于上述对京津冀城市群产业优化、城市进化、空间重塑等的分析，继续向前递进研究京津冀产业治理创新的政策保障体系。囿于国家区域治理体系的不足以及地方政府间合作机制的缺乏，区域战略与规划、产业定位与分布、城市分工与协作等方面亟待突破原有的体制机制性桎梏，将京津冀协同发展这个重大国家战略推向新阶段。本章在借鉴国外区域财税政策、区域协调机制、区域产业协调机制等方面的各国经验的基础上，将从府际协调政策体系和财政政策体系两方面构建京津冀区域治理创新的政策保障体系。

1.4　创新点

一是构建城市群下产业优化与城市进化关系理论框架。通过梳理国内外研究文献，目前鲜有关于"城市进化"的研究，也未发现城市群中城市进化与产业优化的研究。本书基于前人的研究成果，对产业优化、城市进化的概念进行界定，在此基础上，构建城市群产业优化与城市进化的理论模型，并剖析了其作用机制，包括专业化分工与外部性、规模经济与范围经济、工业化与城市化进程、经济全球化与区域一体化进程以及制度安排和政府政策。

二是采用经济联系强度与城市流两大模型界定京津冀城市群的空间范围。在对城市群空间联系的研究中，对于京津冀城市群的研究并不多见。本书综合采用经济联系强度与城市流两大模型，分别从区域和产业两大维度，对京津冀城市群空间联系进行实证研究，同时以国内外著名学者对城市群的界定为准绳，定量界定京津冀城市群的空间范围。

三是采用空间交互效应模型对京津冀城市群产业优化与城市进化进行实证研究。当前研究对于空间交互效应的研究还很罕见，本书通过空间效应与空间计量估计，包括空间效应的识别和估计方法以及空间计量经济模型及估计方法进行了系统研究。在此基础上，采用基于空间交互效应的空间面板数据模型的影响机制，对京津冀城市群产业优化和城市进化进行了深入系统研究。

第 2 章

城市群产业优化与城市进化
理论模型构建

日前，国内外尚无关于"城市进化"的直接研究文献，主要是城市化与产业发展方面的侧面间接研究。本章从本书所涉及的城市化与产业结构优化两大理论系统梳理了国内外的相关研究；进而以此为基础，创新性地提出了产业优化与城市进化的概念内涵，并构建了城市群产业优化与城市进化理论模型，进而剖析了两者的作用机制。

2.1　相关概念基本内涵

2.1.1　经济活动空间集聚

城市现象或产业在区域之间的布局，实际上反映了集聚与分散之间的权衡的经济活动分布。城市群的经济活动会带来促进集聚的向心力的经济活动，但同时也会带来导致经济活动趋于分散的离心力。

（一）空间集聚的收益与向心力

就微观的企业层面而言，内部规模经济是空间集聚收益的体现。

1. 内部规模经济

内部规模经济是，企业生产规模扩大，将促进专业化和劳动分工，员工的技能也得以提高，从而降低单位产品的边际生产成本。

2. 马歇尔外部经济性

马歇尔是经济活动外部性的提出者，他认为外部经济性源于：共享的劳动力市场；更加廉价且易获得的中间投入的供应商；信息传播的便利性。

除了上述效应以外，还存在一些使得经济活动趋于集中的向心力（Rosenthal and Strange，2004）。

3. 本地市场效应

本地市场效应（home market effect）是指在市场由于其庞大的规模和马太效应：当越来越多的人集聚在一个地区，则市场规模相应地增大；在运输成本和不完全竞争的条件下，企业往往会将生产专注于更大的市场，并将所生产的商品出口到规模小的市场。所以，这是一个累积的因果关系，更多的是工厂集聚在一个巨大的市场，吸引更多的人，市场则进一步扩大，这两种效应会互相加强。戴维斯和温斯坦（Davis and Weinstein，1999）利用日本产业集群的数据检测了这一影响，认为此效应对于促进产业集聚发挥着显著的影响。

4. 消费收益

由于消费者一般会有偏好的多样性，因此，供应的产品集聚在一个经济活动更多元化的地方能带来额外消费收益，即：在一个大城市，花费一定数量的收入的效用比在一个小城镇的高（Stahl，1983），即使获得所需的商品价格高于后者。这是由于经济活动集聚的地区可以提供在一般地区不能提供的许多差异化的服务，因此，由于这些地区更具吸引力，消费品更加多样化也意味着更高的消费者的收入（Glaeser，Kolko and Saiz，2001）。

（二）空间集聚的成本与离心力

1. 拥挤成本

经济活动带来的一个最重要的成本便是拥挤成本。当经济集聚在一个区域，该区域将导致非贸易品（如房地产）和不可移动的元素（如水资源和土地资源等）的价格提高；此外，它可能会造成道路和其他公共设施的拥塞，导致通勤时间的增加，这都将引发集聚区综合生活成本上升。成本便成为推动经济活动分散的一种离心力，这些增加的成本，将导致企业把生产转移到较低的周边地区（Helpman，1998；Tabuchi，1998）。

2. 市场挤出效应

此外，经济活动的空间集聚还将带来经济活动市场拥挤效应（Market Crowding Effect）。更多的企业集聚在一起，在带来各种各样的外部经济的同时，由于企业数量的增加，导致竞争增加，每个企业的需求减少，边际收益下降（Krugman，1991），导致制造商从该经济活动的集中区转移。

3. 劳动力流动成本

在一些限制条件下，劳动力不能自由移动（Puga，1999）或流动成本较高（Fujita and Thisse，2002），这便构成了离心力。在这种情况下，作为经济活动的集中，相对落后地区的劳动成本将降低，较低的劳动工资最终会吸引制造业回流，促进经济格局的重新分配。

4. 生产技术的可获得性

与劳动力流动将导致经济活动的集中分布相比，跨地区的生产工艺流程是导致经济更加分散的动力。当技术的流动更容易的时候，落后地区更可能会提高他们的生产能力。随着各地区的技术水平区域相似，分散生产成本降低，生产就不需要集中在少数地区，分散的经济布局更容易保持（Baldwin and Forslid，2000）。

5. 知识创新活动的本地化

知识创新具有很强的外部性，因此，知识创新本身具有很强的向心力。不过倘若各地区之间的资源和环境迥异过甚，导致源于不同区域的知识之间不能被彼此利用，也可能因为创新研究成果的流动限制不容易打破，从而造成创新活动必须在本地进行，那么它将成为一种离心力（Fujita and Thisse，2002）。

6. 高运输成本

如果货物的运输成本非常高，所生产的产品运送到外地销售，不具有成本效益，则生产布局将向着多样化的方向演进（Fujita，Krugman and Venables，1999）。如果每个区域之间的运输成本是无限高的，则意味着所有地区都将在自己区内生产和销售，就不会产生经济活动集聚。此外，从交易成本的角度看，运输成本可以更广义地理解为一种交易成本。

（三）向心力与离心力的权衡

在对现实进行研究的过程中，不同的向心力和离心力的结合适用于不同的经济集聚现象。例如，对城市经济问题的研究，城市化的外部性则是需要给予更多关注的向心力，拥挤成本则是需要给予更多考虑的离心力，一般而言，不需要过多考虑当地市场的内部收益；在分析城市和农村的问题时，也需要兼顾到额外的向心力，以及由于城市工业和农村产业的发展失衡所带来的城市化的推力；而在研究区域经济布局时，外部市场相关的前向和后向联系的产业组织外部性所带来的向心力应予以更多关注，因为相对来说，一个比较大的区域范围中，拥挤成本作为离心力不用太多考虑，而是更应该关注由于运输成本和生产要素流动所带来的离心力。

2.1.2　城市群

随着我国城市化进程的不断加快，学术界对城市群的研究日趋深入，并陆续提出了一系列与城市群相关的概念，包括大都市圈、巨型城市走廊、都会经济区、大都市连绵带、大都市区、大城市连绵区、大城市走廊、城市经济区、城镇集聚区、城镇密集区、都市圈、城镇群体、城市联盟等。在这些概念中，城市带、都市圈与城市群使用频度最高（见表2-1）。

表2-1　　　　　　　　　城市群相关概念归纳

类别	特点	包含概念	内涵	代表学者
城市带	强调空间的带状分布（如沿海或沿交通基础设施）	巨大都市带	具有世界最大的城市现象、有政治经济上的中枢作用及超级城市和国际港口的核心作用	于洪俊、宁越敏（1983）
		大都市连绵带	吸纳较多人口，城市化率达到70%以上，各城市具有合理的层级关系，承担不同的功能，具有发达的区域性基础设施网络，在国家和世界经济中具有枢纽作用的区域	诸大建（2003）
		城市经济带	大城市为核心，联合附近其他相邻城市和城镇，逐渐形成区域城市间和产业间频繁的人流、物流、资金流、信息流、技术流交互作用，同时又具有独具特色的狭长的带状城市群体	杨凤、秦书生（2007）

续表

类别	特点	包含概念	内涵	代表学者
都市圈	强调经济的圈层辐射或空间结构的圈层分布	都市圈	以经济比较发达的城市为中心，通过经济辐射和经济吸引，带动周围城市和农村，以形成统一的生产和流通经济网络空间	高汝熹（1990）
			以经济比较发达并具有较强城市功能的中心城市为核心，同其有经济内在联系和地域相邻的若干周边城镇所覆盖的区域组成的，其经济吸引和经济辐射能力能够达到并能促进相应地区经济发展的最大地域范围的、跨区域的经济圈和社会圈	罗明义（1998）
			一个或多个核心城镇，以及与这个核心具有密切社会经济联系的、具有一体化倾向的邻接城镇与地区组成的圈层式结构	张京祥（2001）
		大都市圈	按经济中心来组织管理地区经济，即以大城市为依托，有计划地发展中小城镇，在各大城市周围形成若干以中小城市为主的中小型经济中心。通过它们使大城市同中小城镇和农村相联系，大中小城市与其分别联系着的农村相交织，组成了全国的经济网络。经济网络以大城市为依托，组成大城市经济圈，按大城市经济圈来安排地区生产布局	周起业、刘再兴
			某一城市突破行政区划的局限同它邻区划或外围化的地区形成紧密经济联系的一体化经济区	复旦大学发展研究院（1993）
		城市经济区	从其结构形态看，它是以大、中城市为核心，与其紧密相连的广大地区共同组成的经济上紧密联系、生产上互相协作、在社会地域分工中形成的城市地域综合体。中心城市和周围腹地是构成城市经济区不可缺少的两大要素	顾朝林（1991）
		都会经济区	认为 EMR 即为都会经济区，都会经济区以国家的最大城市（也是最大港口和首都）为 EMR 的核心市，包括接收核心市扩散活动的邻近省、县级行政单元等外圈	薛凤旋等（2005）

续表

类别	特点	包含概念	内涵	代表学者
城市群	强调有相互联系的城市群体	城市群	城市群（urban agglomeration）指在特定的地域范围内具有相当数量的不同性质、类型和等级规模城市，依托一定的自然环境条件，以一个或两个超大或特大城市作为地区经济的核心，借助于现代化的交通工具和综合运输网的通达性，以及高度发达的信息网络，发生与发展着城市个体之间的内在联系，共同构成的一个相对完整的城市集合体	姚士谋（1998）
		大都市连绵区	以都市区为基本组成单元，以若干大城市为核心并与周围地区保持强烈交互作用和密切的社会经济联系，沿一条或多条交通走廊分布的巨型城乡一体化区域	周一星（1991）
		都市连绵区	在经济发达人口稠密的地区，随着城市化的不断进展，使原先彼此分离的多个都市区，逐渐在更大地区范围内紧密连成一体而形成的城镇密集地区，是城镇密集地区城市化向高级阶段发展后所出现的空间结构形态	胡序威（2003）
		（大）都市区	都市区是与中心城市具有密切社会经济联系的、以非农经济为主的县域单元间的组合	周一星（1986）
			都市区是规模较大的一个或二、三个中心城市和外围与中心城市紧密相连的若干小城市的地域空间，在很多情况下，都市区和都市圈可以相互通用	刘君德（2003）
			大都市区是城市功能区的概念，它由具有一定人口规模的中心城市与周边与之有密切联系的县域组成，中心城市是核心区，周边县域是边缘区	宁越敏（2003）
			都市区的概念可以超越市区界，是一个以大中城市为中心，由外围与其联系密切的工业化和城市化水平较高的县、市共同组成的区域，内含众多城镇和大片半城市化或城乡一体化地域，大都市区往往是跨城市行政区的区域联合	胡序威（2003）
		城镇群体	城镇群体是指一定空间范围内具有密切社会、经济、生态等联系，而呈现出群体亲和力及发展整体关联性的一组地域毗邻的城镇。其区别于一般区域内多城镇分布的表象是其内部空间要素较为紧密的联系，这种联系的紧密程度又直接导致了城乡混合区、都市区、都市连绵区等多种城镇群体空间亚形态的出现	张京祥（2000）

续表

类别	特点	包含概念	内涵	代表学者
城市群	强调有相互联系的城市群体	城镇密集区	城镇密集区指两个或两个以上30万人口以上的中心城市以及与中心城市相联的连片城市化地区	孙一飞（1995）
			城镇密集区有更高的指标，中国沿海包括长江三角洲等六个城镇密集区	胡序威、周一星、顾朝林（2000）
		大都市地区	以大都市为核心，超越原来边界而延伸到临近地区，不断强化相互的经济联系，最后形成有机结合甚至一体化的大区域，大都市地区也是大都市连绵区	沈立人（1993）
		城市联盟	城市联盟是由各地城市政府协商建立的自愿自发组织，通过协作和信息的交流达到共同利益和目标的实现。城市联盟既有政治的决策，也有市场的平衡，任何决策在每个城市都需要考虑其成本与效益。各参与者之间应当在成本效益值上不出现很大的区别，联盟中应具备各种讨价还价的方式、过程和机制	于力（2007）
			城市联盟是以经济、社会、自然、资源等联系密切的区域为基础单元，以区域经济一体化为目标，通过构建城市协商、对话、沟通、交流、合作和协调的多层次平台，逐步实现特定区域的城乡规划统一实施、生产要素有机结合、基础设施共享共建和各类资源优化配置，从而实现城市和区域共同发展	王家祥（2008）

资料来源：刘德平. 大珠江三角洲城市群协调发展研究［D］. 华中农业大学博士学位论文，2006.

（一）城市带

城市带也称作分散大都市带、大都市带、都市连绵区、绵延大都市带、都市带，这些概念是戈特曼提出的。戈特曼在把沿美国东北海岸拥有3000万居民的波士顿600英里范围内区域集合体称之为特大城市（megalopolis）。戈特曼认为大都市区是一个特殊的区域，各社区和工业区的空间交织成模糊的空间结构。虽然有分布的农田，森林绿色收入只有非常小的一部分，但这些绿色空间和布局有许多住宅区或工厂，大部分农村人口生活在农村地区，农业收入在总收入中的比重很小。戈特曼从人口分布、劳动力结构、土地利用、产业发展等角度，对在美国东北岸大都市进行了系统研究，形成了完整的理论体系。

（二）都市圈

对"都市圈"更普遍的理解是：在空间集聚与扩散的条件下，都市圈由多个中心城市、周边城市和区域空间整合而成，城市日常生活圈为本单位的区域城市核心。都市圈这一概念的产生源于日本的土地利用理念及其实践。都市圈的主要特点是高人口密度和密集的城市网络，清晰的多核结构，空间连续性高，内部的互动性很强，连接多个网络枢纽功能是其基本要素；产业互补与整合程度高，基础设施建设在空间上成为网络，区域资源和生产要素流动速度快，政策环境广泛，地域差异性和相互依存融合的区域经济环境。

（三）城市群

姚士谋（1992）对城市群的界定涵盖了地域范围、城市数量、城市等级、运输网络、城市联系等内涵。该定义较早且受到了学术界的普遍认可，其他概念界定很大程度上是该界定的外延，并将都市连绵区（周一星，1991）、城镇密集区（胡序威，2003）等概念囊括进来。

（四）主要概念辨析及关系[①]

通过对城市群相关概念的梳理可以发现，这些界定都存在一定的不完整性，甚至存在相互抵触之处。相关概念的提出背景和发展线索为本书概念界定提供了一个新的思路。城市带是戈特曼基于美国东部城市群的带状分布而提出的，对其带状分布的空间特点进行了着重分析。但是，如果考虑到其分

---

① 陈美玲. 城市群相关概念的研究探讨 [J]. 城市发展研究，2012，18（3）：5-8.

布的空前形态与发展水平，城市带其实也是一种城市群，形象地说，城市带是城市群的带状分布。

1950 年，日本提出了都市圈这一概念，着重强调经济空间分布的空间圈层结构。东京都市圈、巴黎都市圈、北美五大湖区、伦敦都市圈、纽约都市圈是当今世界普遍认可的都市圈。一些学者的研究发现，现代化的交通设施、高度发达的信息网络、充足的要素供给、庞大的市场规模、集聚的金融服务功能，使得都市圈经济势能高于其他地区，对周边地区形成强大的经济辐射功能，促使都市圈逐渐演变成一个高能量反应堆，带动整个区域经济的发展。一旦形成都市圈，区域集聚效应、资源优化配置、产业结构优化、产业布局改善等积极效应将释放。同时在市场的促进下，城市管理职能部门将积极改善其经济管理，并提升服务功能，进而使得区域经济实现可持续竞争优势。总而言之，都市圈的形成需要城市之间广泛而深入的经济联系，都市圈的经济功能意味着对城市发展的极大促进。

比较而言，城市群是一个整体和全面的概念。在地理研究的范畴内，城市群是指城市在一定地域范围内的密集分布。城市群涵盖了不同形式的城市形态、不同的发展阶段，随着城市群的不断发展，城市的内涵更具有经济学意义，其中不仅包含地理区域的内涵，也涵盖了经济区域的内涵。从这个意义上讲，城市群的概念内涵涵盖了都市圈和城市带。

1. 基于城市群功能范围特征的表达

此类概念主要有：都市区、城市经济区、城市协作区等，强调城市群体的功能特征（即表现为城市的特征）或内部城市的功能联系在一定地域空间范围内的体现。例如城市经济区在表 2 - 1 中的定义即为：是以大、中城市为核心，与其紧密相连的广大地区共同组成的经济上紧密联系、生产上互相协作、在社会地域分工中形成的城市地域综合体。中心城市和周围腹地是构成城市经济区不可缺少的两大要素。此定义强调的是各种功能在城市间的相互作用。

2. 基于城市群空间结构特征的表达

此类概念主要有：城市圈、都市圈、大都市圈、城市带、城市经济带、都市带、大都市带等，特点是主要体现城市群体间的空间结构特征，其中都市圈类概念（含城市圈、大都市圈等）含有功能范围的特征（即经济的圈层辐射），但更强调其体现为一种空间结构的辐射与圈层分布。与都市圈类似，城市经济带亦强调狭长的带状城市群体。

3. 基于城市群发展时序特征的表达

都市圈、城市带、都市区等是城市群在功能范围或地域空间上的表现形式，而城镇集群、大都市连绵区、大都市地区、城镇密集区等是城市群的具象称谓，属于城市群在不同发展阶段的不同表达方式。

首先是城镇集群，或称城镇群体，其定义是指一定空间范围内具有密切社会、经济、生态等联系而呈现出群体亲和力及发展整体关联性的一组地域毗邻的城镇。其区别于一般区域内多城镇分布的表象是其内部空间要素较为紧密的联系，这种联系的紧密程度又直接导致了城乡混合区、都市区、都市连绵区等多种城镇群体空间亚形态的出现。由此可见城镇群体是城市群发展的初级形态，还只是一组地域毗邻的城镇的集合。

城镇密集区，根据表 2 - 1 中定义，指两个或两个以上 30 万人口以上的中心城市以及与中心城市相联的连片城市化地区。城镇密集区有更高的指标，是比城镇集群更高级一点的城市群形态。

城镇体系则比城镇密集区更为进步，除了城市群体形成密集的空间形态外，城市群间已形成一定的功能体系或规模等级体系，强调了城镇群体间的系统化和一体化。城市联盟是城镇体系的一种组织形态，是由各地城市政府协商建立的自愿自发组织的，以经济、社会、自然、资源等联系密切的区域为基础单元，以区域经济一体化为目标，通过构建城市协商、对话、沟通、交流、合作和协调的多层次平台，逐步实现特定区域一体化发展，即通过城市管理者之间自上而下的协作与信息交流达到城市群整体的共同利益和发展目标。

随着城市化的发展，城镇体系不断壮大与完善，城镇一体化发展使得原有城市群体不断向都市群体发展，并逐渐在更大地区范围内紧密连成一体，出现了更高级的空间结构形态——都市连绵区。

最后以都市区或都市连绵区为基本组成单元，形成以若干大城市为核心并与周围地区保持强烈交互作用和密切的社会经济联系，沿一条或多条交通走廊分布的巨型城乡一体化区域，即大都市连绵区，或称都市集群。

城市群相关概念的逻辑关系如图 2 - 1 所示。

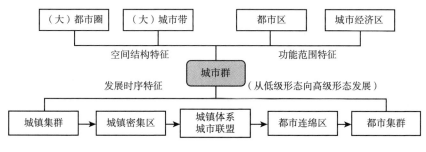

图 2 - 1　城市群及其相关概念的逻辑关系

2.1.3　产业优化

在产业优化的相关研究中，最多的是对产业结构的研究，其他相关研究，如产业分工、产业布局等也蕴于其中。在产业结构优化的含义方面，众多学者们的说法不尽相同。各种说法的不同体现了不同的学者对产业结构优化的含义有着不同的见解。总体而言，主要包括了以下几个视角。

熊映梧、吴国华等（1990）指出产业结构是一种生产力结构，它是以产业的划分作为基础的；产业结构的状态主要包括纵向和横向两个方面，其中纵向方面是指产业结构的高级度，具体而言就是指一国的产业结构在世界产业结构进化的等级系列中所处的阶段；而横向方面则是指产业的均衡度，具体而言是指在一国的产业结构中，各个产业相互之间所达到的一种协调的状态。臧旭恒等（2002）指出在内容方面上，产业结构的优化升级问题一般包括了产业结构的合理化和产业结构的高度化两个主要方面；但是戴伯勋（2001）指出：除了以上所说的合理化和高度化这两个方面之外，高效化也理应被作为产业结构的优化升级的一个新的内容。同时，杨林、邢开蓉（2001）则认为各个产业的组成状态和发展水平以及各个产业相互之间的数量比例关系和生产联系即为产业结构。焦继文、李冻菊（2004）提出产业结构优化过程中存在的两个基本点即为产业结构的合理化和产业结构的高度化，这两个基本点在动态变化过程中相互依赖、相互影响、互为因果、互相促进，产业结构的合理化和产业结构的高度化二者共同构成了产业结构的渐进优化的动态过程。王德章、赵大伟等学者（2009）指出产业结构的优化升级包括了两层含义：第一层含义是指三次产业相互之间的内在联系和比例关系的变化，第二层含义则是指同一产业内部的各个子产业相互之间的内在联系和比例关系的变化。

产业结构升级的相关研究。卡里基里等人（Carriquiry et al. , 2007）的研究认为，在管理产品标准方面的时候，政府对产业和企业，进而对产业结构的变化都会产生一定程度的影响。德威特（DeWitt, 2006）和阿尔比诺（Albino, 2007）主要通过分析产业集群之间结合的可行性、产业集群之间的供应链结构和供应链管理等，从而使产业结构的进一步优化得到很好的促进。吴福象和王德鑫（2009）指出当前处于的经济信息时代，对于产业结构的优化升级具有非常显著的提升作用的是产业之间的融合。通过对上海市的六大支柱产业进行了计量检验和统计分析，实证结果进一步支持了吴福象和王德鑫的这一基本判断。研究的同时还发现，产业之间的融合主要是通过信息技术来改造传统产业进而实现对产业结构的优化升级的提升作用，这种提升作用最终将会体现在摩尔结构转换值、产业结构转换值和结构熵指数等几个方面。

产业结构的演进规律与机制。史蒂文·克莱珀（Steven Klepper, 2001）经过研究总结出了美国的汽车行业的三个结构演化所具有的共同特点：汽车的研究开发促进了报酬的递增，企业之间的异质性能力，管理之间的师徒关系。底特律的汽车中心地位主要是依靠早期那些进入者所具有的强大优势和地理位置相对比较集中才形成的。戴维斯和温斯坦（2004）已经明确指出多重均衡理论已经被广泛应用到经济学之中，但是至今还没有人实证多重均衡是经济的特征。于是戴维斯和温斯坦通过选取114个日本（"二战"期间遭受盟军轰炸的城市）城市中的8个制造业城市来进行分析，结果显示出城市产业结构之间不存在多重均衡。佛朗哥·马勒巴（Franco Malerba, 2005）指出近几年来，经验得到证实、模型被模拟出来和计量经济学的研究成果都较大程度地推进了对于创新和产业动态以及产业演进之间的关系的理解。在目前这种形势下，必须从知识化、需求结构、协同化和网络化等多个领域出发才能更好地理解创新和产业结构的演进之间所存在的关系。玛格努斯·布朗姆斯特姆和阿里库克（Magnus Blomstrom and AriKokko, 2006）详细研究了芬兰和瑞典等许多东欧国家的产业结构演进所具有的过程。通过能够为西欧的许多国家提供初级的产品和中间的产品，芬兰和瑞典的产业结构也由原材料工业（如钢铁和木材）进一步向经济结构的多元化工业（如机械制造、交通运输业、技术产品）转变，最后向多样化的服务业发生了转变。波斯玛和里克文婷（Ron A Boschma and Rik Wenting, 2007）从演化的角度通过利用1895~1968年的汽车行业的进出口数据对英国的汽车行业的演进过程进行了较为详细的描述，其中模型中的Cox回归充分说明了副产品加工、进口和积聚经济对这时期汽车行业的生存具有非常重要影响。

综上所述，本书将产业优化界定如下：产业优化包括产业结构优化、产业布局优化、产业分工优化等方面内涵，具体而言，产业结构优化主要是产业结构合理化和产业结构高度化。而产业结构合理化侧重各产业间的数量比例关系；产业结构高度化主要是采取各种措施，加速产业结构向高度化演进。产业空间布局是区域社会经济发展特征的空间反映，是社会生产与经济活动的空间地域体现，其本质是企业组织、资源要素和生产能力在空间上的集散与流动。为了实现城市群的协调发展，不同城市根据各自优势条件选择优势产业加以扶持发展，避免产业结构的趋同性，实现在整体上互补互利而进行的产业分工与协作则是重要的内容。

2.1.4　城市进化

"城市化"一词的发展，到现在已经有一百余年的历史。然而由于不同学科学者对城市化的研究和城市化的过程本身具有的复杂性，关于城市化内涵的界定，不同学科的学者对城市化的理解有所不同：人口学家研究城市化主要是观察城市人口的变化情况，例如城市人口在总人口中所占比例的提高，城市人口规模的扩大、分布、变动等，并分析产生这种变化背后的经济和社会原因以及发生这种变化所带来的后果；经济学家研究城市化通常从经济与城市的关系出发，强调城市化是经济由乡村向城市转化的过程；地理学家研究城市化则强调城乡经济和人文关系的变化，认为城市是各种活动的中枢，城市化是由于经济和社会生产力的大发展而引起的人口和居民点形式由农村向城市转化的全过程；社会学家研究人与人之间的关系网的深度、密度、广度，以此作为研究城市的切入点，强调城市化是社会生活方式的主体由乡村向城市的转化；历史学家则认为城市化就是人类从区域文明向世界文明过渡的过程中表现出来的经济和社会变化，将城市化视为一种社会经济现象；人类学家研究城市化则以社会规范为中心，认为城市化是人类的生活方式由乡村生活方式向城市生活方式转化的过程，这种观点与社会学家类似。

综观文献来看，国内外的学者从人口、经济、地域、社会四方面定义"城市化"。"人口城市化"是定义"城市化"的一个基本标准，是衡量城市化水平的一个基本指标。亨德森等（J. Vernon Henderson et al.，2007）认为，全面城市化是指城市人口达到总人口的 65%~85%。"经济城市化"主要是从经济增长的角度来定义城市化。塞巴斯蒂安·芬迪森和延斯·塞德库姆（Sebastian Findeisen and Jens Südekum，2008）谈到大部分经济活动都集中在城市，城市化是经济增长的"发动机"。

周毅等学者对上述定义则不相同，他们不仅仅考虑人口这一个因素。周毅（2009）认为城市化是一个以人为中心、受众多因素影响且极其复杂多变的系统转化过程，包括软件和硬件结构这两大系统的提升和更替，是一个由传统社会向现代社会全面转型和变迁的过程。诺克斯（P. Knox，2009）指出城市化是一个涉及经济、人口、社会、文化、技术和环境的复杂过程，城市化会伴随着在城镇和城市生活的人口居住密度增加以及人口占用领土的比例增加。崔胜辉等（2010）认为城市化是伴随着城市人口的增加而导致城市复合生态系统的演化及依托的地理空间的扩张过程，是人流、物流、信息流和能量流的集聚度提高而导致的城市复合生态系统结构不断演变、功能不断完善的过程；城市化不仅包括人口城市化、经济城市化等内容，其还有更多内涵，如社会文明城市化和地理空间城市化。其中，人口城市化为其内在实质，社会文明城市化为其最终表现，地理空间城市化为其依托保障，经济城市化为其动力机制。崔胜辉等学者从经济学、地理学、人口学、社会学四个方面对城市化下定义，比较全面。张樨樨（2010）从城市化实现的六项要素出发，提出了全面立体的城市化观，即城市化是一个综合性概念，包括经济城市化、人口城市化、环境城市化、生活城市化、科技城市化和保障城市化六大方面的内容。

以上述研究为基础，本书对城市进化进行如下界定：纵观城市化与城市发展的研究可以发现，城市化是产业发展的必然结果，是城市进化的外在表现，城市发展的规律就是城市由低级到高级进化的规律。城市是进化的，是进步、完善与高级化的过程，是不断突破新层次的循环往复、螺旋式上升的过程，促使城市向着结构有序、功能完善的方向发展。在此过程中，各种要素的新陈代谢和协调发展呈现出过程性、变迁性、可持续性等特征。具体而言，在"核心—边缘"理论框架下城市进化将一般意义的城市化与城市发展概念纳入其中，既包括人口向城市的流动、生活方式的变革、区域经济结构转变等城市化内容，又包括城市生态环境友好、资源永续利用、经济繁荣健康、社会和谐进步等内容。总而言之，城市进化是城市化的进一步发展和高级化。城市群城市之间交易规模是由产业专业化程度决定的，专业化程度越高，交易规模越大。由于各城市产业的专业化分工，联动产业各个环节可能在空间上分属于不同的城市，空间离散的产业链环由于产业之间存在的耦合关联，迫使要素和价值跨城市流动和传递，即要求城市之间进行产业合作，形成了产业跨城市的空间联动基础。

2.1.5　协同发展

区域协同发展这一理念自提出至今已经得到了学术界的广泛认同，并成为了区域科学、地理学与经济学等学科重要的研究领域，但是，对于这一概念的内涵，学术界并没有统一的界定。一般认为，区域协同发展是一个综合性的概念，涵盖的内容包括区域差距缩小、区域产业分工合理化、区域调控科学和理性等诸多方面。此外，作为一种区域发展战略，其内涵也在随着中国区域经济的发展而不断演变和丰富。

本书认为区域协同发展格局应该满足"人"日益增长的对美好生活的向往和需求，以增强国家综合国力和整体竞争力、提高居民生活水平和改善居民生活质量为最终目标。在前人研究的基础上，本书认为区域协同发展的内涵包括经济、社会、环境与空间四大维度，具体有六方面的内涵。

（1）市场的统一性和开放性。即各区域之间消除贸易要素流动壁垒，实现地区之间产品和要素的自由流动，形成建立在公开、公平、公正竞争秩序上的区域统一市场。

（2）区域产业结构的科学性。即充分发挥区域内部各个地区的比较优势（包括静态比较优势和动态比较优势），产业发展能够实现因地制宜、分工合理，地区只能实现优势互补，从而形成另行发展的区域产业结构。

（3）区域空间结构的合理性。即区域人口分布的空间结构、以区域基础设施为架构的点面结构、区域内各组成部分之间的要素流网络结构的合理性。进一步地讲，区域空间规划能够充分顺应区域经济、社会发展的趋势，并能够兼顾发挥各组成部分的自身优势。

（4）地区发展战略之间的互动性。即加强各次级地区之间战略协同，扩大地区间合作，实现区域间良性互动，提高区域整体竞争优势。

（5）地区发展机会的公平性。即正确处理先富和后富的关系，实现基本公共服务均等化，逐步缩小地区居民享受的生活福利水平差距，最终实现共同富裕。

（6）区域发展的可持续性。即各地区之间在资源开采、环境治理和生态保护等方面相协同，实现区域经济增长、社会颈部与生态资源环境之间的协同与可持续发展。

其中，前两个部分是侧重于经济层面，第三部分属于空间层面，第四、第五部分侧重于社会层面，最后一部分则侧重于环境层面。

2.2 城市群产业优化与城市进化理论模型

通过文献梳理，本书构建的城市群产业优化与城市进化理论模型为：在城市群的空间中，产业的出现和集聚是城市兴起和增长的一般前提，产业的产生、成长和演进乃至优化的过程都与城市有密切的联系。产业发展与城市演进高度耦合，城市载体与产业规模相适应，城市效益与产业效率相关联，城市间的协作与其产业分工相联系。城市化的本质决定了城市化不可离开产业的发展优化而单独存在，没有产业支撑的城市化只能是徒具形式的"空壳"，更不可能形成规模化，产生城市规模效益。因此，产业的集聚地一般而言就是城市的所在，产业集聚的规模决定城市的规模，如果出现产业优化，城市结构也会随之改变。因此，综合国内外研究，可以判定，在产业与城市关联的种种因素之中，最重要和最具现实意义的应该是产业优化与城市进化的关系，产业优化是城市进化的动力源泉，城市进化是产业优化的支撑保证。两者在相互作用中，推动城市群经济可持续发展（见图2-2）。

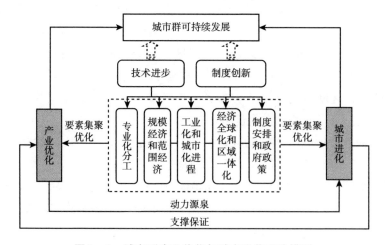

图2-2 城市群产业优化与城市进化理论模型

2.3 城市群产业优化与城市进化作用机制

2.3.1 专业化分工与外部经济性

处于扩张的城市中的企业，通过实施分工协作，不断提高劳动者的工作效率，不断降低交易成本和生产成本，促进城市群产业优化与城市进化的协调发展。科斯的交易成本理论认为，企业的边界由企业之间的交易成本以及劳动力市场共同确定。当市场平均的交易成本与企业将该交易内部化的成本相等时，企业的边界与规模就基本稳定。通过企业间的合理分工，交易成本可以低于企业自身的生产成本、由于经营规模扩大而带来的内部管理成本。而处于同一产业链的上下游企业间，纵向内部一体化被横向市场交易取代，垂直一体化和水平一体化利润得以实现，生产成本和交易成本得到缩减。城市群的形成，将促进企业在城市周边集聚，这有助于降低企业间的交易成本，不仅如此，还将带来正的外部性，即额外的由于成本节约而带来的收益。这种外溢行为不仅在城市群产业发展中得到体现，在生态环境保护、公共服务设施等方面也得到集中体现。此外，城市群中的城市可以按照职能进行分工，从而降低每个城市履行职能的公共成本。统一的基础设施和公共服务设施建设，可以节省大量的每个城市独自投资、运营的成本以及避免重复建设。生态环境的保护，也可以实现协同效应，节约投资，从而使城市群的综合竞争力可以得到有效提升。

城市群空间内城市间和企业间自然禀赋、经济水平、社会文化等方面的差异性和互补性，是城市群充满活力的内生因素，也是城市群产业优化与城市进化协调发展的前提与基础。企业间分工的深化，可以降低交易成本提高生产效率。企业之间的内部管理被市场调节所取代，在产业链中的企业通过水平分工与垂直分工，专注于某一具体环节的生产，或是某一工序的生产，从而促进企业的空间集聚，形成产业集群，可以获取单一企业无法获取的规模经济与集聚外部性，而城市也在此过程中，实现集聚进化。基于同城市分工协作的产业集群的发育过程，也是城市群发展的过程，通过产业的专业化分工与优化，可以有效提升城市群综合职能。

鉴于城市群内的城市因资源要素禀赋、劳动力丰缺程度、产业基础和产业分工不同，如果某一产品在某一城市的生产成本较高，则该城市就会选择从其他城市购买或者投资，而空间距离近、运输成本低、交易成本小的城市则是首选。在此情况下，区域内的各城市、各企业就可建立起密切的经济联系，形成以中心城市为枢纽、以次级城市为节点、高度发达的分工协作网络体系，降低了整个群域生产成本，奠定了提高群域整体效益的现实基础。每个城市根据自己的比较优势在城市群中承担相关的职能。城市分工从城市之间拓展到城市内部分工。以此为出发点，遵循不同的产业层次，按照不同的资源禀赋，形成城市群的主体特征。作为区域分工体系的组成部分，城市功能分工体系的形成导致区域城市群的产业优化，城市发展逐渐分化，形成不同的区位优势和产业特征，承担不同的职能。城市群的形成过程也是其内部不同规模、不同等级、不同性质的城市产业特色、功能特色形成的过程。而劳动分工的拓展进一步加强了城市群的合作与交流。

交易成本的缩减，既深入了分工合作，也促进了城市群的产业优化与城市进化协调发展。分工协作不仅使得企业之间的交易成本降低，也促进了企业与城市之间的交易成本降低，从而使企业之间、企业与城市之间更加密切地联系在一起。作为产业集群中的企业，可以提高交易的频率，随着交易成本的进一步降低，企业可以将交易对象和交易行为稳定在一定的空间内，企业内外部划分也更加清晰，整个集群中的企业交易成本从而也得到降低。而地理相近的企业，也因为运输距离短而有效控制了交易成本。因此，资源和要素禀赋的非均质性和差异性造就了企业与城市各自不同的比较优势，进而发展为不同的企业分工和城市分工，这种分工通过市场机制形成具有鲜明特色的城市群。

城市群城市间交易成本不断降低，将有力促进城市群的分工走向深化，企业集群形成了紧密的网络，收集、传播和处理交易信息更加便捷，可以减少搜索时间和信息不对称的成本，降低交易成本和风险。在处理同一产业链企业与其他产业链企业的交易时，还可以减少个体企业应对外部的交易成本。在同一城市群内，面对同样的企业文化和文化氛围，知识和经验的异质性可以规避，从而节约交易成本。此外，城市群中的企业由于长期的分工合作，形成了较为完善的内部信贷系统，交易的不确定性得到最大程度的避免，道德风险和机会主义也得到很大程度的抑制，交易成本进一步得到缩减。反过来，这又推动了集群内企业专业化分工进一步深化，从而促进了垂直一体化或水平一体化的产业链或开放的商业网络，进而提升了整个集群的生产效率，有助于竞争优势的发挥。类似的道理，交易成本也是城市群中的城市之间分工的重要决定要素，在分工带来的收益超过成本的情况下，城市群中城市的分工合作才有更加稳固的基础。可见城市群的存在，不仅降低了产业组织的成本，而且个人和团体还可以均摊所在城市的基础设施和公共服务设施等费用。此外，其还通过提升沟通的水平和层次，降低相互间的误解和分歧，促进形成劳动力和城市群合作的区域空间；通过降低企业间的交易成本，促进企业集聚优化，进而完善城市的职能分工，反之继续压缩交易成本，持续促进产业的优化。在此过程中，城市群日渐发育并形成具有完整群域经济特征的主体形态，推动产业优化与城市进化实现可持续协调发展。

2.3.2　规模经济和范围经济

企业对规模经济与范围经济的追逐是导致产业发展、城市形成乃至城市群发育的直接动力。在市场经济的作用下，各种资源及要素以获取利润最大化、成本最小化为目标，通过各种方式高度集聚，在实现规模经济的同时，进一步获取外部性。这些外部性一般情况下并没有通过货币等有形形式得以体现，但尽管如此，企业的交易成本、生产成本和经营效率确实得到很大提高。企业为了获得外部性，会不约而同地向着符合自身的具有特定职能的城市空间集聚，由此众多具有高度关联性的企业就可以有效控制员工的通勤成本，从而促进了企业生产效率的提升。而企业员工集聚在一起，也会产生巨大的市场需求，从而将相关的企业吸引过来，促进了这些产业的发展。即使是那些与主导产业相对独立的产业和人口也会在集聚效应下向着空间的某一点集中，这不仅直接导致城市的形成，而且促进了不同城市的有机构成，即城市群的形成。城市群产业优化和城市进化的空间集聚也导致了城市群的进一步延伸和扩展，并且，集聚的乘数效应将不断累加城市群的集聚力。相对于整个城市群的空间集聚而言，单一城市下的产业集聚，一般属于水平一般的集聚经济；而整个城市群的产业集聚包含数个乃至十数个、数十个产业的集聚，由于更加合理的分工，一般而言，属于水平很高的经济集聚。因此，城市群空间内产业之间、城市之间为实现集聚经济而进行积极对接与不断融合，体现出单个城市经济外在化和整个群域经济内在化的交互作用，使得资源和要素在更大的范围内、更深层次上集聚与整合，促进群域内甚至群域外资源在动态配置中实现"帕累托改进"。

内部规模经济和外部规模经济是规模经济的主要类型，其中，内部规模经济是指产业组织由于规模扩大而导致的边际投资增长或边际成本降低；外部规模经济是企业间的相互关联导致的成本节约或者收益增加的显性收益，以及因在更大空间范围内获得快捷的交通网络、便利的公共设施、完善的劳动力供给、发达的产业配套等所带来的隐形收益。而城市群空间内在一个特定的区域的集聚，除了企业层面的规模经济，还有城市因为集聚而带来的规模报酬递增，从而将产业和城市集聚的效益进一步放大。产业和城市从分散发展到集聚，可以导致产业获得更大的收益和城市规模的扩大，或减少更多的成本。而通过基础设施和服务设施的区域共享，每个企业需要分摊的额外费用很少，或在投入不增加的情况下增加收益。产业集群中的企业可以实现集中采购，降低采购成本。产业集群规模越大的，企业集聚数量越大，城市群规模也越大；产业集群集聚度越高、专业化程度越高，分工越细，城市群也更专业，创新能力越强，区域品牌效应越凸显。

地理意义上的城市密集分布，是各类资源和要素在区域内的特定分布形式，具有不同于各城市简单加总的整体特征与功能，即城市群的整体功能远远超出相同规模的多个孤立城市的功能之和，具有1加1远大于2的突出特点。据调查，城市群的发展可以节约30%的土地，能源效率提高40%，节约行政成本20%。产业集群与城市人口规模的扩大，可以加快企业和人口的流动和配置，促进城市群城市间的要素流动，如物流、信息流、资金流、技术流，城市群中的企业除了分享来自本行业的规模经济外，还能够分享到所在城市群的公共产品、准公共产品和基础设施带来的好处；由于实力增强，城市可以投入更多的资源，不断优化产业发展环境，促进产业集聚与优化发展。企业在对规模经济的追逐过程中，促进了城市规模的扩大，进而促进了城市群的发展；城市的发展壮大和功能完善，又为企业的发展创造了更加优越的发展环境，并吸引更多的企业到此布局，产生新的规模效益。这样良性循环的过程促进了城市群的可持续发展。

区域层面的范围经济源于一个区域生产和提供两种或更多的产品与服务的成本低于由多个区域分别生产和提供这些产品与服务的成本之和。产业层面的范围经济则源于同一区域内单个企业生产专业化与多个企业协作社会化共同构成的地方生产系统。在产业规模不断发展的情况下，城市的规模日益扩大，产业链条逐渐拉长，企业的长期平均成本逐渐降低。但是这一成效随着城市空间日益拥挤、资源和要素供应紧张而受到消极影响。如果将产业链条延伸到城市群中的其他城市，就可以扩大产业链的宽度，更加具有范围经济性。在城市群的其他城市，由于集聚了供应商、研究与开发、原材料、劳动力和人才、资本等要素，因此，容易获取寻求延长产业链的最佳区位。处于城市群中的城市相对城市群外的城市而言，其产业链的延伸具有更多明显的优势，不仅可以降低企业成本，而且能够扩大产业发展空间，提高经济效益。其原因在于当地的生产系统的经济性，可实现城市群内一个单一的专业化企业生产以及组合的多企业协同效应，由于产业的空间得到拓展，城市的发展空间也得到了相应拓展，相应的城市功能改善，如改善基础设施、提升公共服务设施水平，扩展产业的发展空间。因此，产业和城市的形成和发展集聚过程是协同的，产业和城市相互交融、共同发展，可以在更大的范围内集聚和配置资源和要素，拓宽了产业和城市发展的空间，在城市群空间内形成了由集聚经济和范围经济完美结合的一种产业空间与城市空间高度协同的经济发展模式。

2.3.3　工业化和城市化进程

工业化和城市化是一个国家或地区现代化的两个方面，两者相互促进，其中，工业化是城市化发展的引擎。工业化促进城市化发展主要通过产业、资源、要素和人口集中。从发展规律看，工业的发展势必由分散走向集中，以充分获取专业化分工和规模经济带来的收益，城市也因此产生。在工业化的过程中，按照最大化收益的要求，在一定的条件下为了使生产要素集聚的优势充分发挥，原材料和燃料、重要的消费市场、交通枢纽、人员及其他各种因素会向着某一特定城市集聚。而这也将带动交通体系、商业银行、电信等服务业发展及进一步集聚，从而支持和推动工业化进程，并继续到一个新的阶段。城市是有利于资源快速积累和元素扩散的广阔空间，能够促进工业化以更好的效率推进，同时也提升了城市效益，从而进一步促进了资源配置的效率，加速了产业发展，促进了城市的进化，进而推动城市群的成长发育。

工业化和城市化进程是城市群产业优化与城市进化的重要动力机制，产业优化进程与城市进化的内容是工业化与城市化的重要体现，同时又是一个具体的推进方法及其实现形式。产业集群已经成为行业的全球发展的组织形式，是产业化的必然结果。传统产业集群促进区域和现代制造业走向集约化、专业化，这座城市变成一个城市群的产业支柱，孤立的企业延伸到多个城市的产业链条和产业链条之间的连接，形成产业发展的非均质区域，从而实现产业层次的提升，促进城市群的协调发展。产业集群的形成和发展，无疑将促进资源、要素、人口、资本等空间集聚，奠定城市发展、城市开发和城市群形成发育的必要条件。另外，产业经济依靠城市群可以有效实现人口、资源和产业的集中，并为产业集群的可持续发展、公共服务设施的完善创造良好的条件。城市群的发展已成为国内外经济和社会发展的主要趋势，许多大城市群的规模，不仅是一个国家或地区的实力体现，也是衡量现代化程度的主要载体。工业化要求产业发展追求规模化和专业化，推动产业走向集聚；产业集聚自身发展的结果及其对产业集聚发展各方面配套环境的要求，又催生了大规模的城市，城市规模的扩大增强了其空间扩散能力，与周边中小城市结成城市群；城市群的发展和壮大，又会吸引更多的企业、人口、资源和要素的集聚，推动城市化的进程；工业化和城市化水平的提高，又使高度集聚的企业和城市群体形成了规模更大、范围更宽的群域社会经济大系统——城市群域经济体。

2.3.4 经济全球化和区域一体化进程

经济在全球空间的高度扩散是全球经济一体化的基本形式。各国家之间、各主要经济集团之间的互相依赖随着全球分工的逐渐深入而不断强化，区域内竞争国际化、国际间竞争区域化日趋激烈，任何单打独斗的行为都不是明智的。跨国公司是全球化的主要推动者和实施者，虽然资源、要素、商品和服务日益实现全球共享，但跨国公司却将产业链条中的高附加值部分留在本国，将低附加值部分转移至具有成本比较优势的区域，实现了全球生产、全球销售、全球采购，由此推动各国经济联系日益紧密。从区域范围内看，国与国之间的竞争已经演变为以产业为依托的城市群之间的较量。以产业优化与城市进化协同发展为手段促进的城市群在国家和区域经济发展中扮演着越来越重要的角色，也是国家间着力建设的主要方向。在经济全球化的背景下，城市群以若干个大城市为中心，以其强大的产业集聚和人口集聚的优势，在国际分工和交换中直接参与合作与竞争，是国家和企业竞争力的直接体现。从微观的角度看，竞争主要表现在城市群是否能够支持区域经济的发展，从宏观的角度看，国家的竞争力取决于它是否有一些强大的城市群。

因此，通过产业集群的发展，促进城市群经济发展和载体功能的提升，提高经济的整体竞争力，促进国家和区域经济发展，这已成为世界各个国家和地区的普遍意识。提高国家城市群建设领域的产业集群和区域竞争力，已成为发达国家和发展中国家产业空间组织形式和区域经济发展模式的共同选择。在发达国家，以城市为核心，强大的产业依靠城市集聚起来，城市群在此过程中发挥着极其重要的作用。通过资本和人口规模影响产业优化，显著提升城市竞争力，并促进该地区和该国的经济增长。世界六大城市群的竞争力都是世界性的，都是所在国家主导产业的集聚地，产业集群高度发达和集中，都具有强大的经济实力、完整的经济体系、高度化的产业结构、广泛的国际经贸联系、齐全的国际服务功能，不仅是所在国经济发展的核心地区，而且是全球性的经济中心，对世界政治、经济的影响力举足轻重。这些城市群的全球整合、产业升级、结构优化、技术创新，使东道国的综合实力和国际竞争力迅速提升，在世界劳动分工和国际竞争发挥主导作用。

在区域一体化的条件下，产业集聚和城市集聚协调具有极为重要的意义。面对激烈的区域竞争，单一城市因为产业规模、有限的资源和要素，在竞争中存在被边缘化的危险。只有以大城市为中心加强分工合作，结成产业与城市高度耦合的群域经济体，以"1＋1＞2"的群域集合能量参与区域竞争，才能取得主动。城市群发展的经验证明，一个区域要具有强大的国际竞争力，必须以一个服务功能齐全的中心城市为核心，形成分工协作的城市群域经济体。区域一体化已经成为城市群可持续发展的推动力量。区域经济发展从来都不是均衡的，因为各城市在自然资源禀赋、产业基础、创新发展能力、资源配置效率等方面具有很大的差异性，发展水平不可能处于同一个档次，集聚能力和扩散能力也不一样。由于市场规律的作用，资源和要素也不会在一个区域内均匀配置，企业总是向产业基础好、区位条件优良的地点集聚，以获取更大的、由规模经济和范围经济所带来的集聚效益，这些产业集聚点只能是以大城市为中心、以产业群为支撑的城市群体——区域经济增长极。只有城市群域经济体这个增长极才能担负起整合区域资源和要素，并通过其支配效应、乘数效应、辐射扩散效应，使群域内分散和无序的经济活动变得集中和有序，组织和带动群域经济发展。

2.3.5 制度安排和政府政策

制度安排和政府政策作为一个内生变量，在城市群的形成和发展过程中，在促进产业优化与城市进化的协调程度中，发挥了决定性作用。在经济系统中，制度就是行为规则。符合市场经济规律和产业群与城市群耦合发展规律的制度安排，可以抑制企业和城市在合作中可能发生的任意行为和机会主义行为，可以增强相关参与者对合作收益的预见性并减少信息不对称和交易费用。制度又可分为内在制度和外在制度，内在制度是在一个群体或一个社会中长期以来自发形成并固定下来，并被普遍遵守的规则，包括价值观念、文化传统、伦理道德、风俗习惯等。外在制度是人为设计和确立，并被自上而下强制执行的规则。政府政策在这里可理解为外在制度的具体安排，即政府采取的规制行为。通过对国内外城市群域经济体的产生和发展过程的分析可以看出，在市场经济发达国家或地区，内在制度的作用一般会大于外在制度的作用；在市场经济不发达国家或地区，外在制度的作用一般会大于内在制度的作用，但仍然不能替代内在制度。发达国家的城市群，都是在市场经济制度作用下，自发产生并自我运行的，中央政府和地方政府很少干预，需要组织协调的时候，也是由群域内的中介组织出面。从政府政策方面看，国内外对产业群和城市群发育的作用方式，分为不干预、诱致和强制三种。从干预的层次看，有的是国家层面，如制订产业、城市群和大区域的发展规划，并对一些企业、产业、区域实行差别扶持政策等；有的是大区域层面，如跨省市的地方行政长官联席会议、区域协调委员会、部门专业委员会等；有的是地方政府层面，如地方培育产业群的政策等。从干预的效果看，有的是正向激励，有的是逆向激励。恰当的政府措施，能够在城市群域经济体的产生和发展过程中，发挥推动和促进作用。例如，自由开放的市场，必要的市场管制，对市场分割和地主保护主义的抑制，廉洁的政府和高效的政府运作机制，最少的行政干预和政府垄断，有效并不断改进的法律和政府服务，公正的司法，完善的企业和个人信用体系，健全的基础设施和公共服务设施，尊重包括文化习俗、经营习惯等内在制度等，都会营造产业群与城市群及其耦合发展的制度环境。但有些地方政府行为的强制性色彩仍比较浓厚，其可能产生的效果也很难预料，如制订区域性的产业发展规划、产业布局规划、城市总体规划，以及通过行政手段决定城市的设立或升格，频繁调整行政区划等。

2.4　区域产业链形成演化与协同治理

企业创造价值的过程是经由各种相关活动实现的，所有活动的集合便形成了价值链。价值链显现在有联系的企业之间，同时也显现在企业内各相关部门之间。产业价值链建立在具有核心竞争力的环节上，可以是技术、知识上的优势，也可以是资源、要素的优势，其存在的意义在于为消费者提供能够满足其效用的产品，并且企业之间具有供求关系。城市间的价值链整合与重组可以体现出城市间的相互作用，而且现在城市分工日益深化，会进一步促使城际甚至更大空间尺度上的价值链网络化。

产业链则是联结产业上下游企业，贯穿从生产原料到消费者手里的产品的完整过程，企业间的联结建立在技术联系和投入产出关系上。而区域产业链体现的是各个环节在一定区域内产生的存在技术经济联系的一种产业形态。

产业集群就是基于各种链条和网络在一定区域内，将有关联的企业在地域上集中起来，在此意义上，产业集群就是在一定地区内或地区间突破产业边界形成的产业链。

将以上这些概念集结在一起，便得到了区域产业链这一概念，也就是产业集群与价值链耦合发展的新产业组织范式——"群链"，兼具"群"的集聚经济与规模经济、"链"的交易成本与运输成本的综合优势，体现着空间尺度下产业发展的新趋势。

2.4.1　区域产业链的属性与功能

区域产业链是价值链、生态链和空间链三大链条的集中体现与反映，具备价值、生态和空间三重属性。

首先，价值链作为区域产业链的经济属性，把创造价值作为目标进而完成价值在产业链上的传递、转移、增值，以此确保产业链的稳定性，同时保证链条上的企业获取期望的经济效益，可见价值链具有高附加值的优势和特征。其次，生态链作为区域产业链的生态属性，强调产业链发展过程中的高资源利用率和低环境影响，保证了产业链的可持续性。最后，空间链作为区域产业链的空间属性，弥补了产业链在区位联系上的弱势，冲破地域边界，加强了城际产业间的相互关联。可见，区域产业链的三重属性相互耦合，形成了高附加值、高利用效率、强区位联系、低环境影响的产业链属性。

创新链的发展能够促使创新链内部升值，实现创新链与产品链的对接，产生技术创新的外溢效应，从而进一步抬升价值链。资金链的发展能使整个产业链的流速变快、流量变高、流向精准，进而增强产业链运作能力。物流链的发展通过扩大企业范围、显化比较优势、促进产业对接，实现产业链空间布局的优化。信息链的发展则可以辅助生产决策、引导对接，最终保障产业链有效运作。各个产业功能链的驱动，使得区域产业链得以发展。

2.4.2 区域产业链的形成机理

随着经济发展层次抬升，产业链分工日益明确，通过提高专业化利益、降低交易成本两大途径可以协调企业之间的关系，促使交易效率提高。通过以上两种渠道深化分工，使得企业之间分工与合作更有效率，衍生出核心环节专业化生产和非核心环节外包，进而增加产业链环节，重塑更大空间尺度下企业之间的关系，促进产业链协作新方式的产生。

从交易成本角度出发，本书从以下维度分析区域产业链的形成机理：资产专用性、不确定性、交易频率、企业能力、任务复杂性和资源依赖。

第一，资产专用性。资产专用性指在原有生产价值不变的情况下，某一资产可被其他使用者使用或用作其他用途的程度。一般来说，资产专用性程度与交易成本呈正向变化，且这种变化与交易方式不相关。第二，不确定性。无论是交易所处的外在环境还是参与者行动的不确定性都会导致最终交易的不可预测。威廉姆森（Williamson）的"三重维度"理论揭示了资产专用性与交易方式的不确定关系，交易的治理方式包括市场、企业间网络和企业科层，其中，企业间网络被认为是最广泛的治理形式。第三，交易频率。交易频率作为影响交易成本的主要维度之一，如果交易频率较高会使得用于治理结构的成本能较快回收，而交易频率对治理形式的影响作用取决于其他交易成本维度的状况。第四，企业能力。不同的经济活动贯穿在不同的生产阶段中，这就要求不同的企业能力来协调这些经济活动，促使产业合作与发展。治理方式与企业间能力互补时所需能力相关联。第五，任务复杂性。任务的复杂性决定了利用资源的时机与方式，任务的复杂性会导致企业在短期内无法通过自身能力来提升专业性资产。第六，资源依赖。倘若内在成本与主体间的信任不足时，行动的不可预测性、资源依赖以及交易频率都偏高，那么由企业科层协调治理方式的概率就越高。

以上六个交易成本维度，都可以不同程度地降低交易成本或提高交易效率，而在实际操作过程中，需要依据企业实际情况选取合理的交易方式。

处于区域产业链各环节的企业都面临区位选择的问题，企业需要根据各区域的优势和特色来考量。不同于单个企业的区位选择，区域产业链的区位选择围绕整个链条（上下游企业）的联系进行布局，在空间上呈现分散态势，形成跨区域产业链。换言之，区位选择的依据就是区域资源禀赋差异，这种差异主要体现在以下方面：第一，区域间生产要素禀赋差异。各个区域由于自身发展水平和地理位置差异，其对应的生产要素禀赋也各不相同，在不同的区域产业链节点上，适应某一地区的区域产业链节点生产要素禀赋也各不相同。第二，区域间集聚经济差异。当各种产业和经济活动在空间上集中时，会吸引经济活动中心向集中点靠近，在集聚地区获得一些正外部性，因此，产业链上的各环节都会倾向于布局在产业集聚程度较高的区域。第三，区域间市场规模差异。产业链所遍布的区域将有助于扩大市场规模。移动链条中某一个企业点的位置，会有助于扩大新区域的市场。

除区域资源禀赋差异外，交易成本下降所引起的地域分工深化和合同关系复杂化辅助上述区位选择过程形成区域产业链。

2.5　区域产业链治理与协同升级

随着全球化竞争日益激烈，产业间关联度低、空间布局分散的问题也日益凸显，这就需要通过产业转型升级来促使价值链向更高价值环节跃迁，从而对劳动者薪酬和经济发展也有促进作用，使位于价值链上的企业和中间供应商有了更多的选择空间。而下一个最主要的难题就是产业异质性，价值链的运行模式取决于当地的供应商；一般日用品的消费者也会对价值链起推动作用，其主要动力来自低成本性，在食品的价值链中消费者最关注的就是安全性，这一问题不仅超出了经济范畴，而且逐渐发展成为目前的社会焦点。

在价值链中处于领先地位的企业为与供应商维持较好的合作关系采取了积极的企业社会责任战略（corporate social responsibility，CSR）。作为一个多维度的概念，企业社会责任是企业由于其对社会造成一定的影响而需要承担责任。

企业在其核心环节会整合社会、环境、消费者、道德等利益相关方参与业务实践过程，其目标是使利益相关者的利益实现最大化，同时也使企业可能带来的负外部性尽可能小。

目前，在研究中人们日益聚焦于不同层面的行为主体下的价值链发展现状，发现无论是微观企业还是整个国家，都是通过一些技能、技术、知识的提升促使其跃迁到价值链中价值更高的环节。在相关的研究中可以发现，产业升级可以分为经济性升级和社会性升级两方面，其中前者意味着产品的价值的提升以及生产工艺的附加值提高，如开发新产品、产品性能升级、出口高层次产品等；后者意味着作为社会行动者的工人的合法权益得到保障、社会福利有所提升，工人的就业质量得到改善。实现价值链中的经济性以及社会性升级是一个亟待解决的问题，尤其是经济和社会型升级在什么条件下才能有效结合在价值链中成为学者们目前高度关注的问题。

价值链升级成功的关键在于其治理结构的合理性。治理结构是一个十分复杂的过程，不仅包括不同尺度下的行为主体的各类行为要求，还包含公共、私人及社会这几种维度下的治理模式。不同层面研究的关注点不一致，研究价值链的学者偏向于关注外部环境，尤其是企业采用私人或公共的治理方式加快产业标准传播至一些较落后地区，促使这些地区的产业升级及经济增长；研究产业集群的学者偏向于关注产业壁垒、产业交流及区域产业集群体系，这些都是集群产业完成升级的关键。

国外关于价值链和产业集群的研究交叉性在逐渐凸显，然而国内的研究在价值链和产业集群在经济及社会型升级方面的理解与研究存在分歧。本书通过全面整理国外近十年的相关文献构建了一个集成性框架，由此将价值链和产业集群的经济与社会型升级整合为一体。

2.5.1　产业集群与区位

产业集群由企业和相关组织在明确的空间范围内从事分部门的类似的活动。其源自阿尔弗雷德·马歇尔的传统的工业区概念，被在全球产业竞争中取得成功的意大利中小企业发扬光大。这些企业的成功归因于其所处的空间区位，这些区位能够有效降低交易成本，在地理位置上拉近企业之间的联系，同时也能够使得一些要素，比如知识、技术、技能等在区域内流动，形成一个要素流通网络。倘若产业集群程度在一定的空间范围内达到限度，就凸显出这两者间存在的共同特征，也就是说，某一区域的空间布局会约束生产结构的多样性。

自 20 世纪 90 年代以来，很多学者开始关注区域发展过程中的产业集群现象及中小企业对经济增长的作用。研究发现了产业集群的经济型升级，一方面促使区域内的生产活动集中形成了规模经济、范围经济，并对产业集群内外企业产生外部性影响；另一方面加强了集群内产业间的联合行动，使它们通过联合解决实际中单个企业无法完成的难题。通过联合行动促进集体效率的提高是产业集群的关键，可以使有限的资源和规模融入一个更大范围的资源及规模池内，具备较强的产业竞争力。在地理位置上的邻近关系以及社会联系紧密加快了企业建立和供应商之间的合作关系网络，进而共享知识、技术、技能等生产要素及基础设施，促进生产效率的提高。除此之外，群内的其他相关主体也会积极参与联合行动，由于产业集群中的各个企业的相互竞争会影响它们之间的合作与协调，所以在联合行动中就可以通过一些主体和机构来协调企业间的矛盾，作为企业间合作协调的"润滑剂"。

简单来说就是专注于研究产业集群的文献侧重于地方背景下的产业集群内一些企业及机构的治理状况，具体包含上面提到过的经济型及社会型升级。而专注于研究价值链的文献侧重于整合价值链上的上下游企业关系及整个产业链条网络化，所以产业集群和价值链这两种不同的治理方式是相互区别又相互联系的。

处于产业集群内的企业在一定的区域内会渐渐认识到自身的两难境地，一方面要缩减其劳动力成本，另一方面又要承担满足产品质量要求并遵守产业规范而产生的附加成本。这会使得产业集群的相关主体减少在劳动力及基础设施方面的进一步追加投资，进而影响区域内产业的联合行动。

现实的种种困境会促进形成产业集群的形式。立足于当地的优势条件和产业基础，加强与更大尺度上的主体对象间的联系，可以看出产业集群面临的升级方式不尽相同。高薪阶层对于高端消费品的潜在需求会刺激生产企业加快升级其技术能力，但同时也会异化群内企业分工状况，最终形成两极分化。这种状况限制了群内企业的联合行动，不能有效激发潜在的联合效率，还会导致企业升级结果不一致，企业间形成脱节。

2.5.2 价值链及其升级

建立价值链的理论分析框架有助于系统全面地了解价值创造及传递累加的机理，也可以充分调动链上各个环节协调配合，共同促进产业可持续发展。通过分析价值链为产业明确了两个方向——治理与升级。治理侧重于从领先企业着手探究其在较大空间层面组织供应链的作用；升级是为了保持或提升利益相关者的经济地位而采取的措施。这两个产业发展方向随着经济发展逐渐趋于一体化。

研究价值链的关键在于治理。在发展中处于领先地位的企业会通过企业自身能力控制产业升级过程中的资源、利润以及风险等，并由此影响产业升级的结果，即便是供应链以外的企业也会受到影响。不管价值链的种类是什么，链上的领先企业都具有十分显著的特征。在经济全球化日益成为发展主题时，关于买方和卖方主导的价值链就受到广泛关注。买方主导的价值链上的大规模制造业相较于卖方来说直接把控生产环节，主要是通过所有权、品牌及零售渠道等实现控制过程的。

但是按照推动价值链发展的动力来划分过于宽泛，体现不出日渐复杂的价值链治理结构。因此，格里芬等（Gereffi et al.，2005）在介于两个极端分化的市场以及层级结构间细分了模块型、关系型与俘虏型三种价值链治理形式。在这几种治理形式中，价值链中的领先企业为了实现不同的治理结果而协调没有产权联系的生产商。不同的是最开始的买方与卖方主导的价值链把治理更多地理解为"驾驭"，把细分的五种治理形式理解为"协调"。邦迪和斯特金（Ponte and Sturgeon，2014）后来又新引进了治理的正常型这一治理形式，使治理形式符合相关的准则。不管是何种形式的价值链治理，领先企业都在其中必不可少，其在链条上的各个环节都发挥一定作用。所以在产业治理过程中买方能力与规范性相结合才能有益于实体产业集群健康持续发展。

目前价值链的研究大都集中在对地方供应商在产业集群中扮演的角色的分析上（Gereffi，2014）。价值链具体包含三种作用：第一，组织合理化，价值链会在地方供应商中选择少数几个规模较大、技术能力强的企业来组织产业活动；第二，地理整合，供应链生产中心集聚着丰富的劳动力资源以及成熟的生产技术，所以很多大型新兴经济体都在此分布；第三，区际贸易的增长，2008 年的经济危机导致全球经济衰退，全球的需求减少使得交易市场由国外转向国内。

在上述三个作用中，组织合理化能够有效加强市场表现，由于中小企业不具备价值链高端企业足够的规模和影响范围的特征，所以需要进一步加强中小企业在社会型升级中的作用。地理整合可以带动中小企业在社会型升级中的潜在作用，京津冀协同发展等区域发展战略就催生了资源技术集聚整合，促进地理整合，进而生成了产业振兴政策来支持产业治理，使当地政府能够有较大的议价能力来迫使区域外企业让利。一些正在发展的区域内利益相关者之间采取联合行动时，价值链中的领先企业就会面临更大的企业社会责任，在采取措施时会更为谨慎，会重视工作环境的改善。2008～2009 年全球经济衰退导致区际贸易在产业集群中形成正负两方面效应。带来的正效应就是降低了企业的进入壁垒和产品标准，使更多地区的企业参与到全球供应链当中，尤其是类似于产品开发设计等高附加值环节；负效应就是过度关注低收入的市场会降低卖方的利润率，形成"价格战"。

处于发展阶段的区域价值链在影响区域产业升级时要注意协调价值链治理与相关机构间的关系。相关机构所施行的制度标准都会影响当地产业集群升级的效果。对于类似劳动权益保障的措施适用范围较小，很多的中小企业员工、临时工或农民工等都被排除在外。所以应当更为深入地了解区域内的制度及社会背景，在这些背景下寻求价值链治理与产业升级的良好互动关系。

2.5.3　价值链与产业集群的经济性与社会性升级

在现有研究的基础上，本书把产业升级的内涵延伸到了经济和社会两个层面，以便于更好地将价值链与产业集群结合起来。其中，经济性升级指在知识、技能、价值等收益性经济活动环节跃迁。在价值链框架内，经济性升级有四种类型：产品升级，向更复杂、更高价值的产品线发展；流程升级，生产系统重组或先进技术引入促使输入更快捷更有效率的输出；功能升级，通过功能更新提高经济活动的整体技能；链式升级，企业进入新的但有一定相关性的产业。

相较于经济性升级，社会性升级偏向于保障社会工人的合法权益以及提高就业质量，更多地涵盖了就业标准、工作权利及社会保障等角度的涵义。实现社会性升级既有益于改善劳动者工作状况，又能够推动经济性升级，比如当工人具备胜任某项工作的能力时就会转移至价值链中更高一层次的环节，对应的工作条件和社会保障就会得到改善。社会性升级有两方面内容：薪酬待遇，不仅包含就业性质形式，还包含具体的薪水、保障及工作条件等；权益保障，大都是一些不易量化的状态指标，比如社交自由度、维权权利等。

企业社会责任由于近些年在改善价值链劳动条件中发挥着重要的作用，所以一直被提倡且实行。特别是领先企业借助其地位优势引导并遵守着一定的行为准则，承担着与其地位相对应的社会责任。然而企业社会责任的战略效果并不理想，供应链中存在的劳动力问题没有得到全面解决。并且领先企业在承担其社会责任的同时也投入了成本，还有一些正在发展的区域供应商虽然投入了价值但却不需要承担企业社会责任。

社会性升级也进一步延伸到政府及非政府等组织，但却很少会针对某项具体的企业社会责任的有效性问题，侧重于社会性升级发挥作用的条件探究，还有怎样将社会升级与经济升级有效结合在一起，本书会在下面予以探讨。

目前关于产业集群和价值链的研究都普遍默认"倘若工资水平和工作条件有所改进，那么经济升级会自动向社会升级转化"的假设。通过实践证实经济升级的确在一定程度上影响社会升级，但其过程更为复杂。在升级的动力主要来源于采取一些低端措施降低劳动力成本时，新产生的工作岗位大都是薪资低、非正式或工作条件欠佳。产业集群内部对于正式工人和临时工人的待遇差别较大，正式工拥有较高的薪资且工作条件较好，社会升级能给他们带来益处，然而临时工即便是对企业的劳动力成本和灵活性有一定的缓冲作用，却不能享受社会升级带来的益处。这就使得产业集群内的社会升级结果严重分化。

性别歧视也是一个不容忽视的问题。研究发现女性工人的工作更偏向于临时性与季节性，所从事的工作大都不稳定、收入低且安全性不高。劳动力供给的优质性对产业集群有较大推动作用，这一条件将妇女及一些技能不熟练的工人边缘化。

2.5.4　产业群链共治的集成框架

从现有的研究成果出发，表 2-2 从两种类型的产业群链治理形式加以分析。其中，水平治理主要是协调群内企业与群外企业间的区位关系，这里不仅包括经济关系，也包括社会关系；垂直治理是通过价值链中的上下游关系，把区位不同的企业与上游供应商相互联系，促使链上各环节增值，最终累加形成最终产品的价值。在研究价值链时，学者注重垂直以及跨区域的产业治理情况，而研究产业集群的学者更注重水平及不同区位的产业治理情况。本书在探究产业治理过程中，综合考虑水平与垂直两种治理类型，以此更为深入全面地了解产业群链的经济和社会升级情况。

表 2-2　　　　　　　　　　不同类型群链治理的范围和主体

主体	类型	
	水平（集群）治理	垂直（价值链）治理
私人治理	集体效率 如：行业协会、合作社等	价值链中的领先企业治理 如：全球买家的自律行为准则
社会治理	当地民间团体压力 如：工会，保护公民、工人和环境权利的非政府组织；性别平等倡议	区域民间团体对领先企业和主要供应商的压力 如：公平劳动协会和多方利益相关者的行动——伦理交易计划
公共治理	地方、地区、国家政府法规 如：劳动法、环境保护法	国际组织，如：ILO，WTO 国际贸易协定，如：NAFTA，AGOA

根据参与主体的不同而将治理加以区分，形成了私人、公共和社会三方面的治理类型。由于社会升级备受关注，故公共治理和社会治理的主体地位日益凸显。

产业群链的私人治理侧重于调节群内企业间的经济关系与群外企业间的合作关系。它建立在集群企业之间相互信任和依赖的基础上，反复的交易加强了企业之间的人际关系，并由此形成由人际关系支撑的社会关系网络，这样就能有效减少群内企业间资源共享的限制，提高整个集群内的集体效率，这一治理方式往往是由群内机构推动的。群内企业通过联合行动能够减少一些成本，也能够受集体监督和集体管制，有效提高企业信用。产业群链内主要靠领先企业来推动私人治理，经过领先企业制定的标准确定企业生产数量及质量，进而促使经济效率达到最大。

公共治理从执行主体上来看是由国家各级政府或组织主导的治理方式。在产业集群的大环境下，公共治理涵盖了基层、区际及国家等各个维度的政府部门制定的相关条例与规定，对经济性升级和社会性升级直接或间接地产生影响。例如，国家劳动法的相关条例中对于工作条件的要求直接对工人的工作条件产生影响；另外的一些产业政策、贸易竞争法规等公共治理方法对劳动关系没有直接影响，但对经济性升级有直接作用，同时也对社会性升级有间接的作用。为了实现制度安排及规划目标，公共治理充分利用双边或多边区际的要素和制度约束，实现区际政策支撑、资源共享，在一致的规划布局下促进市场一体化建设，加快产业转型与升级，实现区域协同发展。不同于私人治理，公共治理更具法律强制性，特别是政府出台的法规制度。然而在政策制定过程中缺乏完善性，一些法规制度有待进一步完善，各个执行主体的落实能力有待提高。

社会治理的执行主体是来自社会的公民或组织，包括一些非政府机构以及工会等。这种治理形式明确规定了劳动者权利和工作条件，如相关组织及利益相关方的倡议。这种治理形式大都不是强制性的，主要是通过企业本身或政府的行政权力实施。因此，社会治理通常采用多利益相关方共同治理的形式，以促进公共、私人和社会公民主体的共同行动从而实现共同目标。与私人治理，公共治理或社会治理相比，这种形式的共同治理可以在发展中地区更有效地实现社会升级。

但是，因为相关治理主体的利益不易协调，联合活动具有不可预测性。同时也存在潜在的"搭便车"问题，一些企业集团不愿意参与联合行动或为联合行动付出成本，却依然可以从中获利。所以群内企业的不同利益直接影响集体行动的结果。

图2-3提出了产业群链治理的综合框架。在价值链中考虑了空间上集中的企业整合问题，按照不同维度的升级模式以及社会升级所处的困境，形成纵向和横向维度的不同治理形式，将二者联合起来加快升级。

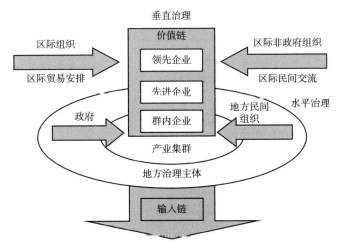

图 2 - 3　产业"群链"共治框架

在研究时本书借鉴普皮姆·德奥利维拉（Puppim de Oliveira，2008）的研究并加以延伸，进而细分出六个产业集群的社会升级路径，六个产业集群的社会升级路径被细分，不同的路径会经过对应的机制驱动实现（见表 2 - 3）。社交升级是由多个主体共同完成，所以这些路径之间并不是独立割裂的。

（1）市场化路径：一般来说，在市场对产品标准要求更高的情况下，群内的企业会积极改善工人的工作条件。升级的核心驱动因素是产业集群中的企业利用其在产品及工艺上的独特性来加强其市场竞争力。在群内企业之间相互交流市场偏好能够有效地加快产业升级，也能获取其他企业尤其是领先公司的支持。这条路径面临的约束是市场激励的有效性，也就是说，在大多数情况下，市场无法为条件优良的公司给予激励，剥削压榨工人的公司也不能及时受到处罚。同时，倘若买方不留意来自社会的影响，市场对于优化工人工作条件的企业的激励效果就无法显现。尽管尚不确定尚不发达地区的工人是否和发达地区工人一样关心劳动条件，但是，处于发展阶段的区域产业集群的市场缺乏激励的可能性较大。这说明工人的劳动保障降低可能是由市场条件引起的。例如，国际市场对商品的需求减少可能会影响中国浙江的鞋业集群，并降低企业的收入，从而对工人工作条件的改善产生不利影响。

（2）社会责任驱动路径：群内企业在遵循领先企业的高产品标准及生产规则后推动实现企业社会责任驱动路径。这条路径是以领先企业为主要承担对象的社会责任"合规"范式。领先企业会在发展过程中树立一个良好的企业形象，作为业内标杆。逃避企业社会责任就会对市场稳定性形成负面影响。虽然社会升级在某些领域取得了一定成效，如劳动安全、强迫劳动和工人健康等，但这种"合规"模式在推进社会升级方面存在很大的限制。企业通常会陷入两难境地，它们既要遵照劳动法规，又要降低成本，这就导致合规成本的不可控。除此之外，发展中地区的多数集群服务其国内市场并成为"看不见的"链条。群内企业承担较小的社会责任，所以社会责任很难推动企业社会升级；而且除了垂直治理会带来企业承担社会责任的压力，一些其他的地方主体例如媒体舆论、非政府组织等也会造成一定压力。

（3）多方利益相关者路径：这一路径的核心目标是通过多利益相关方共同努力而改善发展中地区尤其是一些中小企业的工作条件。这一路径不同于企业社会责任路径。一方面，它是以多方利益相关者的合作为基础，包括各级政府、集群机构和当地企业等，利益诉求的多样性是这条路径的一个突出特点。另一方面，它联合了合规监控与能力建设以解决劳动力问题。这条路径的推动力来源于多种类别的全球和地方行动者的广泛联盟，大到全球领先企业，小到地方组织，都一起共同制定标准，实行监督和制裁并共同推动能力建设。即便多个利益相关方模型使用一致性的行为规范及监督认证，本地的一些集群主体还是将根据其根本利益予以回应。地方集群企业和行业协会往往在"隐性"链中发挥突出作用，能够很大程度地推动社会升级。即使是十分成熟的价值链，也需要通过联合行动加大活动有效概率，由此更有利于融入当地经济。而且个别的大企业在培养其集群能力方面有局限，并且不会在集群中传播。

（4）劳动力导向路径：这条路径的特点在于工人和工会能在促进企业升级中发挥核心作用。即使是工会作用有限的情况下，工人也越来越关注并捍卫自己的权利。上面所述的两种驱动路径中将工人和工会等组织看作是被动接受的一方的假设不再适用。实际上，这些劳动者和其对应的组织早已开始积极主动地寻求改变自身社会地位及条件。工人对自身的实际情况是最熟悉的，他们能够通过罢工来和企业谈判，尤其是技术工人。该路径在实施过程中需要面对的一个难题就是，一些工人团体的整体优化通常需要牺牲一部分工人为代价，主要是妇女、临时工或非正式部门劳动者。然而这部分劳动者是企业运营过程中相对灵活的缓冲层，所以公司会针对这些工人予以补偿。

（5）集群驱动路径：这是一个自下而上的驱动过程，通过集群企业拉动群内的工作条件优化。集群的主体类似于工人，执行标准却不参与制定标准。

相较于别的路径，该路径应当考虑本地背景，尤其是集群企业的潜在经济效益，然而这并不是领先公司推行的企业社会责任战略的重点。该路径的主要机制是集群采取联合行动改善工作条件，同时加强企业间的信任与依赖程度。群内诸如协会、商会等机构，在提供培训、确保外部市场信息质量以及促进社会标准的实施方面起着关键性作用。另外，不同层面的治理方式下采取的措施的顺利施行有赖于创新压力的驱动。这种形式的目的在于把整个社会的发展目标融入集群发展框架中以减少合规成本，也能为区域内的社会规范做出贡献，从而有效增强合规管理的效果。然而，在一些尚不发达的地区，价值链的作用还未凸显，一些外部压力可能会弱化当地集群的自主发展能力。

（6）公共治理路径：公共法规能够有效改善劳动条件，它的影响范围较广，几乎囊括了全部的群链企业，不管是水平治理还是垂直治理都需要严格遵守法规。在这当中必不可少的就是国家"执法"，既能防止企业转型，还能解决相关主体在联合行动时的摩擦。国家权力的来源较为广阔，来自不同的组织部门。工人对福利、劳动条件和安全的需求不断增长，这就促使国家出台更严格的劳动法规。有研究显示，国家能够不局限于传统的威慑性法规，采取更具创新性的方式促进和私人及民间主体的协作，提供技术支持等激励措施，并支持当地产业群链的升级。然而现在还不能确定国家在协调不同利益相关者之间利益冲突时的作用和程度，也无法确认政府的作用所适用的规模、水平和部门。

表 2 - 3 综合分析了社会性升级的动力、机制和主体。实际上，社会升级通常是由具备不同能力的多个主体的协作参与。如果行业标准和当地环境相互作用，解决多元化冲突并遵守当地规范和制度，就能更好地实施行业标准。所以，从全球、国家到地方，公共、社会和私人主体的协同和共同治理已经出现。私人治理以及企业社会责任会代替公共治理，弱化其他形式的治理效果。有研究已经得到了这种替代现象的经验证据。

表 2 - 3　　　　社会性升级的关键因素、机制和主体

路径	关键动力	主要机制	主要主体
市场化路径	市场竞争力	市场供需	买家、消费者和供应者
社会责任驱动路径	领先企业声誉和购买力	买家主导、社会审计	领先企业
多方利益相关者路径	一个广泛的标准制定、监控能力建设和制裁实施联盟	多方规范、社会标准、能力建设、合作	国际非政府组织、全球买家、当地的主体

续表

路径	关键动力	主要机制	主要主体
劳动力导向路径	工人的不满、运用讨价还价的能力	集体谈判、罢工、怠工	工人、工会
集群驱动路径	外部的企业社会责任压力、集体效率	集体标准制定、执行力、支持体系	集群企业、行业协会、合作社
公共治理路径	公众压力、改善工人福利的实践	劳动法的强制力、执法强度	国家到地方各级政府

　　由于各自的比较优势和劣势，私人治理和公共治理能够实现互补。不同形式的治理之间通过相互补充，可以在某些情况下形成"混合治理体系"或"协同治理"。目前学者们日渐关注确定适用于价值链和集群升级的系统，也就是探究在什么条件下，集群与价值链中的经济和社会升级可以相互整合、相互补充。即使私人治理本身对工作条件和环境的持续改善没有显著影响，但是当它与公共执法规则并行时，其自发建立的标准是最有效的。倘若社会各阶层及外部条件更为有效联动地统一起来，在各种不同的驱动治理模式下就会实现"群链"的协同升级。

第 3 章

城市群产业优化与城市进化
协调发展经验证据

先发国家的城市群发展在不同程度上均经历了衰落—整治—复兴的过程。并且，从城市化发展过程来看，在欧洲、美国、日本等已经经历完整城市化进程的国家（地区）中表现得较为完整，其城市群的发展轨迹有着突出的典型性与代表性。因此，对于国内外典型城市群产业经济与城市群发展实践的考察是本书研究的重要内容。

3.1 东京城市群产业优化与城市
进化空间分布

3.1.1 规模分布

东京城市群是一个广义的地域概念，一般而言，东京城市群包括东京都、神奈川、千叶、埼玉、茨城等七县。一般将东京城市群的神奈川、千叶、埼玉称为内环三县，而把山梨、枥木、群马、茨城称为外圈四县（见表 3 −1）。

表 3 - 1   东京城市群主要指标

区域	人口（万人）	占比（%）	从业人数（千人）	占比（%）	GDP（万亿日元）	占比（%）	面积（平方公里）	占比（%）
全国	12692	33	52067	35	50.11	100	377900	10
东京城市群	4134	100	17954	100	19.24	38	36348	100
东京都	1206	29	7753	43	8.97	18	2187	6
琦玉县	694	17	2244	12	2.08	4	3767	10
神奈川	849	21	2968	17	3.17	6	2415	7
千叶	593	14	1831	10	1.94	4	4996	14
合计	2136	52	7043	39	7.19	14	11178	31

区域	人口（万人）	占比（%）	从业人数（千人）	占比（%）	GDP（万亿日元）	占比（%）	面积（平方公里）	占比（%）
茨城	299	7	1128	6	1.15	2	6096	17
栃木	201	5	827	5	0.81	2	6408	18
群马	203	5	854	5	0.79	2	6363	18
山梨	89	2	349	2	0.33	1	4201	12
合计	792	19	3158	18	3.08	6	23068	63

数据来源：东京都统计局网站。

作为日本最大的城市群，东京城市群也是世界上最大的城市集聚体。东京城市土地面积 36000 平方千米，用仅占 9.5% 的面积，创造了整个日本高达 38% 的国内生产总值（2000~2004 年），超过土地面积占全国比例的 4 倍；同时拥有人口 4149 万人，占全日本人口的 32.5%，人口密度高达每平方千米 1152 人（2005 年），是日本人口密度的 3 倍多；从业人员 1795 万人，占全国人口的 35%；尤其是情报通信业及服务业，从业人口数超过了全国的 50%。

3.1.2 产业分层布局

（一）东京都的主要产业及其在三环的分布

日本经济近三十年的数据表明（见表 3 - 2），在产业总产出、产业企业数量、产业从业人员等指标下，东京城市群都是以第三产业，特别是服务行业和批发零售行业为主，两者总产出分别占比 29.1% 和 21.0%，从业人员分别占比 33.6% 和 30.8%，企业数量分别占比 29.0% 和 41.0%。相对于第三产业，制造业虽然屈居次席，但其在整个城市群中仍占据重要位置。东京城市群中制造业的总产出、从业人员和企业数量分别占比 10.6%、12.8% 和 11.0%（见表 3-2）。这表明，随着产业结构的提升，即使进入经济发达阶段，出于扩大就业、保持一定的制造优势等考虑，制造业特别是高端制造业仍会在城市群中扮演重要角色。作为全球主要的金融中心，东京的主要金融保险业尽管非常发达，但总体并无法与服务业和制造业相提并论。但这并不意味着东京城市群的金融不发达，而是东京城市群的金融发展具有自身的比较优势，在世界范围看，仍是主要的金融集聚高地。

表 3-2　　　　　　　　　　　东京城市群各产业指标

产业	总产出 （10 亿日元）	占比 （%）	从业人数 （人）	占比 （%）	企业数 （家）	占比 （%）
农林渔业	48	0.1	3897	0.1	324	0.1
建设业	4507	5.1	505840	5.9	46698	6.0
制造业	9318	10.6	1097984	12.8	79374	11.0
电气煤气水道业	1477	1.7	39274	0.5	488	0.1
批发零售业	18492	21.0	2654384	30.8	295845	41.0
矿业	31	0.1	3070	0.1	80	0.01
不动产	10820	12.3	227194	2.6	48329	7.0
金融保险业	11764	13.3	393617	4.6	12290	2.0
运输通信业	6053	6.9	560509	6.5	28194	4.0
服务业	25637	29.1	2891053	33.6	211052	29.0
其他	5271	—	231972	2.7	2095	0.29
总计	88150	100	8608794	100	724769	100

数据来源：东京都统计局网站。

东京城市群的核心——东京都可以按照人口密度、就业密度和产业集中度等指标划分为 3 个主要的空间层次。在东京的核心三区——千代田区、中央区和港区，面积只有区区 42 平方公里，每平方公里却提供了五万多个工作岗位，是其他区域的 7 倍，在东京城市群中最高。2010 年，东京的核心区就业人口为 243 万人，昼夜人口相差达 207 万人，这表明东京的经济资源高度集聚在 42 平方公里的空间范围内。日本的产业政策和城市规划要求加强市政建设，增加绿色覆盖率和城市工业发展，此外，为了贯彻产业政策和城市规划，日本严格限制厂房的占地规模和区位选择，禁止将占地面积 500 平方米的厂房建在城市核心区。核心区产业选择限制在金融、贸易等占地面积更少、能源消耗低、运输成本少的行业。第二层是内环，是余下的 20 区的一部分，占地 580 平方公里，每平方公里就业人口达到 8103 人，虽然不如核心区那么高，但人口密度达每平方公里 14086 人，仍是东京乃至日本全国居住密度最高的区域。第三层是外环，面积是内环的两倍，达到 1565 平方公里，但人口却只占前者的一半。该地区不仅产业少，就业机会少，而且生活居住功能小于内环。

上述核心三区居于主导地位的是服务业、批发和零售业，就业人数都达到 157 万人，约占总就业人数的 65%。金融保险业和制造业居于次席。从吸纳就业的角度来看，核心三区的首要产业为服务业，在 2001 年，其总就业人数 85 万人，占三个区总就业人数的 35%。在批发和零售业方面，东京的核心三区以占 2% 的土地面积，集聚了东京 64.5% 的销售额和 27.9% 的就业，其集聚程度可见一斑。作为世界最大金融中心之一的东京，其金融业在都心三区高度集中。2003 年，东京都心三区发生银行贷款额高达 125.8 万亿日元，占整个东京的 76%，存款额高达 79.6 万亿日元，占东京的 55%，同时这里还集聚着整个东京的 28% 的银行、37% 的金融机构总部。随着产业发展水平的提升，重化工业如钢铁、石化等产业均从东京都转移至千叶，都市型产业则得到了较快发展，以出版印刷业为例，在东京集聚了日本 80% 的出版印刷企业。

东京内环这一层是东京最大的经济体，集聚了东京的 55% 的员工数量。除了金融保险行业的从业者不到 50%，东京内环所有的其他行业的从业者占行业总量的六成以上，个别甚至超过九成。服务业、批发和零售业吸收的就业量最高，总共超过 300 万个，占比高达 64%。出版业是在制造业的主导产业内环。在 2001 年，就业人口及内环出版业占东京出版 61% 和 52%，产值占 31%，而就业人数吸纳总产出也达到了 38%；居于次要的是通用设备制造、机电设备、食品制造、金属制品等，占比超过 9%。

东京外环的主要产业以农业和制造业为主。农业、制造业吸收就业人口占比超过 20%，其他产业吸纳就业的比例均低于 20%，这也反映了东京外环经济的集聚度远不如核心三区和内环高。从就业人口的占比来看，主导产业仍然是服务业、批发和零售业。这两个行业的雇员数达到 100 万人。精密仪器制造、通用设备、食品、电器机械设备等是外环的主导产业，尤其重要的是电气设备，其产值和吸纳就业在东京都中占比分别高达 87% 和 74%，可见机械制造在该圈层的分布之集中。

（二）东京城市群内圈和外圈的主要产业

（1）内环的主导产业。2010 年，东京城市群内部区域的面积为 11178 平方公里，是东京城市中心的 5 倍。从就业的角度分析来看，内环的信息和通信业，采矿业，金融业，保险业的劳动人口比例低于行业的三成，其余产业则介于四成到五成，分布比较均衡，但还达不到东京信息产业的高集聚度。即便如此，员工总数超过东京约 50 万人，其经济总容量远小于东京。随着日本在第二次世界大战之后经济的腾飞，资源匮乏的先天缺陷显露出来，日本成为纯粹的资源进口国，特别是资源型产业，如石化、钢铁等产业。石油炼制、石化和其他基本材料行业和机械行业为主导，从东京城市及其周边地区，形成了新型产业的集聚区，尤其几乎全部的钢铁、石化等产业均集聚于此。

（2）外圈的产业水平。这是东京发展最为落后的区域，也是人口最为稀疏的区域，主导产业主要集中在第一产业，以及制造业和地方型的第三产业，如医疗福利、批发和零售。其他行业的从业者占比都在 10% 以下，经济规模在东京城市群中最小。第三产业发展水平最低，占比约为 60%，不仅低于东京城市群的其他区域，甚至低于日本的平均水平，也低于全国水平的 73%。但这一地区的高科技产业相对较为发达，茨城、栃木、群马、山梨四县与长野县、宫城县、山形县、福岛县的高科技产业产值占了全国的 60%。其中，机械制造业居于领先地位。运输机械、电器机械、普通机械在外环中的占比均超过三成。食品行业居于次席，占比 10% 左右（见表 3-3）。

表 3-3　　　　　　　2004 年东京城市群各产业从业人员分布

产业	全国（万人）	东京城市群（万人）	占比（%）（全国）	东京（万人）	占比（%）（城市群）	内层（万人）	占比（%）（城市群）	外层（万人）	占比（%）（城市群）
农林渔业	222	34	15	3	9	15	44	16	47
矿业	38	8	20	3	33	2	25	3	43

续表

产业	全国（万人）	东京城市群（万人）	占比（%）（全国）	东京（万人）	占比（%）（城市群）	内层（万人）	占比（%）（城市群）	外层（万人）	占比（%）（城市群）
电气煤气	189	56	29	26	47	19	35	10	19
批发零售	12219	4095	24	1817	44	1601	39	677	17
教育	1368	581	43	270	47	244	42	67	12
餐饮住宿	4817	1717	36	756	44	689	40	272	16
建筑业	4382	1283	29	465	36	538	42	280	22
综合服务	356	61	17	12	20	26	42	23	38
制造业	9940	3043	31	883	29	1314	43	846	28
金融保险	1431	569	40	341	60	158	28	70	12
服务业	7779	3004	39	1482	49	1082	36	440	15
情报信息	1382	824	60	641	78	147	18	36	4
医疗福利	4156	1234	30	427	35	583	47	224	18
房地产	966	428	44	240	56	150	35	38	9
运输	2822	1020	36	388	38	476	47	156	15

经过计算，东京核心圈的从业人员集中在除了第一、第二产业以外的第三产业，其中尤以从事情报、金融和房地产业的人员居多；而内圈从业人员并没有明显的偏向，第一、第二、第三产业中都有从业人员集聚；外圈从业人员主要集中于第三产业以外的第一、第二产业，其中尤以第一产业居多。

通过上面的分析，我们可以得出这样的结论：东京城市群的产业分布存在明显的空间分布规律，从核心、到内环再到外层。制造业在核心区的分布较少，而集中分布在内环和外环，但是从产业效率来看，虽然规模和集聚程度最低，但是产出效率确实是最高的。这也反映了一个现象，虽然传统制造业日渐转移出核心区域，但是生产技术先进、资源消耗少、产出效率高的高端制造业仍会在城市群核心区占有一席之地。不同性质的制造业在城市群不同圈层中仍有不同的分布规律。内环及核心区中，出版业等具有生产性服务业性质的产业较为集中，而越远离核心区农业和一般的制造业则相对集中。

3.2 纽约城市群产业优化与城市 进化空间分布

3.2.1 城市群构成

2007 年，纽约城市群面积约为 37032 平方公里，占美国国土的 0.4%，其行政范围涵盖纽约州、康涅狄克州和新泽西州。纽约城市群的人口超过两千万，只占美国人口数的 7% 左右。纽约市是整个城市群的核心。纽约城市群的空间分布也存在明显的结构特性，可以按照城市发展水平、产业经济水平划分为不同的圈层。核心区包括：曼哈顿、布鲁克林、皇后区、布朗克斯和新泽西州的哈德逊。内圈包括：里士满、埃塞克斯、博根、魏斯切斯特、尤里恩、拿骚、费尔菲尔德、新德里赛克斯等。外圈包括：奇菲尔德、普特南、俄林、萨塞克斯、新阿姆斯特丹等（见 2007 中国都市圈评价报告）。

作为最为重要的交通枢纽和世界性大都市，纽约是全国的金融服务中心，在美国经济甚至在世界经济中占据中心地位。纽约集聚了美国最多的银行、债券、金融保险等金融机构，超过美国主要的经济城市如旧金山、芝加哥、洛杉矶等的总和，百分之三十三的美国五百强企业总部也集聚于此。主要的世界性组织，包括联合国总部等也位于纽约。因此，纽约又号称"世界之都"（见表 3-4）。

表 3-4 　　　　　　　　　　2002 年纽约城市群主要指标

区域	人口 （万人）	面积 （平方公里）	人口密度 （人/平方公里）	人均产值 （美元/人）
曼哈顿	154	60	25666	204116
纽约市	801	785	10203	54943
纽约城市群	2087	37032	563	62063
曼哈顿/纽约市（%）	19.0	7.5	2.5	3.8
纽约市/城市群（%）	38.3	2.1	18	0.9

资料来源：2007 中国都市圈评价报告。

3.2.2　核心圈层产业分布

作为纽约城市群的核心，纽约市虽然由里士满、昆士、布朗克斯、布鲁克林、曼哈顿五大区域组成，但是其空间分布的圈层结构也非常明显。曼哈顿是纽约市的核心，各主要产业的产出、吸纳就业的人数等在纽约市中都占到 40% 以上，科技服务、金融保险等主要产业甚至将近 100%。在这个意义上讲，纽约市的服务辐射功能主要依托曼哈顿实现。昆士和布鲁克林是内部圈层，主要产业的产出与就业吸纳占全市的比重在 15% 左右。里士满、布朗克斯是纽约市的外层，主要产业的发展并不充分，总体占比不足 10%，特别是里士满，其产业发展还不如布朗克斯，主要产业的产值、吸纳就业的人数占全市的比重微乎其微。曼哈顿是世界上金融要素集聚程度最高的区域，曼哈顿面积只有纽约市的 8%，但是曼哈顿的主要产业产值占比达到 70%，吸纳就业的占比达到 60%。金融保险在曼哈顿的主导产业中占据首要位置，从业人数在曼哈顿全部从业人口中的比重将近 20%。全纽约市的金融保险业的将近九成从业人员都集中在曼哈顿。美国前十大银行中，有四家的总部集中在曼哈顿；世界最大的十家安全公司中有九家的总部也设在曼哈顿；美国十大保险公司中，也有四家的总部集中于此；此外，美国最大的十家金融服务公司有三家的总部也在曼哈顿，总体而言，包括美国在内的 380 家银行总部设在了曼哈顿。除了金融业，技术服务业是曼哈顿的第二大产业。其产业产值和就业吸纳大约占曼哈顿的 20%。从地域空间讲，金融业主要集聚在下城，而技术服务业主要集聚在老城。除了金融业和技术服务业之外，仍有部分制造业集聚于曼哈顿，如纺织、服装、印刷等，其产值分别占比 78%、45% 和 60%。但是，在曼哈顿的整个产值中，上述产业的总产值只占整个曼哈顿的不到 4%（见表 3–5）。

表 3–5　　　　2002 年纽约主要圈层各产业就业与产值占纽约的比重　　　　单位:%

产业	就业			产值		
	曼哈顿	内环	外环	曼哈顿	内环	外环
制造业	41	51	8	44	50	7
批发贸易业	62	29	10	81	15	0

续表

产业	就业			产值		
	曼哈顿	内环	外环	曼哈顿	内环	外环
零售贸易业	46	40	14	47	40	14
房地产	63	26	11	74	19	7
科学和技术	88	9	3	94	5	1
行政管理	72	22	6	76	19	5
教育服务	75	20	5	86	11	3
医疗与社会救助	38	43	19	44	39	18
艺术与娱乐	80	15	8	84	10	6
住宿与食品服务	70	23	8	75	19	6
其他服务	63	28	9	79	16	5
总计	61	29	10	71	22	5

资料来源：美国普查局网站。

　　纽约的内环主要是昆士和布鲁克林。集聚于此的大多为制造业，制造业的总产出和吸纳就业都超过了全纽约的半壁江山，相对曼哈顿而言制造业的集聚度更高。医疗服务、零售贸易在内环的主导产业中排名第二，产值和就业吸纳的比重在四成左右。由于内环人口有四百万，因此，上述两大产业主要面向本地人口。在制造业中，造纸、食品、化学等子产业在内环具有较高的集聚度。上述产业基本都是曼哈顿不具备的产业，体现了曼哈顿与内环的产业分工与梯度。而曼哈顿分布的大多是资源消耗少、利用效率高的都市型产业，如服装、出版、印刷等。

3.2.3　内圈和外圈的产业分布

　　为分析纽约城市群的内圈和外圈的产业圈层分布，计算可得如下几点。
　　内圈产业发展较为平衡，主要产业的产出和就业人口的吸纳在整个城市群中占比都在 40% 左右。从空间角度看，从核心层向内圈延伸，制造业的集聚程度逐渐提升，制造业产出占整个纽约城市群的 75%。服务业集聚程度则递减，特别是金融服务业和技术服务业。上述两大产业吸纳就业比重在整个内圈中约为10%。制造业与零售业也是内圈中较为发达的产业，而零售服务等都是内圈一千余万的人口所需的。化工产业是内圈的支柱产业，就业吸纳占比将近20%，而产出占比则为1/3。以服装、出版、印刷等产业为代表的都市型产业集聚程度不高（见表3－6）。

表3－6　　　　2002年纽约城市群主要圈层各产业产值占城市群的比重　　单位:%

行业	核心区域	内圈层	外圈层
制造业	17	76	9
批发贸易业	34	63	2
住宿与食品服务	46	48	7
零售贸易业	26	66	10
专业、科学和技术服务	58	41	0
房地产及房屋租赁业	60	39	2
教育服务	59	41	0
行政管理等	36	60	4
艺术与娱乐	57	38	6
医疗与社会救助	41	53	7
其他服务	53	43	5
合计	35	60	5

资料来源：美国调查局网站。

外圈的产业结构与整个纽约的情况大体相同。服务业中，只有零售服务业、医疗服务业等发展较为充分，而其他服务业发展非常滞后。另外，一般的制造业集聚程度较高。但是，外圈的制造业产值在整个城市群的比重很低，只有电子设备制造、化工等产业稍好。

通过从业人员区位熵的计算结果可以发现，金融保险、专业服务等服务业在核心层高度集聚；一般制造业和其他服务业在内环和外圈均衡分布；就业人口的分布也服从上述规律（见表3－7）。

表3－7　　　　2004年纽约城市群主要圈层从业人员区位熵

区位熵	核心区域	内圈层	外圈层
零售贸易	0.85	0.89	0.33
批发贸易	0.90	0.96	0.20

区位熵	核心区域	内圈层	外圈层
制造业	0.77	0.91	0.38
建筑业	0.89	0.79	0.39
农林鱼矿	0.35	0.85	0.86
运输仓储	1.04	0.81	0.21
公用管理	0.90	0.83	0.33
其他服务	1.11	0.77	0.20
信息业	1.09	0.78	0.20
艺术娱乐餐饮	1.15	0.72	0.19
教育医疗	1.07	0.76	0.24
金融房地产租赁	1.06	0.83	0.18
专业、科技服务行政管理	1.02	0.82	0.22

资料来源：美国调查局就业调查网。

综上所述，纽约城市群的空间分布存在很强的层次性。核心层集聚着金融保险、技术服务等产业；制造业从内圈到外圈集聚程度逐渐降低；而农林牧渔等产业则分布在外环。

3.3　巴黎城市群产业优化与城市进化空间分布

3.3.1　组成与规模

巴黎城市群以巴黎为中心，呈环形向外扩散，2004 年面积 12012 平方公里，占法国国土面积的 2.2%。它包括巴黎市区和郊区的巴黎省份：上塞纳、塞纳－圣德尼和瓦尔德马恩和远郊：塞纳－马恩、伊芙琳、艾松和瓦尔德瓦兹。巴黎城市群的人口超过 1100 万，在法国总人口中占比约为 15%。与纽约城市群、东京城市群相比，巴黎城市群是可与之比肩的世界级

城市群，世界五百强中，有 36 家的总部于此。2000 年巴黎城市群主要指标及
其比重如表 3 - 8 所示。

表 3 - 8　　　　　　　　　　2000 年巴黎城市群主要指标及其比重

区域	地区生产总值 （10 亿欧元）	地区生产总值比重 （％）	面积比重 （％）	人口比重 （％）
巴黎市	145	36	1	19
上塞纳	90	22	2	13
塞纳 – 圣德尼	31	8	2	13
瓦尔德马恩	30	7	2	11
（内层）小计	151	37	6	37
塞纳 – 马恩	24	6	49	11
伊芙琳	36	9	19	12
艾松	26	6	15	10
瓦尔德瓦兹	25	6	10	10
（外圈）小计	110	27	93	44
城市群总计	406	100	100	100

资料来源：高汝熹，张建华. 论上海都市圈［M］. 上海：上海社会科学出版社，2004.

3.3.2　中心城市产业布局

　　巴黎市农业企业或员工人数的数量很少，他们整个产业在巴黎的比例
非常低，仅为 0.1％，但企业服务、金融服务、商业很发达，特别是商业服
务业，巴黎的 20 个区中，各区的企业数量都至少多于城市群其他区域的
20％；商业服务企业数量在所有企业中的占比超过 15％，很多产业都超过
了 25％；作为与纽约、伦敦、东京、香港齐名的世界五大金融中心之一，
法国银行中几乎百分之百的总部集聚于此，保险公司中超过 70％ 的总部也
集聚于此。总体而言，尽管金融服务业企业只占城市群企业数量的 4％，但
金融服务业的从业人员与其他商业的数量相差无几。可见，大部分集中在
巴黎城市是金融企业的大型总部机构，而不是一般的营业网点。就业能力的

吸纳表明，巴黎的主导产业依次为：制造业、出版印刷、服装。按照经济发展水平和产业分布状况，巴黎主要存在三个主要的产业圈层，核心区域、CBD 区域分别为 1 区、2 区、8 区、9 区，内圈 3 区、4 区、5 区、6 区、7 区、10 区和 11 区，外层为其余的 9 区。截至 2014 年 1 月，巴黎城市群的相关指标见表 3 – 9。

表 3 – 9　　　　　　　　巴黎城市群所辖市镇、面积与人口

范围		所辖市镇（个）	面积（平方公里）	人口（万人）
巴黎市		20	105	200
内层	上塞纳	36	176	400
	塞纳 – 圣德尼	40	237	
	瓦尔德马恩	47	245	
外圈	塞纳 – 马恩	514	5928	400
	伊芙琳	282	2306	
	艾松	196	1822	
	瓦尔德瓦兹	185	1253	
城市群		1300	12072	1100

资料来源：法国国家经济研究统计局（INSEE），http：//www.istis.sh.cn/list/list.aspx? id = 5925.

在巴黎的核心区中，占据首要地位的是服务业，主要是金融服务业和企业服务业。分别在巴黎的整个从业人员中占比超过三成和六成。制造业中的纺织、服装和印刷业占主导地位，虽然就业人员比重很低，但是集聚度却高达三成和将近五成。可见，即使经济结构得到升级，但是都市型产业仍在巴黎城市群的核心区占据一定位置。

在制造业中，纺织和服装行业、印刷及出版业的集聚程度高，企业与员工占同行业巴黎的 46% 和 39%，31% 和 32%，产业转移和良好的收敛性是促进 CBD 区域形成的重要因素。由于巴黎市的面积小，行业差异在内环和外环的差异并不显著。从企业数量和员工人数，外圈和内圈主导产业很相似。因此其政府和教育部门、企业服务业和商业的雇员数在三个圈层中是最多的。这一层面积最大（79 平方公里），人口最多（150 万人）。服装行业从业员工只占巴黎的 14% 员工，占外圈全部从业人口数量的 0.005%。从表 3 – 10 中可以看出，由 CBD 区到内环和外环，集聚度最高的产业是：金融业、纺织业与服装业、农林渔业。可见，产业水平从中心到外围逐次降低。

表 3－10　　　　　　　　　2003 年巴黎市主要从业人员与企业数

产业	巴黎市核心区		巴黎市内环		巴黎市外环	
	从业人员（人）	企业数（个）	从业人员（人）	企业数（个）	从业人员（人）	企业数（个）
建筑业	4076	1904	7219	3642	19727	8045
出版印刷业	11353	2275	12593	2861	14874	4028
农林渔业	35	173	11	137	818	322
纺织和服装业	10697	2020	9130	2940	3337	1370
商业	52529	16176	42404	19698	69094	30159
企业服务业	109528	33748	65976	23338	149110	49026
政府、教育部门	38168	1907	98063	3053	129638	5222
金融业	98617	7688	12137	1855	37408	4660
交通通信	24964	2133	21637	1897	76689	5267
宾馆业	30933	4517	24924	6419	43639	9752
其他工业	16957	2232	13360	3035	25634	4617

资料来源：杨盛标．城市群产业圈层形成机制研究——基于新经济地理学的视角［D］．湖南大学，2010.

3.3.3　近郊三省和远郊四省产业布局

在近郊，大部分行业的雇员服务于救灾援助和服务行业，员工数量达到了 26 万多人和 22 万多人，占巴黎城市群就业比重分别为 44.4% 和 36.5%。救灾援助服务是服务在本地产业本地居民，工业是第二产业，这与巴黎集聚城市辐射能力较强的金融和商业服务有很大不同。制药、化妆品行业、出版和印刷复制业的 12.9% 的员工都集聚在本圈层，是内环的主要产业之一，也是从业人员最多的产业之一。巴黎市的主导产业在这个圈层里的集聚已经大大降低，主导产业由都市型工业转换为化工产业。

远郊占巴黎城市群面积的 93.7%，但国内生产总值的占比只有 27%，远远低于巴黎城市的经济发展水平和近郊水平。远郊的主导产业是工业，占外圈就业总量的 18.3%，远高于巴黎市 19% 和近郊 37%，是集聚程度最高的产业，特别是汽车、金属冶炼、船舶制造、电子设备制造等产业，其中，汽车的集聚度尤其高，达到 70%。

从表 3-11 中看出巴黎城市群中，巴黎市的从业人数主要集中于金融地产业、旅馆、文体娱乐和其他社会服务上；内圈集中于水电气、建筑业和救援救助行业上；外圈则主要集聚在农林渔业、工业和建筑业上。巴黎城市群的工业分布也呈现明显的圈层分布。巴黎的服装业、近郊三省的化工工业到远郊四省的重工业，产业结构呈梯度转移。

表 3-11　　　　　　2000 年巴黎城市群各行业从业人员区位熵

区位熵	巴黎市	内圈	外圈
建筑业	0.48	1.13	1.37
运输邮电	0.99	1.00	1.01
研发及教育	1.06	0.79	1.19
农林渔业	0.32	0.39	2.38
水电气	1.02	1.41	0.51
金融地产	1.71	0.84	0.48
工业	0.61	0.99	1.40
公共管理	0.70	1.13	1.16
旅馆、文化娱乐	1.55	0.72	0.78
救援救助服务	1.15	1.21	0.61
军事服务	1.04	1.10	0.85
医疗服务	0.94	0.93	1.14
批发销售	0.81	1.01	1.18
其他社会服务	1.53	0.71	0.81

资料来源：高汝熹，吴晓隽，车春鹏.2007 中国都市圈评价报告［R］，2008.

3.4　城市群产业经济与城市发展的规津

1. 城市群里城市规模的分布有明显的规律

从人口规模来看，城市群的中心城市是由一个或者两个特大或超大城市构成，然后由几个人口规模次之的大城市及多个中小城市构成。它们的规模与数量呈"金字塔"关系，"金字塔"顶部是规模大的中心城市，如纽约、巴黎、东京、上海和香港，而在金字塔底部是数量众多的中小城市。

2. 城市群产业因城市规模不同而呈现不同的圈层分布

中心城市拥有以服务业为主导产业的产业圈层，兼有部分都市制造业和极少量农林渔牧的产业。随着中心城市土地、劳动力成本的上升以及联系中心城市与周边地区交通设施的完善，一般制造业则由中心城市向外扩散。与中心城市临近的中间规模等级的城市以制造业为主，同时具有少量的服务业和第一产业。第三等级规模的城市，即金字塔底部的城市则以农林渔牧为主，兼有少量服务业和制造业。

3. 不同城市形成产业特色和职能分工，共同构成集聚优势

城市群的形成过程是产业在城市群中不同城市集聚分布与优化的过程。城市群中的各个城市都有自身的资源禀赋和比较优势，以此为基础，发挥相应的功能，形成不同的分工，产生集成优势。从发展实际来看，基于职能分工，城市间形成紧密协作的产业体系，以此推动区域经济的一体化进程，并提升产业层次，优化区域布局，这是城市群形成和发展的主要规律。

■ 第4章

京津冀城市群空间联系及空间范围判定

　　京津冀是指北京、天津和河北三地所覆盖的区域，主要包括北京和天津两个直辖市以及河北省的石家庄、唐山、承德、张家口、保定、廊坊、秦皇岛、沧州、邯郸、邢台、衡水共 11 个地级市。该区域位于华北平原北部，北与辽宁省、内蒙古自治区为邻，西靠山西省，南与河南省、山东省接壤，东临渤海；土地总面积约为 21.5 万平方公里；海岸线长约 640 公里；截至 2011年底，人口总数约为 1.06 亿人。2011 年地区生产总值约为 51420 亿元，以汽车工业、电子工业、机械工业、金融业、物流运输业为主，是全国主要的高新技术产业和工业基地。区域内积极联合开展港口、公路、铁路、机场等交通设施建设，积极引导行业和企业间的经贸与技术合作，积极开展水资源保护与合理利用、重大生态建设和环境保护等项目。该地区处于环渤海地区和东北亚的核心重要区域，地理位置特殊，加之天津被确定为北方的经济中心，越来越引起全国乃至整个世界的瞩目，将成为我国经济发展的第三增长极。

4.1　京津冀城市群概况与发展现状[①]

　　北京市是中华人民共和国的首都。2021 年底，土地面积 16410.54 平方公

---

①　本节数据来源于历年《北京统计年鉴》《天津统计年鉴》与《河北统计年鉴》。

里，包括 16 个区，分为首都功能核心区、城市功能拓展区、城市发展新区和生态涵养发展区四个功能区。2017 年初，国务院正式批复了《北京城市总体规划（2016～2035）》。该规划将北京的城市性质定义为中华人民共和国的首都，全国的政治中心、文化中心和科技创新中心，世界著名古都和现代国际城市；将北京未来发展目标定位为建设国际一流的和谐宜居之都。

2021 年，天津市行政区域总面积 11966.45 平方公里，现辖 16 个区。该市地处环渤海经济圈的中心，是中国北方十几个省市对外交往的重要通道，也是中国北方最大的港口城市。在"十四五"规划中，天津以基本实现"一基地三区"功能定位成为"十四五"时期天津经济社会发展主要目标中的重中之重，即"全国先进制造研发基地、北方国际航运核心区、金融创新运营示范区、改革开放先行区"。

2020 年，河北省全省面积 188800 平方公里，现辖 11 个地级市、21 个县级市、91 个县、6 个自治县。河北省是中国古代文明的发祥地之一，自古以来就是兵家必争之地。现在的河北资源丰富、交通便捷、产业雄厚、经济发达，在全国占有非常重要的地位。河北省国民经济和社会发展第十四个五年规划纲要指出，加快建设全国现代商贸物流重要基地、产业转型升级试验区、新型城镇化与城乡统筹示范区、京津冀生态环境支撑区，在融入国内大循环、国内国际双循环中全面塑造发展新优势。

4.1.1 经济发展

2011 年是实施"十二五"规划的开局之年，京津冀深入落实各项宏观调控措施，坚决贯彻科学发展观，加快转变经济发展方式，保持了经济的平稳增长，实现了"十二五"时期的良好开局。初步核算，如图 4－1、图 4－2 所示。2011 年北京全年实现生产总值 16000.4 亿元，比上年增长 8.1%。其中，第一产业增加值 136.2 亿元，增长 0.9%；第二产业增加值 3744.4 亿元，增长 6.6%；第三产业增加值 12119.8 亿元，增长 8.6%。按常住人口计算，北京人均地区生产总值达到 80394 元。三次产业结构由 2010 年的 0.9∶24∶75.1 变化为 0.9∶23.4∶75.7。天津全市生产总值完成 11190.99 亿元，迈上万亿元台阶。按可比价格计算，天津生产总值比 2010 年增长 16.4%。其中，第一产业增加值 159.09 亿元，增长 3.8%。第二产业增加值 5878.02 亿元，增长

18.3%；第三产业增加值 5153.88 亿元，增长 14.6%。三次产业结构由上年的 1.5∶52.5∶46 变化为 1.4∶52.5∶46.1。河北全省生产总值实现 24228.2 亿元，比 2010 年增长 11.3%。其中，第一产业增加值 2905.7 亿元，增长 4.2%；第二产业增加值 13098.1 亿元，增长 13.4%；第三产业增加值 8224.4 亿元，增长 10.5%。三次产业结构由 2010 年的 12.6∶52.5∶34.9 变化为 12∶54.1∶33.9。可见，京津冀保持着良好的经济增长态势，第二、第三产业是拉动经济增长的主要力量。产业结构不断调整，第二、第三产业在经济中所占比重根据地区发展策略不同而有不同程度的提高。

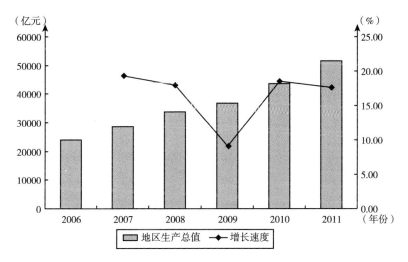

图 4-1　2006~2011 年京津冀生产总值及增长速度

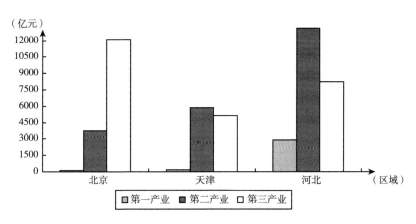

图 4-2　2011 年京津冀三次产业增加值对比

2010 年京津冀财政收入继续保持快速增长。北京全市完成地方财政收入（公共财政预算）3006.3 亿元，比 2010 年增长 27.7%；天津全年地方一般预算收入 1454.87 亿元，增长 36.1%；河北全部财政收入 3020.1 亿元，比 2010 年增长 25.4%，其中地方一般预算收入 1737.4 亿元，增长 30.4%。税收拉动财政增收作用明显。北京市增值税、营业税、所得税共计 2265.9 亿元，占地方财政收入的 75.37%；天津全年地方税收收入 1004.25 亿元，占地方一般预算收入的 69%。河北省税收收入 1348.1 亿元，占地方一般预算收入的 77.6%（见图 4-3）。

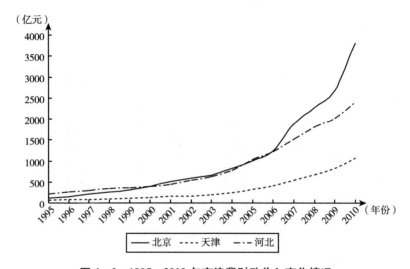

图 4-3 1995~2010 年京津冀财政收入变化情况

4.1.2 城市建设

基础设施建设的落后一直是京津冀快速发展的阻碍。由于经济基础和城市现有基础设施条件的差别，京津冀区域内城市建设发展速度不尽相同。例如，2011 年末北京全市公路里程 21319 公里，比上年末增加 205 公里；其中，高速公路里程 912 公里，仅增加 9 公里；城市道路里程 6380 公里，仅比上年末增加 25 公里（见图 4-4）。2011 年末北京全市公共电汽车运营线路 740条，比上年末增加 27 条；轨道交通运营线路 15 条，增加 1 条；公共电汽车运营线路长度 19338 公里，比上年末增加 595 公里；轨道交通运营线路长度 372

公里，比上年末增加 36 公里。

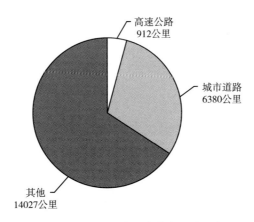

图 4－4　2011 年末北京全市公路里程

　　大津的基础设施建设则全面提速。2011 年全年天津基础设施投资完成 1567.78 亿元，增长 8.8%。滨海国际机场二期开工建设。西站综合交通枢纽、铁路南站投入运营，京沪高铁天津段建成通车，津保铁路、津秦客运专线、地下直径线加快建设。津宁、国道 112 等高速公路和团泊快速路竣工，全市高速公路通车里程达到 1100 公里。年末城市铺装道路长度 5764.56 公里，增长 6.0%；铺装道路面积 9986.12 万平方米，增长 9.0%，新增供排水、供气、供热等地下管网 1000 公里。

　　京津冀公用事业服务水平不断提升。2011 年北京全年自来水销售量 9.1 亿立方米，比上年增长 2%；地区用电量达到 821.7 亿千瓦时，比上年增长 1.5%；全年液化石油气供应总量 41 万吨，与上年持平；天然气供应总量（不含燕山石化）73 亿立方米，比上年增长 1.4%；全市集中供热面积 4.7 亿平方米，比上年增长 0.9%。2011 年天津全社会用电量 695.15 亿千瓦时，比上年增长 7.7%；更新改造老住宅供水、供气管道 11 万户；建成人行天桥 20 座，增设交通安全岛 45 处，新增停车泊位 2 万个。

4.1.3　人民生活和社会保障

　　居民收入稳步增长。2011 年，北京城镇居民人均可支配收入达到 32903 元，比上年增长 13.2%，扣除价格因素后，实际增长 7.2%；农村居民人均纯收入 14736 元，比上年增长 13.6%，扣除价格因素后，实际增长 7.6%。天津城镇居民人均可支配收入 26921 元，比上年增长 10.8%；农村居民人均可支配收入比上年增长 15.5%。河北城镇居民人均可支配收入 18292.2 元，比上年增长 12.5%；农村居民人均纯收入 7119.7 元，比上年增长 19.5%（见图 4 – 5）。

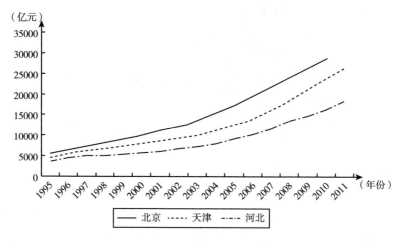

图 4 – 5 1995 ~ 2011 年京津冀城镇居民人均可支配收入变化情况

居民消费水平不断提高。2011 年，北京城镇居民恩格尔系数为 31.4%，比上年下降 0.7 个百分点；农村居民恩格尔系数为 32.4%，比上年提高 1.5 个百分点。天津城市居民恩格尔系数为 36.2%；城市居民家庭人均消费性支出 18424 元，增长 11.2%。河北城镇居民家庭恩格尔系数为 33.8%，比上年增加 1.5 个百分点；农村居民家庭恩格尔系数为 33.5%，比上年下降 1.6 个百分点。

社会保障能力不断增强。截至 2011 年末，北京全市参加基本养老、基本医疗、失业保险、工伤保险人数分别为 1091.9 万人、1188 万人、881 万人和 862.4 万人，比上年末净增 109.5 万人、124.4 万人、106.8 万人和 38.7 万人。天津全市参加基本医疗保险人数为 972.82 万人，基本养老保险参保人员 556.5 万人，失业保险参保人员 258.75 万人，工伤保险参保人员 320.42 万人，分别比上年末增加 16.85 万人、32.73 万人、12.56 万人和 15.84 万人。河北全省参加基本养老保险人数为 1059.34 万人，比上年末增加 70.9 万人；参加基本医疗保险人数为 1556.86 万人，比上年末增加 38.86 万人；参加失业

保险的人数达 498.7 万人，比上年末增加 5.29 万人；参加工伤保险的人数为
640.64 万人，比上年末增加 46.2 万人（见图 4－6）。

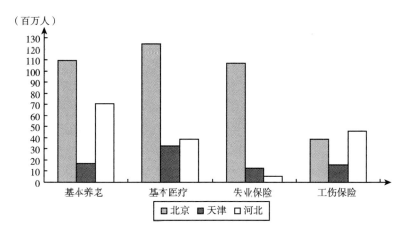

图 4－6　2011 年京津冀社会保险参保增加人数对比

4.1.4　科教文卫事业

科技创新体系进一步发展。2011 年，北京研发经费支出 932.5 亿元，比
上年增长 13.5%；相当于地区生产总值的 5.83%，比上年提高 0.01 个百分
点。天津研发经费支出占生产总值的比重提高到 2.6%。河北研发经费支出
187.0 亿元，比上年增长 20.0%，占全省生产总值的比重为 0.77%，同比提
高 0.01 个百分点。

科技项目硕果累累。2011 年，北京共签订各类技术合同 5.4 万项，增长
5.3%；技术合同成交总额 1890.3 亿元，增长 19.7%。天津共签订技术合同
11726 项，技术合同成交总额 171.59 亿元，增长 43.2%；交易额 113.99 亿
元，增长 16.7%。河北省共签订技术合同 4403 份，技术合同成交金额 26.7
亿元，增长 38.4%。

知识产权水平达到新高度。2011 年，北京专利申请量与授权量分别为
77955 件和 40888 件，分别比上年增长 36.1% 和 22%；天津专利申请量与授
权量分别为 36258 件和 13982 件，分别比上年增长 44.2% 和 30%；河北专利
申请量与授权量分别为 17595 件和 11073 件，分别比上年增长 43% 和 10%。

高等教育综合实力不断增强。2011 年，北京共 52 所普通高校和 78 个科

研机构培养研究生，共招生 8.3 万人，在校 24.1 万人，毕业 6.3 万人；共 89 所普通高校招收本专科学生 15.8 万人，在校 57.9 万人，毕业 15.1 万人。天津博士、硕士学位授权一级学科分别增加 19 个和 91 个；全市招收研究生 1.61 万人，毕业 1.06 万人，在校 4.61 万人；普通高校共招收本专科学生 13.31 万人，毕业 10.87 万人，在校 44.97 万人。河北研究生教育招生 1.18 万人，在校 3.41 万人，毕业 1.15 万人；普通高等学校 112 所，招生 35.9 万人，在校 114.9 万人，毕业 31.1 万人（如图 4 - 7 所示）。

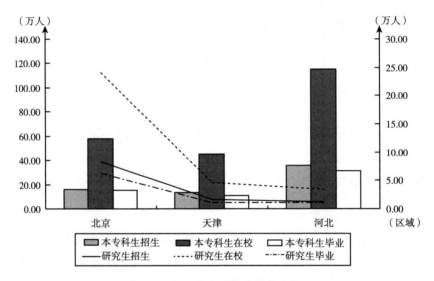

图 4 - 7　2011 年京津冀高等教育情况

公共文化服务体系不断完善。截至 2011 年末，北京共有公共图书馆 25 个，全国重点文物保护单位 98 处，市级文物保护单位 255 处，注册博物馆 159 座，全市有线电视注册用户达到 471.9 万户，入户率为 95.1%，其中高清交互数字电视用户 272.3 万户；天津共有艺术表演团体 38 个，文化馆 18 个，博物馆 19 个，公共图书馆 31 个，有线电视用户达到 270 万户，其中数字电视用户 230 万户；河北共有艺术表演团体 123 个，文化馆 178 个，公共图书馆 166 个，博物馆 68 个，有线电视用户 717.2 万户，其中有线数字电视用户 456.6 万户，电视节目综合人口覆盖率达 99.26%。

医疗卫生布局进一步优化。2010 年，北京共有卫生机构 6539 个，其中医院 550 个、社会办医机构 2672 个。天津有各类卫生机构 2687 个，其中，医院、卫生院 438 个，卫生防疫机构 24 个，妇幼保健机构 23 个。河北共有卫生机构 83916 个，其中医院、卫生院 3192 个，社区卫生服务中心 1164 个，妇幼保健机构 185 个，卫生防疫机构 380 个。

4.1.5 环境保护

生态宜居城市建设迈出新步伐。2011 年，北京全市废水排放达标率为 82%，其中城六区污水处理率达到 95.5%，分别比上年提高 1 个和 0.5 个百分点；全市生活垃圾无害化处理率为 98.2%，比上年提高 1.5 个百分点；市区空气质量达到二级及以上的天数为 286 天，占全年总天数的 78.4%；全市城市绿化覆盖率达到 45.6%，比上年提高 0.6 个百分点。天津废水排放达标率达到 87.5%；空气质量二级以上良好天数达到 320 天，占总监测天数的 87.7%；当年造林 27.3 万亩，新建和提升绿地 2427 万平方米，建成区绿化覆盖率提高到 31.6%。河北废水排放达标率达到 85.2%（见图 4-8），全年完成造林面积 286.4 千公顷，全省森林覆盖率为 26%。截至 2011 年底，河北自然保护区达到 29 个，其中国家级自然保护区 8 个，省级自然保护区 17 个。

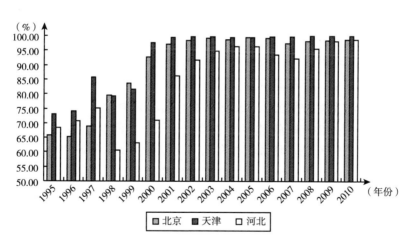

图 4-8 1995~2010 年京津冀废水排放达标率

关于京津冀城市群的空间范围，目前有多重界定。本章选取多种指标对京津冀城市群进行分析，在此基础上，分析京津冀城市群的发展现状，进而从城市联系强度与城市流两方面，从区域与产业两大维度，对京津冀城市群的空间联系进行分析，并确定京津冀城市群的空间范围，从而为下面的研究奠定基础。

4.2　京津冀城市群城市联系强度与城市流

当前，国外学术界对空间联系的研究突破了简单的静态描述和理论的定性剖析的局限，更加注重联系过程的动态分解，更加强调定量模型的运用。从空间联系理论的定性思辨转向定量模型的应用。西蒙·詹科夫（Simeon Dankov）基于贸易流，运用引力模型实证研究了苏联 12 个地区 1987～1996 年间的经济联系的变化特征；松本敬夫（Hidenobu Matsumoto）以国际航空港城市群为研究对象，基于距离、人口、经济等指标下的引力模型，研究了航空流的强度，进而剖析城市群的网络特征；爱德华·L·格莱瑟（Edward L Glaeser）则通过构建知识溢出模型，研究了城市群各城市间知识的分布及其流动；科特·弗勒哈特（Kurt Fuellhart）以 70～90 英里为半径，以航空港城市为研究对象，进一步研究了客流替代空间竞争现象；沈国强（Guo-qiang Shen）着重研究了城市群节点城市的引力强弱。

国内对区域空间联系的研究基本上在 20 世纪 90 年代以后逐渐出现，研究内容侧重区际联系，研究的焦点在于城市与所在区域或更大范围的空间联系，而且偏重对空间运输联系的研究。例如，程大林等以南京都市圈为例，以经济、社会联系流为测度值，通过多种的直接调查与相关联系强度的空间叠置进行了实证分析；顾朝林等以中国城市间的空间联系强度为研究对象，运用引力模型分析了空间联系状态和结节区结构；王芳等则以珠三角城市群为研究指向，从城市群规模结构、空间结构角度出发，采用城市群中心城市吸引力的分维数和空间结构的关联维数以及威尔逊模型、空间关联模型，对各个城市空间联系进行评判；陈群元等基于城市流强度理论模型，对环长株潭城市群的城市流强度值和城市流强度结构进行了测算分析；钟业喜等以 ArcGIS 为平台，应用"自下而上"的划分方法对江苏省 1990 年、1996 年、2002 年、2008 年不同等级的城市及其腹地的吸引范围进行了划分。

在对城市群空间联系的研究中，对于京津冀城市群的研究并不多见。本书以上述研究为基础，综合采用经济联系强度与城市流两大模型，分别从区域和产业两大维度，对京津冀城市群空间联系进行实证研究，为定量测定京津冀城市群的空间范围提供证据。

4.2.1 经济联系强度

对区域间各种现象间的功能联系和社会经济发展的现实需要是经济联系研究的缘起。零售引力定律（Reilly，1929）是地理学家对传统引力模型进行演绎运用的肇始。之后，经济联系强度经历了从地区联系、中心地联系、城市等级联系、商品流联系、相互作用联系到扩散联系的演变过程，在此期间，产生了一系列研究成果。根据已有的研究成果，本书确定的经济联系强度模型如下。

基础模块为：计算中心城市与其余城市的经济距离，公式如下：

$$E = \alpha \cdot \beta \cdot D \qquad (4-1)$$

其中，D 为公路距离；α，β 为修正权数；E 为经济距离。

本书通过两次修正获取经济距离数据值。其中，α 为城市间交通决定的通勤距离修正权数（第一次修正），由于公路与铁路为城市间主要交通方式，故取值为 0.7；β 为城市群各城市与核心城市人均生产总值的比值所决定的经济落差修正权数（第二次修正），若各城市与核心城市人均生产总值之比小于0.45，β 则取值 1.2，若这一比值大于 0.7，则 β 取值 0.8，若这一比值介于0.45 ~ 0.7 之间，则 β 取值 1.0。

核心模块为：经济联系强度模型和场强模型，公式如下：

$$R_{ij} = (\sqrt{P_i G_i} \times \sqrt{P_j G_j}) / D_{ij}^2 \qquad (4-2)$$

中心城市场强为：
$$C = R/D \qquad (4-3)$$

其中，R_{ij} 为两城市经济联系强度（亿元·万人/平方千米）；P_i，P_j 为两城市市区非农业人口数（万人）；G_i，G_j 为两城市市区的国民生产总值（亿元）；D_{ij} 为两城市经济距离；C 为中心城市场强。

1. 经济距离

首先根据公式 4 - 1 计算京津冀城市群中心城市与其他城市的经济距离，结果如表 4 - 1 所示。

表 4 - 1   **2011 年各城市与中心城市北京的经济距离**

城市	公路距离（千米）	城市市区人均GDP（亿元）	各市人均GDP与北京之比	α	β	经济距离（千米）
天津	121	79556	1.02	0.7	0.8	67.76
石家庄	288	50951	0.65	0.7	1.0	201.60
承德	212	35117	0.45	0.7	1.0	148.40
张家口	198	35597	0.46	0.7	1.0	136.60
秦皇岛	290	53643	0.69	0.7	1.0	203.00
唐山	176	73639	0.93	0.7	0.8	98.56
廊坊	61	38515	0.49	0.7	1.0	42.70
保定	154	48871	0.63	0.7	1.0	107.80
沧州	208	69093	0.89	0.7	0.8	116.48
衡水	270	37435	0.48	0.7	1.0	189.00
邢台	400	29331	0.38	0.7	1.2	341.60
邯郸	449	38500	0.49	0.7	1.0	314.30

数据来源：《中国交通年鉴》《中国城市统计年鉴》。

由表 4 - 1 可知，北京与邢台的经济距离最远，达到 341.60 千米，其次是邯郸，达到 314.30 千米，再次是秦皇岛、石家庄，分别达到了 203.00 千米和 201.60 千米。北京与其他城市的经济距离都在 200 千米以内，与衡水的经济距离为 189.00 千米，与承德的经济距离为 148.40 千米，与张家口的经济距离为 136.60 千米，与沧州的经济距离为 116.48 千米，与保定的经济距离为 107.80 千米。北京与唐山、天津、廊坊的经济距离最近，分别为 98.56 千米、67.76 千米和 42.70 千米。

表 4 - 2   **2011 年各城市与中心城市天津的经济距离**

城市	公路距离（千米）	城市市区人均GDP（亿元）	各市人均GDP与天津之比	α	β	经济距离（千米）
北京	121	78047	0.98	0.7	0.8	67.76
石家庄	312	50951	0.64	0.7	1.0	218.40
承德	298	35117	0.44	0.7	1.0	208.60
张家口	315	35597	0.45	0.7	1.0	220.50
秦皇岛	268	53643	0.67	0.7	1.0	187.60

续表

城市	公路距离（千米）	城市市区人均GDP（亿元）	各市人均GDP与天津之比	α	β	经济距离（千米）
唐山	120	73639	0.93	0.7	0.8	67.20
廊坊	70	38515	0.48	0.7	1.0	49.00
保定	173	48871	0.61	0.7	1.0	121.10
沧州	119	69093	0.87	0.7	0.8	66.64
衡水	245	37435	0.47	0.7	1.0	177.80
邢台	424	29331	0.37	0.7	1.2	356.16
邯郸	463	38500	0.48	0.7	1.0	324.10

数据来源：《中国交通年鉴》《中国城市统计年鉴》。

由表 4－2 可知，与北京类似，天津与邢台的经济距离最远，达到 356.16 千米，其次是邯郸，达到 324.1 千米，再次是张家口、石家庄和承德，分别达到了 220.5 千米、218.4 千米和 208.6 千米。天津与其他城市的经济距离基本都在 200 千米以内，与廊坊、唐山、北京的经济距离最近，分别为 49 千米、67.20 千米和 67.76 千米。

2. 经济联系强度与场强

利用公式 4－2 和公式 4－3 计算京津冀城市区各城市与北京市的经济联系强度和场强。计算结果如表 4－3 所示。

表 4　3　　2011 年各城市与中心城市北京的经济联系强度和场强

城市	城市人口（万人）	城市市区GDP（亿元）	经济距离（千米）	经济联系强度	场强
天津	807.02	8561.46	67.76	735.51	10.85
石家庄	243.87	1239.78	201.60	17.38	0.09
承德	58.33	206.36	148.40	6.40	0.04
张家口	89.9	361.49	136.60	12.41	0.09
秦皇岛	86.38	531.01	203.00	6.68	0.03
唐山	307.53	2262.65	98.56	110.32	1.12
廊坊	80.38	334.31	42.70	115.51	2.71
保定	106.1	543.4	107.80	26.55	0.25

续表

城市	城市人口 （万人）	城市市区 GDP （亿元）	经济距离 （千米）	经济联系强度	场强
沧州	53.91	429.25	116.48	14.40	0.12
衡水	49.06	172.5	189.00	3.31	0.02
邢台	71.51	217.05	341.60	1.37	0.01
邯郸	148.15	544.48	314.30	3.69	0.01

数据来源：《中国交通年鉴》《中国城市统计年鉴》。

从表 4-3 可以得出，经济联系强度方面，北京与天津的经济联系强度最大，高达 735.51，远远超过与其他城市联系强度，与廊坊和唐山的经济联系强度次之，但程度远逊于北京与天津的联系程度，分别为 115.51 和 110.32。北京与其他城市的联系强度均低于 100，其中，超过 10 的城市有保定、石家庄、沧州、张家口，强度分别为 26.55、17.38、14.40 和 12.41。北京与秦皇岛、承德、邯郸、衡水和邢台的经济联系强度均低于 10，分别达到 6.68、6.40、3.69、3.31 和 1.37。场强方面，北京与天津的场强最大，达到 10.85，同样大幅超过北京与其他城市场强，与廊坊和唐山的场强次之，分别为 2.71 和 1.12，仅为京津之间场强的 1/4 和 1/8。北京与其他城市的场强均低于 1，其中，与保定、沧州之间的场强超过 0.1，分别达到 0.25 和 0.12，与石家庄、承德、张家口、秦皇岛、衡水、邢台和邯郸的场强分别为 0.09、0.04、0.09、0.03、0.02、0.01、0.01。

从表 4-4 可以得出，从北京与其他城市的经济联系强度—场强矩阵来看，其强度与经济联系强度呈正相关关系。北京与天津之间场强超过 5，经济联系强度超过 100；场强在 1~5 之间，经济联系强度介于 50~100 之间的有两个城市，分别为唐山和廊坊；场强在 0.1~1 之间，经济联系强度介于 10~50 之间的城市也有两个，分别为保定和沧州；北京与其他城市的场强小于 0.1，经济联系强度小于 10。

表 4-4　　　　　北京与其他城市经济联系强度—场强矩阵

C_{ij} ＼ R_{ij}	≥100	50~100	10~50	≤10
≥5	天津			
1~5		唐山、廊坊		

续表

C_{ij} \ R_{ij}	≥100	50~100	10~50	≤10
0.1~1			保定、沧州	
≤0.1				石家庄、承德、张家口、秦皇岛、衡水、邢台和邯郸

从表4-5可以得出，经济联系强度方面，天津与北京的经济联系强度以735.51居于首位，远远超过与其他城市联系强度，与廊坊和唐山的经济联系强度次之，尽管超过200，但大大低于北京与天津的联系程度，其值分别为236.32和225.72。天津与其他城市的联系强度均低于100，其中，超过10的城市有保定、石家庄、沧州、张家口、秦皇岛和承德，强度分别为54.31、35.56、29.47、25.39、13.66和13.10。天津与邯郸、衡水和邢台的经济联系强度均低于10，分别为7.56、6.77和2.81。场强方面，天津与北京的场强最大，达到10.85，同样大幅超过与其他城市场强，与廊坊的场强次之，也达到5.53。与其他城市的场强低于5，与唐山的场强达到2.29。天津与其他城市的场强均低于1，其中，强度超过0.1的城市有石家庄、张家口、保定、沧州，分别为0.18、0.19、0.50和0.25，与承德、秦皇岛、衡水、邢台和邯郸的场强分别为0.09、0.07、0.04、0.01和0.02。

表4-5　　　　2011年各城市与中心城市天津的经济联系强度和场强

城市	城市人口（万人）	城市市区GDP（亿元）	经济距离（千米）	经济联系强度	场强
北京	1187.11	1390.44	67.76	735.51	10.85
石家庄	243.87	1239.78	201.6	35.56	0.18
承德	58.33	206.36	148.4	13.10	0.09
张家口	89.9	361.49	136.6	25.39	0.19
秦皇岛	86.38	531.01	203	13.66	0.07
唐山	307.53	2262.65	98.56	225.72	2.29
廊坊	80.38	334.31	42.7	236.32	5.53
保定	106.1	543.4	107.8	54.31	0.50

续表

城市	城市人口 （万人）	城市市区 GDP （亿元）	经济距离 （千米）	经济联系强度	场强
沧州	53.91	429.25	116.48	29.47	0.25
衡水	49.06	172.5	189	6.77	0.04
邢台	71.51	217.05	341.6	2.81	0.01
邯郸	148.15	544.48	314.3	7.56	0.02

数据来源：《中国交通年鉴》《中国城市统计年鉴》。

从表 4 - 6 可以看出，从天津与其他城市的经济联系强度—场强矩阵来看，其强度与经济联系强度同样呈正相关关系。天津与北京之间场强超过 5，经济联系强度超过 100；场强在 1 ~ 5 之间，经济联系强度介于 50 ~ 100 之间的有两个城市，分别为唐山和廊坊；场强在 0.1 ~ 1 之间，经济联系强度介于 10 ~ 50 之间的城市有四个，分别为石家庄、保定、沧州和张家口；天津与承德、秦皇岛、衡水、邢台和邯郸之间场强小于 0.1，经济联系强度小于 10。

表 4 - 6　　　　　　天津与其他城市经济联系强度—场强矩阵

C_{ij} ＼ R_{ij}	≥100	50 ~ 100	10 ~ 50	≤10
≥5	北京			
1 ~ 5		唐山、廊坊		
0.1 ~ 1			石家庄、保定、沧州、张家口	
≤0.1				承德、秦皇岛、衡水、邢台和邯郸

4.2.2　城市流

作为城市之间发生相互作用的基本方式，城市流是指在城市群地域内，各种"流"（包括资金流、信息流、技术流、人流和物流等）高频率、高密度、多方向的流动现象。而城市流强度指的是在城市群城市间的联系中城市外向功能（集聚与辐射）所产生的影响量。

计算模型为：$F = N \times E$

式中：F 为城市流强度；N 为城市功能效益；E 为城市外向功能量。

依据该模型及区位熵对城市的外向功能量的影响，首先，基于各变量的经济意义及数据的可获得性，选取城市产业从业人员数量作为指标，计算 i 城市 j 产业从业人员区位熵：

$$LQ_{ij} = \frac{Q_{ij}/Q_i}{Q_j/Q} (i = 1,2,\cdots,n;j = 1,2,\cdots,m) \qquad (4-4)$$

式中，Q_{ij} 为 i 城市 j 产业从业人员数量；Q_i 为 i 城市从业人员数量；Q_j 为全国 j 产业从业人员数量；Q 为全国总从业人员数量。

如果 $LQ_{ij} < 1$，则 i 城市 j 产业不存在外向功能量，在此情况下，$E_{ij} = 0$；反之，如果 $LQ_{ij} > 1$，则 i 城市 j 产业存在外向功能量。这说明 j 产业占 i 城市总从业人口的比重超过全国平均水平，即 i 城市的 j 产业属于专业化水平较高的产业，有能力为城市边界外的区域提供服务。

其次，计算 i 城市 j 产业的外向功能量：

$$E_{ij} = Q_{ij} - Q_i \times (Q_i/Q) \qquad (4-5)$$

相应地，i 城市 m 个产业总的外向功能量 E_i 为：

$$E_i = \sum_{j=1}^{m} E_{ij} \qquad (4-6)$$

再次，将 i 城市的功能效益 N_i 用人均从业人员的 GDP（P_i）表示为：

$$N_i = P_i/Q_i \qquad (4-7)$$

最后，计算 i 城市的流强度 F_i：

$$F_i = N_i \times E_i = (P_i/Q_i)E_i = P_i(E_i/Q_i) = P_iK_i \qquad (4-8)$$

式中，K_i 为 i 城市总功能量中外向功能量的占比，反映了 i 城市总功能量的外向程度，即城市流倾向度。

1. 产业区位熵

根据公式 4-4 计算得出京津冀城市群各城市主要外向产业的区位熵（见表 4-7）。

表4-7　　　　2010 年京津冀城市群各城市主要外向服务产业区位熵

城市	交通运输邮电	批发零售	金融保险	房地产	社会服务	教育文化广播影视	科研综合技术服务
北京	1.80	1.99	1.16	2.89	0.58	1.04	3.14
天津	1.38	1.40	0.93	1.04	0.61	0.69	1.40
石家庄	1.53	1.68	1.46	0.29	1.20	1.28	1.18
承德	1.19	0.68	1.64	0.25	1.71	1.45	0.50
张家口	0.73	1.01	1.10	1.11	1.75	1.40	0.54
秦皇岛	2.72	0.53	1.50	0.40	1.20	1.13	0.73
唐山	1.05	1.14	1.24	0.40	0.90	0.89	0.21
廊坊	0.50	0.54	0.98	1.51	1.48	1.35	1.41
保定	0.73	0.82	1.14	0.24	1.32	1.55	1.25
沧州	1.01	0.77	1.23	0.47	1.51	1.56	0.37
衡水	1.27	1.12	1.74	0.38	1.75	1.94	0.47
邢台	0.64	0.89	1.27	0.49	1.80	1.66	0.53
邯郸	0.97	0.95	1.21	0.32	1.37	1.56	0.74

数据来源:《中国城市统计年鉴》。

可以发现，没有一个城市外向服务部门区位熵全部大于1，北京作为城市群的核心城市具有较为强势的地位，其区位熵普遍大于1，但社会服务产业区位熵只有0.58，说明北京的服务功能仍有提升的空间。另一核心城市天津尽管大多数产业区位熵大于1，但金融保险、社会服务、教育文化广播影视的区位熵均小于1，说明天津的服务业发展仍不尽如人意。其他城市中，石家庄的外向产业区位熵普遍较好，但房地产只有0.29。唐山的区位熵中，房地产、社会服务、教育文化广播影视、科研综合技术服务的区位熵均小于1，说明唐山的城市载体功能需要进一步提升。其他城市外向服务产业的区位熵普遍小于1，仅有少数产业的区位熵大于1，说明其外向型产业发展不足。

2. 外向功能量

利用公式4-5和4-6计算 i 城市 j 部门（$LQ_{ij} > 1$）的外向功能量 E_{ij}（$LQ_{ij} < 1$ 时，$E_{ij} = 0$）以及 i 城市的外向功能量 E_i（见表4-8）。

由表4-8可以得出，2010年京津冀城市群均有一定程度的外向功能量，其中北京最高，达到111.76，天津次之，为71.34，均大幅领先其他城市，特别是北京，在京津冀城市群中居于核心地位，其教育文化广播影视为代表的外向功能量极为突出；天津的外向功能量之所以落后北京，很大程度上由于金融保险、教育文化广播影视等为代表的服务业发展不足。这一点也和唐山类似，房地产、社会服务、教育文化广播影视、科研综合技术服务制约了其服务业的发展，使得其总外向功能量落后于石家庄。

表4-8　　　　　　2010年京津冀群各城市主要外向功能量　　　　单位：万人

城市	交通运输邮电	批发零售	金融保险	房地产	社会服务	教育文化广播影视	科研综合技术服务	E_{ij}
北京	17.30	21.68	6.46	2.16	0	52.11	12.04	111.76
天津	16.09	44.59	0	1.70	0	0	8.96	71.34
石家庄	5.10	5.52	3.87	0	10.50	13.19	1.66	39.84
承德	1.29	0	1.48	0	4.77	4.71	0	12.24
张家口	0	1.38	1.26	0.54	6.38	5.94	0	15.49
秦皇岛	3.49	0	1.55	0	3.84	4.22	0	13.09
唐山	3.30	3.55	3.20	0	0	0	0	10.05
廊坊	0	0	0	0.78	5.52	5.91	1.00	13.22
保定	1.86	0	2.50	0	9.78	13.59	1.59	29.32
沧州	1.78	0	1.79	0	7.06	8.60	0	19.21
衡水	1.18	1.01	1.33	0	4.14	5.37	0	13.04
邢台	0	0	1.52	0	6.81	7.37	0	15.70
邯郸	0	0	2.22	0	8.25	11.01	0	21.49

数据来源：《中国城市统计年鉴》。

3. 城市流强度

如果城市流强度值大，说明该城市与城市群中其他城市联系紧密；反之，则联系松散。表4-9和图4-9说明：京津冀城市群各城市的城市流强度相差悬殊，据此可将京津冀城市群城市划分为低、中、高三个不同的层次：北京、天津是高城市流强度值的城市，在京津冀城市群中居于绝对领先的地位；石家庄、保定、沧州为中城市流强度值城市；其他城市，包括承德、张家口、秦皇岛、唐山、廊坊、衡水、邢台与邯郸为低城市流强度值城市。依据城市联系的强度判断，在京津冀城市群中，北京、天津两大直辖市远远高于群内其他城市，其城市流强度相对其他城市存在着跨级别的巨大优势，这有力地证明了京津两大直辖市在京津冀城市群空间联系中居于核心地位，也在一定程度上支撑了京津冀城市群是以京津为双核心的空间结构，其他城市则居于从属地位的研究结论；石家庄的城市流强度值仅次于京津，这主要是由于相对其他城市，其金融保险业、交通仓储邮电业、房地产业发展相对较快，城市服务功能较强，其他城市的城市流强度值均较低；保定、沧州的城市流强度值均超过100亿元，其他城市的城市流强度均低于100亿元。因此，京津冀城市群城市之间的相互作用仍不够紧密，空间联系需进一步强化。

表4-9   2011年京津冀城市群城市流倾向度与城市流强度

城市	G_i（万人）	GDP_i（亿元）	N_i（万元/人）	K_i	F_i（亿元）
北京	1187.11	1390.44	11.71	0.09	1309.03
天津	807.02	8561.46	10.61	0.09	756.83
石家庄	243.87	1239.78	5.08	0.16	202.54
承德	58.33	206.36	3.54	0.21	43.30
张家口	89.9	361.49	4.02	0.17	62.29
秦皇岛	86.38	531.01	6.15	0.15	80.47
唐山	307.53	2262.65	7.36	0.03	73.94
廊坊	80.38	334.31	4.16	0.16	54.98
保定	106.1	543.4	5.12	0.28	150.16
沧州	53.91	429.25	7.96	0.36	152.96
衡水	49.06	172.5	3.52	0.27	45.85
邢台	71.51	217.05	3.04	0.22	47.65
邯郸	148.15	544.48	3.68	0.15	78.98

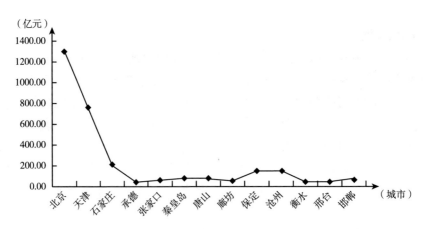

图4-9 京津冀城市群城市流强度

4.2.3　经济联系分析

从北京与其他城市经济联系强度看，北京与天津之间经济联系强度最大；与唐山和廊坊的经济联系强度次之；与保定和沧州的经济联系居于较低水平；与石家庄、保定、沧州和张家口的联系为较低水平；与承德、秦皇岛、衡水、邢台和邯郸经济联系很低。从城市流强度来看，可以将京津冀城市群城市分为高、中、低三个档次：其中高城市流强度值的城市为北京、天津；中城市流强度值城市为石家庄、保定、沧州；低城市流强度值的城市包括承德、张家口、秦皇岛、唐山、廊坊、衡水、邢台与邯郸。从各城市来看，北京、天津的城市流强度值最高，远远高于群内其他城市，这充分表明北京和天津在城市群区域空间联系中处于核心地位；石家庄的城市流强度值仅次于京津；保定、沧州的城市流强度值均超过 100，其他城市的城市流强度值均低于 100。

综合上述分析，可以判定，京津冀城市群各城市之间存在一定程度的空间联系，但较为松散。京津之间经济联系非常紧密，而与其他城市联系均相对松散。而同期长三角城市群中上海、苏州、无锡、杭州、南京等城市之间经济联系量高达 3893422，占长三角城市群经济联系总量的 62.11%，城市发展更为均衡，网络化发展的态势已经显现。与之相比，京津两市的空间集聚效应大于扩散效应。京津冀三地的经济自成体系，构筑各自的城市体系、拥有各自的产业结构、培育各自的联系腹地、拓展各自的对外联系方向、打造各自的中心城市、建设各自的出海口，与长三角城市群相比，远未形成资源共享、优势互补、良性互动的区域经济联合体。但天津相对北京而言，与其他城市空间联系广度稍大，但由于外向型服务业发展不充分，导致天津对其他城市联系的强度不高。其他城市中，石家庄、唐山与京津空间联系最为紧密，但是，唐山由于产业结构"偏重"，因而城市流不如石家庄，两者依然是成为京津冀城市群次核心城市的主要候选者。其他城市与京津的联系强度及城市流都较小，这说明其与京津的落差在进一步加大，这也导致了其承接京津产业转移存在较高难度，京津"孤岛"现象仍将进一步持续。因此，京津冀城市群只有不断破除行政边界的阻碍，强化城市间经济联系，形成分工合理的产业体系，不断缩小城市差距，可持续发展才有希望实现。

4.3　京津冀城市群空间范围

4.3.1　城市群空间范围判别标准

1. 戈特曼的城市群空间范围识别标准

戈特曼对城市群空间范围界定的五大标准为：第一，城市分布较为密集、集中；第二，形成都市区的大城市的数量达到一定规模，核心城市与外围城市有较为密切的经济社会联系；第三，城市之间存在便捷的交通联系途径，城市边界模糊；第四，城市群的人口一般达到 2500 万人以上；第五，城市群核心城市一般具有国际枢纽的地位。

2. 日本行政厅大都市圈空间范围的界定标准

日本行政厅关于大都市圈空间范围识别的五大标准（1960 年）为：第一，城市群核心城市一般为中央指定市；第二，城市群人口不低于 1 千万人；第三，城市群周边存在 50 万人以上的卫星城；第四，城市群核心城市与外围城市的通勤人口不低于核心城市人口总数的 15%；第五，城市群之间的货运量低于城市群总运量的四分之一。

3. 周一星的都市连绵区空间范围界定标准

周一星对都市连绵区空间范围界定的五大标准为：第一，城市群以两个及以上的特大城市为核心，其中至少一个为国际化大都市；第二，城市群存在具有国际枢纽地位的港口，包括海港和空港，吞吐量一亿吨以上；第三，城市群存在立体的交通体系，各城市间存在便捷的联系通道；第四，城市群中有众多的中小城市，城市之间交通便利，人口规模超过 2500 万人，密度超过每平方公里 700 人；第五，城市群核心城市之间、核心城市与中小城市之间、中小城市之间存在密切的经济社会关联。

4. 姚士谋都市连绵区空间范围识别标准

姚士谋关于都市连绵区空间范围的十大标准为：第一，区域空间内总人口在 1500 万人到 3000 万人之间；第二，区域空间内的特大城市不少于 2 个；第三，区域空间城市人口不低于 35%；第四，区域空间城镇人口不低于 40%；第五，区域空间内城镇人口超过所在省区的 55%；第六，区域空间等级清晰完备，大致有五个等级；第七，区域空间内有完善的交通体系：公路密度不低于每万平方公里 2000 ~ 2500 公里；铁路密度不低于每万平方公里 250 ~ 350 公里；第八，区域空间内社会消费品零售总额不低于 45%；第九，区域空间内流动人口超过 65%；第十，工业产值超过 70%。

5. 宁越敏大城市群空间范围识别标准

宁越敏在过去提出的大城市群概念基础上，进一步修正为以下五项标准：第一，以大都市区位统计范围为基础；第二，两个人口 200 万的大城市，人口规模在 1000 万以上；第三，城市化水平高于全国平均水平；第四，城市间有多种联系通道，彼此有频繁的经济联系，相互连接成为大型连片的城市化区域；第五，城市群中文化归属感相近，且有相似的认同感。

6. 方创琳城市群空间范围识别标准

方创琳城市群空间范围识别标准的基本判断为：第一，都市圈或大城市数量不少于 3 个，至少 1 个特大或超大城市作为核心城市；第二，城市群人口不低于 2000 万人，城镇人口超过 1000 万人；第三，工业化达到较高水平，基本进入工业化后期，人均地区生产总值不低于 3000 美元；第四，城市群经济外向度不低于 30%，经济密度超过每平方公里 500 万元人民币；第五，城市群具备完善便捷的交通体系，公路密度不低于每万平方公里 2000 ~ 2500 公里，铁路密度不低于每万平方公里 250 ~ 350 公里；第六，城市群非农就业比率不低于 60%，非农产业比重不低于 70%；第七，城市群城市化率不低于 50%；第八，城市群核心城市具有区域经济交流的核心作用，GDP 中心度不低于 45%；第九，中心城市到紧密圈、中间圈、外围圈分别形成半小时、一小时、两小时经济圈。

4.3.2　京津冀城市群空间范围的判定

从北京与其他城市经济联系强度看，北京与天津之间经济联系强度最大；与唐山和廊坊的经济联系强度次之；与保定和沧州的经济联系居于较低水平；

与石家庄、保定、沧州和张家口的联系为较低水平；与承德、秦皇岛、衡水、邢台和邯郸经济联系很低。从城市流强度来看，可以将京津冀城市群城市分为高、中、低三个档次：其中高城市流强度值的城市为北京、天津；中城市流强度值城市为石家庄、保定、沧州；低城市流强度值的城市包括承德、张家口、秦皇岛、唐山、廊坊、衡水、邢台与邯郸。从各城市来看，北京、天津的城市流强度值最高，远远高于群内其他城市，这充分表明北京和天津在城市群区域空间联系中处于核心地位；石家庄的城市流强度值仅次于京津；保定、沧州的城市流强度值均超过100，其他城市的城市流强度均低于100。

从城市群主要经济指标看，地区生产总值、人均地区生产总值、第一产业从业人员比重、当年实际使用外资额、各城市与北京的公路距离、年末实有城市道路面积等指标，邯郸、邢台和衡水的城市联系强度较弱，且发展水平与京津冀城市群其他城市存在较大差距（见表4-10）。本书基于城市群空间联系及上述判别标准，可以判定：京津冀城市群的空间范围以"2+8"更为科学，即：北京、天津为"2"，唐山、秦皇岛、承德、张家口、保定、石家庄、廊坊、沧州为"8"。

表4-10　　　　　　　　2010年京津冀城市群主要经济指标

城市	地区生产总值（亿元）	人均地区生产总值（元）	第一产业从业人员比重	当年实际使用外资金额（万美元）	各城市与北京的公路距离（km）	年末实有城市道路面积（万平方米）
北京	1245.83	70452	0.52	612094	—	9179
天津	979.84	62574	0.37	901985	121	8357
石家庄	977.41	30428	0.51	54350	288	3813
唐山	733.9	51179	4.06	79275	176	2726
秦皇岛	287.24	27110	0.49	45713	290	1424
保定	1155.28	15770	0.59	42478	154	1416
张家口	462.31	18948	1.74	8053	198	1173
承德	371.91	22198	2.16	6697	212	505
沧州	717.5	25719	2.22	16484	208	883
廊坊	413.33	27904	0.5	46229	61	789
邯郸	942.77	22779	0.47	33236	449	2411
邢台	718.63	15174	0.52	20424	400	1214
衡水	436.27	15192	0.56	6885	270	630

数据来源：《北京统计年鉴》《天津统计年鉴》与《河北统计年鉴》。

第 5 章

京津冀城市群产业分工与
产业链治理①

　　本章将聚焦京津冀城市群产业分工以及产业链治理，首先通过京津冀部分产业行业的结构变化来洞悉其当前的产业发展和空间布局分工状况，其次基于投入产出表的影响力系数和感应力系数法研究京津冀区域主导产业选择，再次采用六部门分类法对京津冀地区的产业链现状进行测度，从统计上说明京津冀地区的产业链联系日益强化的特点，同时通过市场分割指数测度京津冀区域合作与市场一体化状况。

　　通过上述分析发现京津冀地区产业发展的总体特征，继而选取了具有代表性的电子信息制造业和汽车制造业分别探究高新技术产业与传统制造业产业链协同治理情况，最后基于生产性服务业与制造业在产业发展和空间布局两个视角来进一步探究其互动发展机理。

5.1　京津冀产业发展与劳动地域分工

　　分别观察 1990 年、2000 年、2010 年和 2014 年京津冀优势工业行业的演变过程，可以发现黑色金属冶炼和压延加工业逐渐取代了化学工业成为最具优势的工业行业，影响力系数高达 2.62；机械工业与交通运输设备制造业优势渐弱，影响力系数下降至小于 1；电热力生产供应业和汽车制造业渐具优势，

───────────────

　　①　本章数据来源于历年《北京统计年鉴》《天津统计年鉴》与《河北统计年鉴》。

上升为 2014 年影响力系数大于 1 的行业。为了分析比较京津冀第三产业行业结构的差异，计算了 2010 年和 2014 年第三产业行业的比重和区位熵，其中，2014 年批发和零售业、金融业、房地产业区位熵大于 1，意味着京津冀第三产业具备优势，发展状况良好，相关产业集群和产业链较发达（见表 5 - 1）。

表 5 - 1 京津冀第三产业行业结构演变

产业	2010 年		2014 年	
	比重（%）	区位熵	比重（%）	区位熵
交通运输、仓储和邮政业	13.86	1.33	9.43	0.91
批发和零售业	20.53	1.03	24.82	1.25
住宿和餐饮业	3.37	0.79	3.85	0.90
金融业	13.90	0.98	16.36	1.15
房地产业	9.48	0.73	13.38	1.03
其他	38.87	1.05	32.17	0.87

对京津冀第三产业的各类细分行业产业结构进行分析可见，无论是 2010 年还是 2014 年，批发和零售业占第三产业的比重均为最高，金融业占比有所上升但排位无变动；相比之下，房地产业比重大幅上升，比重由 9.48% 增至 13.38%；交通运输、仓储和邮政业与房地产业相反，比重由 13.86% 降至 9.43%。从区位熵来看，2010 ~ 2014 年间，金融业与房地产业逐渐占优，批发和零售业发展态势较为稳定。

通过对北京、天津和河北优势工业行业的分布比较，可以发现，北京市的石油加工、炼焦和核燃料加工业占比逐年递减，黑色金属冶炼和压延加工业向外转移，电力、热力生产和供应业占比逐渐增加；天津的优势工业行业基本保持稳定；河北的加工业和制造业逐渐扩张（见表 5 - 2）。

表 5 - 2 京津冀优势工业行业空间分布结构演变 单位:%

产业	2006 年			2010 年			2014 年		
	北京	天津	河北	北京	天津	河北	北京	天津	河北
石油加工、炼焦和核燃料加工业	25.15	23.25	51.60	25.00	28.59	46.41	21.66	29.57	48.78
黑色金属冶炼和压延加工业	13.52	24.31	62.17	3.55	22.46	74.00	0.85	26.86	72.29

续表

产业	2006 年			2010 年			2014 年		
	北京	天津	河北	北京	天津	河北	北京	天津	河北
金属制品业	13.96	28.06	57.98	11.59	33.71	54.70	7.20	28.64	64.16
电力、热力生产和供应业	35.42	14.58	49.99	43.74	12.27	43.98	52.32	10.16	37.52

北京的服务业发展是京津冀中最为全面的，尤其是信息服务业与科技服务业，此外，北京的生产性服务业仍具有优势。作为我国三大金融中心之一，北京的金融业相对天津、河北更加发达，很多国家的金融机构和银行的中国总部都在北京，造就了北京非常突出的经济优势，然而，相较于上海和深圳两个金融中心，北京缺乏足够充分市场化的产业空间，主要行使金融决策管理方面的职能，金融创新发展的程度相对不足，导致北京的金融从业人员明显低于其他两个中心；天津作为一个全国性的综合交通枢纽，除了发达的公路与铁路系统，还具有其独特的港口优势，对人员和产品的运输能力较强，同时天津也汇集了众多高校和科研机构共同推动了本地的科技服务业发展，尤其是对高端制造业的创新能力有所加强，此外，天津的优势服务业中批发和零售业行业占比最高；河北省优势服务业中各行业的区位熵差距较大，其交通运输业与批发和零售业在本地具有一定优势，金融业在河北各城市间的发展不均衡，导致金融业的比较优势不甚明显（见表5-3）。

表5-3 **2014年京津冀优势服务业行业空间分布结构演变**

北京（2013 年）	大津（2013 年）	河北（2014 年）
金融业 （19.18%，1.27）	批发和零售业 （26.11%，1.27）	交通运输、仓储和邮政业 （21.86%，2.35）
信息传输、软件和信息技术服务业 （12.07%，2.43）	金融业 （17.79%，1.47）	批发和零售业 （20.57%，1.01）
租赁和商务服务业 （10.21%，2.09）	租赁和商务服务业 （7.50%，1.67）	住宿和餐饮业 （3.65%，1.00）
科学研究和技术服务业 （9.60%，2.69）	科学研究、技术服务业 （7.35%，2.26）	金融业 （12.29%，0.81）

注：以上数据来自国家统计局官网，以及由此整理得到，括号内分别为行业占比和区位熵。

5.2 京津冀产业链的演化

5.2.1 指标与方法

（一）产业链复杂程度：经济距离

研究经济系统内各个部门之间的联系度和产业链长度，可以通过测量产业链上各部门之间的经济距离的方式获得。具体过程如下：

首先，计算部门间的平均距离，由此可以得知一个部门的需求发生变化会波及其他部门的影响大小。按照列昂惕夫（Leontief）模型，完全消耗系数矩阵代表最终需求增加一个单位对总产出乘数效应的影响。完全消耗系数矩阵为：

$$B = I + A + A^2 + A^3 + \cdots = (I - A)^{-1} \tag{5-1}$$

其中，I 代表了增加一单位的最终需求会对总产出造成的影响大小；A 代表某个部门需求变动会对其他所有部门造成的直接影响，即直接消耗系数矩阵；A^2 代表了某个部门需求变动会对其他全部部门造成的一步间接影响；A^3 代表对全部部门的二步间接影响；A^n 以此类推。

其次，经济距离是研究某一产业部门在产业链上的影响，可区分某一产业部门对其他部门的影响是直接影响还是间接影响。经济距离总和为 H，表示为：

$$H = A + 2A^2 + 3A^3 + \cdots \tag{5-2}$$

其中，一步经济距离造成的影响，其经济距离为 A；二步经济距离造成的影响，其经济距离为 $2A^2$；三步经济距离造成的影响，其经济距离为 $3A^3$；nA^n 以此类推。

最后，计算平均距离的 APL 值，按照 $FA_i = \dfrac{1}{n}\sum\limits_{j=1}^{n} APL_{ij}$ 计算 APL 值的行平均值；再计算 $BA_j = \dfrac{1}{n}\sum\limits_{i=1}^{n} APL_{ij}$ 得到 APL 值的列平均值。这两个值分别可以

反映一个部门推动其余各部门成本或拉动各部门需求的平均步数。最后，对 APL 值 U 取全部值的平均，定义为 CI，表示所有产业部门间的成本推动或需求拉动的平均波及步数，即所有产业部门间的成本推动或需求拉动的经济距离。

$$U = H/B = \left(A + 2A^2 + 3A^3 + \cdots \right)\left(I + A + A^2 + A^3 + \cdots \right)$$

$$CI = \frac{1}{n^2} \sum_{i=1}^{n} \sum_{j=1}^{n} APL_{ij} = \frac{1}{n} \sum_{i=1}^{n} FA_i = \frac{1}{n} \sum_{j=1}^{n} BA_j \qquad (5-3)$$

如果把经济系统的全部部门归入同一条产业链，CI 就代表这个经济系统对应的产业链的实际状况，倘若 CI 值较大，就意味着经济系统内各个部门间的经济距离较大，产业链实际运行情况较好。

（二）产业链部门联系：联系程度

列昂惕夫逆矩阵 B 反映了各产业部门之间的后向联系，体现部门间的需求拉动效应，与之相反，高斯（Ghosh）逆矩阵 G 反映的则是产业链各个部门间的前向联系，体现部门间的成本推动效应。基于这两种不同的逆矩阵，综合考虑部门间的需求拉动及成本推动效应，计算这两个逆矩阵的平均值，计为矩阵 F：

$$F = \frac{1}{2} \left[\left(B - I \right) + \left(G - I \right) \right] \qquad (5-4)$$

其中，矩阵 F 内的元素 f_{ij} 表示的是部门 i 和部门 j 的联系度，既能表示部门 i 对部门 j 的成本推动效应，也表示部门 j 对部门 i 的需求拉动效应。

为全面了解产业链结构，将经济距离法和联系程度法有机结合起来。首先对矩阵 F 设置一个临界值 a，把其中大于临界值 a 的 F 值的产业部门提取至主导产业链的各个环节中，接着对形成主导产业链的各个部门的 APL 值加以处理分析。对 APL 值取整数，得到一个新的矩阵 S。

$$S_{ij} = \begin{cases} \text{int}(b_{ij}) & f_{ij} \geq a \\ 0 & f_{ij} < a \end{cases} \qquad (5-5)$$

其中，S_{ij} 表示矩阵 S 内的元素，b_{ij} 表示矩阵 B 的元素，int（b_{ij}）表示离 b_{ij} 值最近的整数。

（三）产业间关联影响：影响力系数

影响力系数多用于研究区域内的某个产业增加了一单位的最终需求对包括本区域在内的全部区域的所有部门形成的最终需求拉动效应。如果通过正规化处理的区域产业影响力系数大于1，就说明这一产业带动的需求大于平均水平，且影响力系数越大，表示这一产业的需求拉动效应越强，反之越弱。

$$IC_j^Q = \frac{\sum\limits_N \sum\limits_i b_{ij}^{PQ}}{\frac{1}{m \times n} \sum\limits_P \sum\limits_Q \sum\limits_i \sum\limits_j b_{ij}^{PQ}} \qquad (5-6)$$

其中，IC_j^Q 表示地区 Q 产业 j 的区域产业影响力系数，b_{ij}^{PQ} 表示地区 P 产业 i 对地区 Q 产业 j 的列昂惕夫逆矩阵系数，m 表示地区个数，n 表示产业部门数。

（四）产业间关联影响：感应力系数

感应力系数与影响力系数相互对应，表示当所有区域内的全部产业部门的最终需求增加一单位，会对某个区域内的某个产业形成的需求拉动效应。如果通过正规化处理的区域产业感应力系数大于1，就说明全部产业部门对某个产业的需求带动作用较大，大于其正常的平均值，且感应力系数越大，表示这一产业的需求依赖于其他产业部门。

$$RC_i^P = \frac{\sum\limits_N \sum\limits_j b_{ij}^{PQ}}{\frac{1}{m \times n} \sum\limits_P \sum\limits_Q \sum\limits_i \sum\limits_j b_{ij}^{PQ}} \qquad (5-7)$$

其中，RC_i^P 表示地区 P 产业 i 的区域产业感应力系数，b_{ij}^{PQ} 表示地区 P 产业 i 对地区 Q 产业 j 的列昂惕夫逆矩阵系数，m 表示地区个数，n 表示产业部门数。

5.2.2 分部门产业链

（一）APL

运用平均波及步数法得出北京、天津和河北 2013 年六大产业部门的矩阵 *APLs* 后发现。

北京市六部门 APLs 反映出，前向 *APL* 值高于 2.5 的有农林牧渔业对交通运输及仓储业，农林牧渔业对批发和零售业，工业对批发和零售业，建筑业对农林牧渔业，建筑业对工业。观察北京六部门 *FA* 值，其中农林牧渔业的 *FA* 值最大，其他服务业的 *FA* 值最小，这就反映出农林牧渔业处于北京市产业链的前端，其他服务业处于北京市产业链的末端。观察北京六部门 *BA* 值，其中批发和零售业的 *BA* 值最大，其他服务业的 *BA* 值最小，这就反映出其他服务业处于北京市产业链的前端，批发零售业处于北京市产业链的末端。

天津市六部门 APLs 反映出，对角线上的 *APLs* 值比较低，这是因为对角线上表示产业和它自身的关系，即直接关系，所以距离较短。前向 *APL* 值低于 1.50 的有建筑业对交通运输及仓储业，建筑业对批发和零售业，建筑业对其他服务业；前向 *APL* 值高于 2.0 的有农林牧渔业对建筑业，农林牧渔业对交通运输及仓储业，工业对批发和零售业，建筑业对工业，农林牧渔业对其他服务业，其他服务业对工业，其他服务业对建筑业。从各部门的 *FA* 值来看，最大的是建筑业，最小的是其他服务业，说明建筑业在天津市产业链的前端，其他服务业在天津市产业链的末端。从各部门 *BA* 值来看，最大的是建筑业，最小的是批发和零售业，说明批发和零售业处在天津市产业链的前端，建筑业处在天津市产业链的末端。

河北省六部门 APLs 反映出，对角线上的 *APLs* 值比较低，这是因为对角线上表示产业和它自身的关系，即直接关系，所以距离较短。*APL* 值低于 1.50 的有建筑业对农林牧渔业，建筑业对批发和零售业，建筑业对其他服务业，交通运输及仓储业对批发和零售业，其他服务业对交通运输及仓储业，其他服务业对批发和零售业；*APL* 值高于 2.0 的有农林牧渔业对建筑业，农林牧渔业对批发零售业，农林牧渔业对其他服务业，工业对批发和零售业，建筑业对工业，其他服务业对工业，其他服务业对建筑业。从各部门的 FA 值来看，最大的是农林牧渔业，最小的是交通运输及仓储业，说明农林牧渔业在河北省产业链的前端，交通运输及仓储业在河北省产业链的末端。从各部门 BA 值来看，最大的是建筑业，最小的是农林牧渔业，说明农林牧渔业处在河北省产业链的前端，建筑业处在河北省产业链的末端。

京津冀城市群六部门 APLs，前向 APL 值低于 1.50 的有建筑业对农林牧渔业，建筑业对其他服务业，其他服务业对批发和零售业；前向 APL 值高于 2.0 的有农林牧渔业对建筑业，农林牧渔业对批发和零售业，农林牧渔业对其他服务业，工业对交通运输及仓储业，工业对批发和零售业，工业对其他服务业，建筑业对工业，建筑业对交通运输及仓储业，交通运输及仓储业对其他服务业，批发零售业对交通运输及仓储业，其他服务业对建筑业（见表 5-4）。从各部门的 FA 值来看，最大的是农林牧渔业，最小的是交通运输及仓储业，说明农林牧渔业在京津冀产业链的前端，交通运输及仓储业在京津冀产业链的末端。从各部门 BA 值来看，最大的是工业，最小的是农林牧渔业，说明农林牧渔业在京津冀产业链的前端，工业在京津冀产业链的末端。

表 5-4　　　　　　　　　　　　京津冀六部门 APLs

部门	农林牧渔业	工业	建筑业	交通运输及仓储业	批发和零售业	其他服务业	平均
农林牧渔业	1.35	1.88	2.59	1.96	2.93	2.31	2.17
工业	1.93	1.84	1.85	2.07	2.63	2.15	2.08
建筑业	1.41	2.90	1.83	2.04	1.59	1.43	1.87
交通运输及仓储业	1.82	2.00	2.00	1.53	1.62	2.06	1.84
批发和零售业	1.93	1.91	1.79	2.11	2.40	1.77	1.98
其他服务业	2.39	2.37	2.23	1.72	1.44	1.55	1.95
平均	1.81	2.15	2.05	1.90	2.10	1.88	

（二）联系度矩阵 F

北京市农林牧渔业、工业、建筑业、交通运输及仓储业、批发和零售业与其他服务业的六部门联系度矩阵 F 对角线上的元素较大，说明每个部门和自身的联系比较大。对于各行业的联系度矩阵 F 值，联系最大的是工业和其他服务业，最小的是建筑业和农林牧渔业。

天津市农林牧渔业、工业、建筑业、交通运输及仓储业、批发和零售业与其他服务业的联系度矩阵 F 对角线上的元素较大，说明每个部门和自身的联系比较大。联系最大的是工业和建筑业，联系最小的是建筑业与农林牧渔业。

河北省农林牧渔业、工业、建筑业、交通运输及仓储业、批发和零售业与其他服务业的六部门联系度矩阵 F 中除工业部门和自身联系较大之外，其他各部门与工业部门之间的联系都极大。

京津冀农林牧渔业、工业、建筑业、交通运输及仓储业、批发和零售业与其他服务业的六部门联系度矩阵 F 对角线上的元素较大，说明每个部门和自身的联系比较大。各部门之间联系程度都比较低，其中，联系最大的是工业与建筑业，最小的是建筑业与农林牧渔业（见表 5 - 5）。

表 5 - 5　　　　　　　　　京津冀六部门联系度矩阵

部门	农林牧渔业	工业	建筑业	交通运输及仓储业	批发零售业	其他服务业
农林牧渔业	0.064	0.276	0.034	0.041	0.010	0.073
工业	0.206	0.688	0.447	0.266	0.097	0.295
建筑业	0.009	0.015	0.010	0.009	0.013	0.054
交通运输及仓储业	0.047	0.335	0.093	0.144	0.066	0.150
批发零售业	0.033	0.332	0.099	0.055	0.026	0.197
其他服务业	0.035	0.144	0.083	0.138	0.172	0.290

由京津冀各省市重点产业间影响可知，北京市的重点产业有交通运输及仓储业，电力、热力的生产和供应业，批发和零售业，租赁和商业服务业，其中，各产业影响力系数比较大的产业主要是电力、热力的生产和供应业（2.95）、租赁和商业服务业（2.65），说明这些产业在北京市的生产过程中对其他行业产生较强的需求拉动作用。天津市的重点产业是金属冶炼及压延加工业，影响力系数高达 3.55，其产业比重也较大。河北省的重点产业包括金属冶炼及压延加工业、电力、热力的生产和供应业。

京津冀的重点产业有金属冶炼及压延加工业，电力、热力的生产和供应业，交通运输及仓储业。这三种产业的影响力系数较大，分别为2.61、1.69、1.74，这表明在京津冀的产业发展进程中，上述几种产业对区域内其余产业的需求产生了较大程度的拉动力，在整个区域发展中必不可少，特别是金属冶炼行业的驱动作用最为显著。相应地，它的产业感应力系数的数值也较大，说明其具有一定的行业优势可以成为其他行业的原材料促进其发展，可以将其看作基础行业（见表5-6）

表5-6　　　　　　　　　京津冀各省市重点产业间影响

		影响力系数	感应力系数	比重（%）
北京	交通运输及仓储业	1.81	1.23	5.09
	电力、热力的生产和供应业	2.95	1.74	4.65
	批发和零售业	1.72	1.09	8.34
	租赁和商业服务业	2.65	1.16	8.29
天津	金属冶炼及压延加工业	3.55	1.28	11.81
河北	金属冶炼及压延加工业	3.86	2.06	16.39
	电力、热力的生产和供应业	1.14	1.29	4.18
京津冀地区	金属冶炼及压延加工业	2.61	1.52	9.84
	电力、热力的生产和供应业	1.69	1.48	4.05
	交通运输及仓储业	1.74	1.00	6.54

综合以上分析，可以得知京津冀的产业链构成、联系以及重点产业如下。

（1）产业链构成：天津市、河北省和京津冀产业链发展方向趋于一致，都把农业和批发零售业作为产业链的上游部门，交通运输业、工业和其他服务业作为产业链的中游产业部门，建筑业作为产业链下游部门；北京的产业链构成则是把农业作为产业链的上游部门，交通运输业、工业、批发和零售业作为产业链的中游产业部门，建筑业和其他服务业作为产业链下游部门。

（2）产业链联系：京津冀产业链联系愈发紧密，北京对整个京津冀的经济带动作用在上升，2010年后天津对于京津冀的带动作用超过河北省。京津地区对河北省的中间投入联系在加强，河北省对京津地区的中间投入联系在减弱。

（3）重点产业：京津冀中的金属冶炼及压延加工业，电力、热力的生产和供应业，交通运输及仓储业作为该区域的重点产业，对整个京津冀的经济发展作用具有较大推动作用；北京的重点产业包括电力、热力的生产和供应业，批发和零售业，交通运输及仓储业以及租赁和商业服务业；天津的重点产业主要是钢铁及有色金属冶炼加工业；河北的重点产业有金属冶炼及压延加工业，电力、热力的生产和供应业。可以看出，天津和河北的重点产业种类较少，相较之下其基础产业发挥的作用就凸显出来，这二者间需要更加明确的分工，在产业和产品上都形成差异化，这样才能有效避免其在区域发展过程中出现的过度竞争和产能过剩问题。

5.2.3　区域合作与市场一体化

（一）测度方法

本书在测度京津冀区域合作与市场一体化状况时采用的测度指标是市场分割指数。市场分割指数是基于相对价格方差得出的，在数值上等于相对价格指数的均值。如果相对价格方差在时间轴上是逐渐收缩的，则说明其波动范围是不断变小的，也就意味着两个地区间市场整合程度在逐渐提升。

$$Q_{ijt}^k = \ln(P_{it}^k/P_{jt}^k) - \ln(P_{it-1}^k/P_{jt-1}^k) = \ln(P_{it}^k/P_{it-1}^k) - \ln(P_{jt}^k/P_{jt-1}^h)$$
$$|Q_{ijt}^k| - |\overline{Q_t^k}| = a^k - \overline{a^k} + (\varepsilon_{ijt}^k - \overline{\varepsilon_{ijt}^k})$$
$$q_{ijt}^k = \varepsilon_{ijt}^k - \overline{\varepsilon_{ijt}^k} = |Q_{ijt}^k| - |\overline{Q_t^k}| \tag{5-8}$$

式中，P 表示市场的商品价格，i 和 j 表示任意两个省级单位，t 代表时间，k 代表商品种类，i，j 两省的相对价格为 Q。

（二）测度结果

我国改革开放日益深化，京津冀市场分割水平也随之下降，尤其是在1995～2013 年从 0.001303 下降到 0.000157，下降了 87.96%。而且可以看出，该地区的市场分割指数变动幅度逐渐趋缓，说明地区市场分割程度呈现改善状态。与此同时，2007 年的京津冀市场分割指数是 1995～2013 年最低的，随后即走高，在 2009 年达到另一峰值后又开始下降，表明 2004 年采取的京津冀发展战略有一定成效，促进了三地间的市场一体化程度加深，但随后这一效应又渐趋弱化。京津冀合作政策在 2010 年也显示出了一定的正效应，所以市场分割指数也有明显下降。

通过计算 2013 年京津冀三省市间的市场分割指数，可以发现其中津—冀的市场分割指数最小，为 0.000037，这说明其市场一体化水平较高；京—冀的市场分割指数最大，为 0.000260，说明其市场一体化水平较低。因此要想加快京津冀一体化进程及区域合作，除了要注重整体的一体化水平之外，还要特别关注京—冀的市场一体化程度（见表 5-7）。

表 5-7　　　　　　　2013 年京津冀省市间市场分割指数比较

年份	京津冀地区		
	京—津	京—冀	津—冀
2013	0.000174	0.000260	0.000037

以上述分析为基础进一步探究各个城市间的市场分割指数，从而反映京津冀的市场分割与整合情况。把 13 个城市两两组合得到 78 个城市组合结果，计算出它们的 2013 年市场分割指数并排名，得到表 5-8。

表 5-8　　　　　　　2013 年京津冀城市间市场分割指数排名

城市	第1位	第2位	第3位	第4位	第5位	第6位	第7位	第8位	第9位	第10位	第11位	第12位
北京	天津	张家口	沧州	石家庄	保定	秦皇岛	邯郸	衡水	邢台	唐山	廊坊	承德
天津	北京	张家口	石家庄	保定	沧州	衡水	邯郸	唐山	邢台	秦皇岛	承德	廊坊
石家庄	张家口	廊坊	邯郸	衡水	沧州	保定	邢台	唐山	天津	秦皇岛	北京	承德
唐山	张家口	沧州	衡水	石家庄	邯郸	邢台	保定	廊坊	承德	天津	北京	秦皇岛
秦皇岛	石家庄	北京	衡水	天津	廊坊	邯郸	唐山	邢台	保定	张家口	沧州	承德
邯郸	张家口	沧州	衡水	石家庄	邢台	承德	廊坊	保定	唐山	天津	北京	秦皇岛
邢台	廊坊	邯郸	衡水	承德	石家庄	唐山	张家口	沧州	天津	北京	秦皇岛	保定
保定	廊坊	衡水	承德	邯郸	石家庄	邢台	唐山	张家口	沧州	天津	北京	秦皇岛
张家口	衡水	石家庄	邯郸	唐山	承德	沧州	天津	邢台	保定	廊坊	北京	秦皇岛

城市	第1位	第2位	第3位	第4位	第5位	第6位	第7位	第8位	第9位	第10位	第11位	第12位
承德	邯郸	沧州	保定	邢台	张家口	唐山	衡水	廊坊	石家庄	天津	北京	秦皇岛
廊坊	石家庄	保定	邢台	衡水	邯郸	沧州	唐山	张家口	承德	秦皇岛	北京	天津
沧州	邯郸	衡水	石家庄	承德	廊坊	张家口	唐山	邢台	保定	北京	天津	秦皇岛
衡水	张家口	邯郸	石家庄	沧州	保定	邢台	廊坊	唐山	承德	天津	秦皇岛	北京

通过上表的城市间市场分割指数排名可以看出目前京津冀各城市间市场一体化具有以下特征：第一，河北省的城市与北京、天津城市之间的市场分割程度均大于河北省内部各城市组合间的分割程度。市场分割指数排名第12位的城市中北京和天津各占一个；排在第11位的城市中北京占七个，天津占一个；排在第10位的城市中北京占两个，天津占五个。第二，往往在地域上相邻的城市组合的市场分割指数都大于不相邻的城市组合。市场分割指数排名第12位的城市中相邻城市占六个；排在第11位的城市中相邻城市占七个，这样的比例与地域距离影响市场一体化的说法不相符，究其原因可能是京津地区与河北省的实力差距较大。

观察其演变的结果，可以发现。

第一，2004～2010年城市市场一体化程度相对高于1995～2004年的水平，河北城市增幅最大，河北与北京的融合程度有所改进。第二，与2004～2010年相比，2010～2012年城市间的市场一体化进程相对多样化。除承德和秦皇岛外，河北省城市普遍呈下降态势。相反，河北省的各个城市与京津两市的城市组合中，除了天津与秦皇岛、北京与邯郸、北京与保定外，其他城市普遍呈现上升趋势，与此同时，河北和北京的市场分割指数从 -12.49% 上升至106.03%，河北和天津的从 -7.25% 上升至99.63%，说明河北城市和北京市场融合协同的变化幅度较大。第三，在1995～2012年间，石家庄与京津冀城市之间的市场一体化进程最快，秦皇岛和张家口是最慢的。京津和石家庄之间的市场一体化进程也处于前列，意味着省会城市在协同发展进程中的主导作用。河北的11个城市和北京市、天津市的市场分割程度明显下降，河北省城市内部的分割程度逐渐缓解。总的来说，河北省北部城市的市场一体化进程比南部城市慢。

5.3 京津冀高新技术产业链协同治理

电子信息相关产业是我国重点发展的高新技术产业。电子信息产业链是由电子信息制造业、软件业及信息服务业这三大部分构成。其中，电子信息制造业作为基础性条件位于该产业链的上游环节；软件业及信息服务业以上游企业为载体位于下游环节，它们主要扩大基础产品功能进行产品的增值。因而，电子信息产业链的发展需要软硬件相互结合的发展策略。电子信息产业属于技术密集型产业，而且具有高渗透性和融合性，具体包括家电产业、软件产业、电子元器件产业和网络通信设备业。电子信息产业也是京津冀近年来的重点建设产业。

通过对电子信息产业的进一步产业细分，得出电子信息制造业产业链构成及特点如图 5-1 所示。

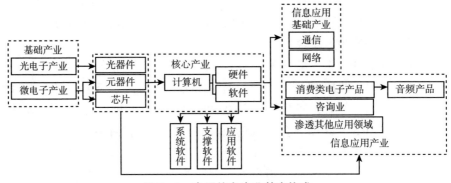

图 5-1 电子信息产业基本构成

京津冀的相关电子信息产业链雏形已初步形成，但这一产业链仍在进一步发展完善中。考虑到发展现状和资源禀赋，京津冀具有较强的产业基础，相互之间的经济互补性强，电子信息产业链可以进一步在京津冀进行合理分工，错位发展，形成全产业链优势。进而在京津冀形成一条电子信息产业带，带动周边电子信息配套产业发展的同时，辐射全区域相关产业，推动区域经济发展。

5.3.1 电子信息制造业产业链的发展困境

京津冀作为我国电子信息产业较发达的地区之一，其在 2014 年的主营业务收入就已经达到了全国的 10% 左右，尤其是电子信息制造业，始终是京津冀的传统支柱性产业。近些年以来，京津冀的软件和信息技术服务业已然发展成为该地区新的产业亮点，其业务收入占到全国的 15.81%。尽管如此，京津冀的电子信息产业面临全球化带来的日益激烈的竞争，存在一些突出的难题。

第一，产业规模有待扩大，企业盈利能力较弱。京津冀的电子信息制造业发展对于东部地区全球先进制造业基地的发展目标来说仍有较大的差距。根据相关研究，与长三角地区相比，京津冀的电子信息制造业与软件信息技术服务业的主营业务收入和利润总额仍然不及长三角地区的 1/3，说明京津冀的产业规模还是相对落后的，产业增速有所下降。2014 年，其在电子信息制造业方面和软件信息技术服务业方面的增长速度分别都低于全国平均水平的 8.52% 和 5.29%，在 2010～2014 年，京津冀在电子信息产业方面的主营业务收入相较于全国下降了 0.95%。

企业盈利能力较弱。2010～2014 年京津冀的电子信息产业发展整体呈现上升趋势，尤其 2012 年和 2013 年有较大幅度的增长。但到了 2014 年，增幅下降明显。所以在此情况下，提高京津冀的电子信息制造业的盈利能力成为当务之急。

第二，重软轻硬，整体发展滞后于软件和信息技术服务业。不同于我国大部分地区，京津冀在电子信息制造业方面较强，而在软件和信息技术服务业方面普遍偏弱。京津冀的软件业与信息服务业起步较晚但起点高，而且其增长速度一直领先于电子信息制造业整个行业。除此之外，京津冀的软件与其信息技术服务业的营业利润是电子信息制造业的两倍，而在全国，这二者的利润额是相对持平的。

在考察京津冀的专业化程度和集聚程度时，将它和长三角地区及全国平均水平进行对比分析，2014 年在京津冀的软件和信息技术服务业的主营业务收入中，其中软件产品占 36.31%，信息技术服务占 61.51%，而工业软件、集成电路设计等电子信息产业发展的核心领域的收入比重却连 4% 都不到。因此，在京津冀"重软轻硬"的现状下，其电子信息产业发展就呈"跛脚行进"的状况，表现为软件和信息技术服务的基础载体不够扎实。这样的发展趋势最终会导致该区域电子信息产业的上游制造业出现"空心化"结果，进而使得京津冀的产业转型及产业结构调整受到一定的影响。

第三，关键基础环节薄弱，产业链被低端锁定。作为电子信息产业链的基础，电子信息制造业可细分为材料加工企业、元器件及组件企业、整机组装企业。其中的元器件及组件企业是具有核心技术的关键环节，大多数情况下是作为主导产业发展的领头企业的，由于其具有较强的技术含量因而其附加值较高；其中的整机组装企业，如果具有自主知识产权便可以借此引导产业链的上下游企业获取较高的经济利润，反之则附加值较低。

京津冀各省市电子信息制造业中整机组装企业最多，其产业链环占比高达57%。元器件、组件生产企业较多，其产业链环占比为41.83%，其中48.37%的产值来自电子信息机电产品工业企业。材料加工企业结构较为单一，仅仅是进行电子信息产业专用材料加工，产值相较于另外两个产业链环节来说相对偏低。另外，由于京津冀的电子信息制造业产业当中，很多的元器件、材料以及设备都依赖于进口，因此从整体来看，该地区的电子信息产业还处于中低端、高端低值的状态。

除了京津冀电子信息产业中的电子信息制造业发展基础薄弱外，其研发环节也相对滞后。作为一种技术密集型产业，京津冀电子信息制造业的技术研发与创新能力不足，企业从事研发的积极性不高，只有7.74%的企业有研发活动。而且该地区所设研发机构的企业远低于长三角地区，并且有效的发明专利数量更是不及长三角的一半，大多数企业的发展主要以模仿、贴牌为主，企业盈利能力相对较低。

第四，产业链封闭运行，行业发展空间被压缩。由于电子信息产业具备高渗透性和高带动性，所以近年来电子信息产业发展主要以集成创新和融合发展为动力，信息技术快速深入渗透到社会经济的方方面面。特别是信息技术与传统产业的融合形成了新的产品和发展模式，同时也进一步促进了产业结构的调整和优化。使用2012年全国、北京、天津、河北以及浙江几个地区的42个部门投入产出表数据，把通信设备、计算机和其他电子设备制造业以及信息传输、软件和信息技术服务进行加总，据此考察这两个产业与其他产业部门间的投入产出互动。能够看出北京、天津和河北的通信设备、计算机和其他电子设备中间产品供本产业消化使用的比例最高，分别为58.88%、76.13%和24.96%，其中北京、天津的电子信息产业中间产品供本产业消化使用的比例既高于电子信息产业发达的浙江省，甚至也高于全国66.91%的平均水平。所占比例中，北京、天津的大多数产业的比例低于全国和浙江，但其中的北京科学研究和技术服务业及金融业、天津的科学研究和技术服务业及交通运输设备业的比例超过全国和浙江的水平，因此京津冀电子信息产业相对于长三角对其他产业部门的渗透性和融合性较低。京津冀电子信息产业和其他产业的低融合度会在一定程度上限制行业的发展空间，同时也会削弱京津冀电子信息产业的辐射带动作用（见表5-9）。

表5-9　　2012年京津冀三地电子信息制造业向本地各产业部门提供的
产品价值量比例　　　　　　　　　　　单位：%

区域 产业	全国	北京	天津	河北	浙江
通信设备、计算机和其他电子设备	66.91	58.88	76.13	24.96	53.27
电气机械和器材	5.49	2.13	6.64	3.14	16.31
信息传输、软件和信息技术服务	4.83	23.61	2.33	13.94	5.99
通用设备	4.57	1.20	1.33	0.91	5.08
科学研究和技术服务	3.45	3.41	1.89	33.29	1.04
租赁和商务服务	3.08	0.48	0.76	0.17	1.59
专用设备	2.37	0.97	0.35	3.21	2.42
交通运输设备	2.25	2.20	6.78	1.76	2.00
仪器仪表	2.14	1.41	1.33	2.14	6.98
居民服务、修理和其他服务	1.36	1.43	0.25	4.46	0.42
其他产业合计	3.56	4.29	2.20	12.03	4.89

数据来源：2012年全国、北京、天津、河北、浙江42部门投入产出表。

第五，区域分工有待优化，产业协同效应尚未形成。提高整个区域内的总体效益，就必须加强区域内部各板块之间的分工与协作。目前大多数研究普遍认为产业同构是阻碍京津冀间产业协同的最大障碍，因此，明确合理的产业定位与分工，加强京津冀之间的产业合作是促进京津冀产业协同发展的重要途径。在京津冀的电子信息全产业链上，三地的发展重点各不相同。北京作为我国主要的电子信息产品研发及营销中心，其软件业和信息技术服务业的收入位居全国第三，占整个京津冀软件业和信息技术服务业主营业务收入的80%以上；天津在电子信息制造业方面是京津冀产值最高的，占京津冀工业销售产值的50%左右，目前是我国最大的片式元件生产基地；河北的原材料、元器件等基础产品较为齐全，特别是光伏产品和蓄电池具有绝对的优势。从产业禀赋与资源条件的角度来看，京津冀的电子信息产业链初具雏形，其专业化分工正在形成。但若从京津冀电子信息制造业的各个环节来看，可以发现京津冀三地的发展很不均衡，尤其是河北与北京的差距相对较大。从电子信息制造业整体的分工合作情况出发，可以看出京津冀在产品结构、产业优势等方面呈阶梯分布，且它们之间分工大于竞争，因此形成了分而不合的窘境（见表5-10）。

表 5 - 10　2013 年京津冀电子信息产业制造业分行业工业总产值

产业链构成	细分行业	北京			天津			河北		
		数值（亿元）	占京津冀地区比重（%）	占本地比重（%）	数值（亿元）	占京津冀地区比重（%）	占本地比重（%）	数值（亿元）	占京津冀地区比重（%）	占本地比重（%）
材料加工	电子信息产业专用材料工业行业	5.68	6.48	0.24	17.35	19.82	0.49	64.51	73.69	3.98
元器件、组件生产	电子元件工业行业	111.86	12.59	4.64	599.99	67.52	17.11	176.80	19.90	10.91
	电子器件工业行业	468.38	63.34	19.44	134.88	18.24	3.85	136.24	18.42	8.41
	电子信息机电产品工业行业	75.12	4.93	3.12	533.62	34.99	15.21	916.37	60.09	56.54
	雷达工业行业	1.45	45.55	0.06	1.73	54.45	0.05	0.00	0.00	0.00
	通信设备工业行业	1184.23	51.80	49.15	1005.53	43.98	28.67	96.36	4.21	5.95
整机组装	广播电视设备工业行业	19.34	6.67	0.80	217.74	75.06	6.21	53.02	18.28	3.27
	电子计算机工业行业	379.81	57.82	15.76	266.18	40.52	7.59	10.94	1.67	0.68
	家电制造工业行业	17.44	2.34	0.72	658.14	88.44	18.76	68.57	9.21	4.23
	电子测量仪器工业行业	116.03	79.42	4.82	10.24	7.01	0.29	19.83	13.57	1.22
	电子工业专用设备工业行业	29.96	17.62	1.24	61.93	36.43	1.77	78.12	45.95	4.82

5.3.2　电子信息制造业产业链的治理策略

京津冀的电子信息制造业目前正处于产业链与创新链融合竞争阶段。相比较而言，企业核心竞争力的提升将不再是凸显其某个单项优势，而是通过分工、融合、创新，形成并发挥其整体优势。因此，产业链治理的成败与否关键在于在产业链内是否形成了有效的产业协同，进而促进区域产业结构的合理化、高度化与生态化。基于此，京津冀的电子信息产业的协同治理既要解决发展中遇到的具体问题，也应在发展过程中依托京津冀三地的现状，充分考虑比较优势，一方面要整合形成分工清晰、结构合理的电子信息产业新形态，另一方面也要加强电子信息产业的融合与联系，这种联系包括电子信息产业内部各部门之间、电子信息产业与其他产业之间、各个地区的电子信息产业之间三个主要层次。通过不同维度的产业治理协调，使得电子信息产业链上的上下游企业都能够互相依存、互利共赢，进而形成软硬件同步行进、基础制造能力提升、产业全面融合、区域协同发展的一体化发展状态。

依据上述研究中对京津冀电子信息产业现阶段特征和问题的分析，本书从四个方面提出针对性的治理策略。

第一，打破"重软轻硬"的跛脚行进现状，加强硬件企业培育，软硬件并行发展。京津冀协同发展的战略核心就是要有效疏解北京非首都功能，这意味着北京需要将一些产业附加值相对较低的制造业等转移至天津、河北地区，以此为北京的首都功能腾挪出足够的发展空间。而相对于北京和天津的电子信息制造业来说，河北的产业基础相对较为薄弱，但具有北京和天津所不具备相对低廉的综合成本，且空间距离很近，故而成为具有条件优势的产业转移承接地。由于上面提到北京和河北的电子信息制造业相对薄弱，所以优化两地的制造分工既可以扩大京津冀电子信息制造业的发展规模，又可以加强地区间的合作互补，给予北京足够的空间发展软件业和信息技术服务业，在地域上将优化软硬件分工，加强地区专业化程度，最终实现京津冀电子信息制造业的软硬件协同发展，彻底打破单向驱动的不利局面。具体的实施策略需要从两方面着手：一方面，加快北京电子信息制造业向河北转移，从而较大程度上缓解北京的土地、资源、人口等压力，同时加快河北在电子信息制造业方面的发展；另一方面，河北充分依托于北京的软件业和信息技术服务业，发展自身的电子信息制造业，加快制造业的转型升级。

第二，加强基础核心环节创新与研发，夯实制造基础，使产业链向"高端高值"方向发展。技术要实现创新以及实际运用需要经过很多环节和阶段，在同一产业链条中往往需要这些环节协调均衡发展，缺一不可。京津冀的电子信息产业各自的侧重点不同，北京作为全国的研发中心，开发研究以基础研究为主，在软件和信息技术服务上具有比较优势；天津的制造业基础相对于北京和河北而言比较坚实，在电子信息制造业有一定的优势。但是上述产业仍然属于电子信息产业的基础性环节，北京和天津在创新发展上仍然相对落后，这在一定程度上也降低了京津冀整体的自主创新能力。

一方面，联合科技创新与科技生产，以此来加强产品的核心竞争力与价值。科技合作要通过大数据、云计算、物联网、智能终端等重点领域进行设计部署，经过这些环节实现创新链的分工优化。另一方面，形成区域间的电子信息产业技术创新联盟，共同搭建一个技术研发平台，用以钻研基础前沿技术、共性关键技术。通过技术提升产品价值以及整个区域电子信息产业的自主创新能力。着力加强北京软件和信息技术服务业与天津电子信息制造业之间的分工协同，通过大力提升京津电子信息制造体系创新能力，引导整个京津冀的电子信息制造业产业链逐渐步入高端高值的发展阶段。

第三，充分发挥电子信息产业的渗透性与带动性，实现产业融合创新发展。天津是京津冀电子信息制造业的主体，河北虽然整体所占的产业比重不高但却在持续增长。按照《京津冀协同发展规划纲要》（以下简称《规划》）的要求，天津的发展定位和未来方向就是努力打造成为先进制造研发转化基地，这也符合天津在电子信息制造的比较优势，因此天津电子信息产业发展的重点依然要在制造二字上下功夫。根据《规划》，在京津冀协同发展的过程中，京津冀三地需要以合理分工和错位发展为前提，竭力避免天津和河北在制造发展中的恶性竞争。鉴于此，一方面，应该通过顶层设计自上而下地贯彻落实《规划》，实施错位布局协同发展战略，激励京津冀三地发挥各自禀赋优势，协同配合，相互呼应，按照研发服务、高端制造、一般制造的价值链环节，大力调整产业链，从而形成互补的分工格局。另一方面，在国家大数据战略和"互联网＋"行动计划等发展机遇下，加大物联网、大数据、云计算的应用水平，将电子信息产业积极向交通、医疗、养老、旅游等其他行业渗透，从而促进信息通信技术与服务业相互融合，实现信息技术服务化、服务业网络化的转型升级，从而引导京津冀电子信息产业链在广度和深度上实现双向拓展。

第四，加强地域间协同，深化区域分工，提升京津冀电子信息产业发展总绩效。区域间能够形成切实有效的经济合作，一方面取决于区域间是否存在合理的分工，另一方面则取决于彼此之间的合作对交易成本以及交易效率所带来的影响的大小。依据新制度经济学中对于交易成本的认识和理解，将影响区域间交易效率的因素归结为区域间交通一体化程度、区域间信息化程度、区域间政府的合作态度及制定的制度和规则环境等方面。

虽然京津冀的电子信息产业具备一定的产业分工和发展基础，但实际上并未形成合理有效的分工与合作，而是处于"分而不合"的状态。究其原因主要是信息不对称以及产业生态环境所引起的交易效率的降低。因此，加强京津冀电子信息产业的协同发展，则需要从以下五个方面着手：一是加强产业内部的各部门之间、各产业之间、各地区之间的沟通与交流，在区域内实行统一的信息化管理制度，加快信息的流动和扩散速度，提高技术创新效率，促进区域内的产业实现有效对接。二是三地政府在兼顾京津冀共同利益的基础之上，需更加细致地完善各地政府间的相关工作机制，其中包括利益共享与补偿机制、行为约束与监督机制等，尽快打破地区间相互合作的壁垒。三是通过一些优惠政策激励企业组建跨区集团，通过这些企业集团协调区域间关系，既可以减少一定的行政干预，又有助于调动优化各区域的要素组合。四是推动建立电子信息产业协会等行业协会组织统筹京津冀产业发展、产业协同以及产业融合等战略的布局实施，形成具有兼具前瞻性与落地性的基础研究，并对研究开发、技术创新等各个环节提出建议，促进产业融合发展服务体系加快形成。五是促进电子信息产业的技术、人才、知识等要素在京津冀区域内集聚配置，采取侧重性政策吸引高端人才向京津集聚，鼓励适应性要素向河北流动，支撑其电子信息产业不同环节优化匹配、协同发展。

5.4　京津冀传统制造业产业链协同治理

5.4.1　京津冀汽车制造业的产业链地域分工和空间分布

如表 5 – 11 所示，京津冀的汽车制造业的地域分工格局已初步形成。其中，整车制造企业大都位于北京、天津，改装制造企业大都分布于北京和河北，而汽车零部件及配件制造企业大都位于天津和河北。京津冀中北京的汽车制造业发展最为全面，各类细分行业相对都有所涉及，规模和产值也都具有一定的优势；天津主要发展整车制造与零部件及配件制造，其发展状况虽不及北京但却优于河北；河北主要发展改装汽车制造和零部件及配件制造，其规模和产值有待进一步提高。从各细分行业看，整车制造企业是主要零部件及配件的需求方，对零部件及配件制造企业有着布局导向作用，两者联系紧密；而改装制造企业由于发展不充分，较多地偏向于军用改造或是专用汽车改造，市场容量相对有限；零部件及配件制造业的发展模式单一，供应主要面向整车制造。2008～2013 年，京津冀除了整车制造与零配件制造之间的地域分工较为集中靠拢外，其他各行业间的制造业地域分工有明显的加强。

表 5－11   京津冀汽车制造业企业数量   单位：家

区域	年份	整车（电动汽车）	专用/改装汽车	零部件	合计
北京	2008	11	31	287	330
	2013	10（1）	21	234	265
天津	2008	8（1）	15	258	281
	2013	6（1）	9	318	333
河北	2008	11	44	306	359
	2013	2	29	292	323
合计	2008	30	91	851	970
	2013	18	59	844	921

注：整车厂家数中，电动汽车北京、天津各 1 家。2008 年专用/改装汽车家数由行业代码 3722 和行业代码 2724 加总得到，零部件由行业代码 3725 汽车零部件及配件制造和行业代码 3726 汽车修理加总得到，2013 年专用/改装汽车由行业代码 3620 和行业代码 3650 企业家数加总得到，2013 年零部件分为 3660 代码和 1773 - 4022。

从京津冀的主要汽车产业园区分布来看，河北省的零部件园区数量明显多于北京和天津，这也能从侧面反映出河北的汽车零部件及配件行业相对较为发达（见表 5 - 12）。2008～2013 年间，京津冀汽车企业主要位于北京和天津，基本沿交通线路分布。2013 年企业空间分散分布态势进一步加强，59.20% 的乡镇均有分布。在空间上沿京石高速、大广高速向南扩散至石家庄，沿京津高速、京秦高速向东扩散至唐山等，以承德和张家口为主的西北地区扩散缓慢，多年以来变化相对不大。在分散分布的大背景下，又逐渐形成若干集聚中心，包括北京顺义、天津西青、天津塘沽、沧州任丘，这些地区的企业数量占这两个环节企业总数的17.51%，产值占总产值的41.7%。从道路交通来看，汽车制造企业主要以向东沿北京—天津及京津高速、沿京沧通道和京秦通道、向南沿京石通道和京衡通道这三条为主要集聚轴带，而北部及西部的京承通道和京张通道企业集聚速度缓慢。

表 5-12　　　　　　　　京津冀主要汽车产业园分布

省份	零部件园区	省份	零部件园区
北京市	大兴区采育经济开发区	河北省	廊坊郎森汽车产业园
	亦庄经济开发区		衡水经济开发区
	顺义汽车生产基地零部件产业园		清河县经济开发区
天津市	天津泰达汽车零部件工业园		邢台汽车零部件工业园
			保定汽车零部件工业基地
	天津中北工业园		固安工业园
			唐山高新技术产业园区
	天津西青经济开发区		泊头市经济开发区汽车模具产业园

5.4.2　京津冀汽车制造业产业链升级与整合策略

第一，由传统汽车产业主导向传统汽车和节能与新能源汽车双轮驱动发展。在中国大交通、大客运、大海运、大工程的前提下，大功率的内燃机仍然是今后发展的重要方向。但由于乘用车方面内燃机汽车一直在面临着更加严格的油耗法规、更加严苛的排放标准，因此也要顺应新能源汽车"电动化、智能化、共享化"叠加的融合大势，培育和发展新型能源汽车，加强创新能力是核心环节，尤其重要的是要不断加大在技术创新领域的研究开发投入。在国家的政策计划安排下支撑汽车制造业的发展，在内燃机燃烧、充电电池等关键技术上实现突破，提高汽车制造业相关行业的竞争力。要鼓励京津冀汽车企业强化对节能汽车的研究开发力度，要突破一些核心技术的研究，建立节能新能源汽车的研发体系。

第二，从一般零部件制造向中高档关键零部件自主研发生产攀升。目前，我国的高端制造业在发展过程中面临着巨大的挑战和机遇，并且相较于外资企业，我国零部件及配件自主研发技术相对落后，同时还存在着较为严重的同质化恶性竞争的问题。据中商产业研究院相关数据显示，2017年我国汽车零部件累计进口金额达370.48亿美元，同比增长7.09%。汽车自动挡变速器、无级变速器专用链条、钢带以及高端螺栓均依赖进口。因此京津冀要在未来新一轮的国际竞争中赢得主动权就要进一步加强改革与自主创新，致力于中高档关键零部件的核心技术突破。

第三，从封闭的单链、短链向开放的网链、长链转化。产业链是整合区域资源，形成京津冀汽车制造业产业群的突破口，在密切分工合作的前提下，进一步发散产业链，使得区域之间的产业链网络化，完成区域内相关企业从研发到服务的一系列渠道资源。产业链可以将资源配置在最优的部门并在各部门间协调互补。最终通过产业链整合加大京津冀汽车制造市场的竞争力，形成新的汽车制造产业格局。

第四，向国际化、全球价值链中高端攀升。中国目前是全球最大的汽车市场，在这样的历史机遇下，中国肩负着全球汽车产业价值链重塑的重任。在这场技术革新进程中，京津冀是国家产业布局的重要区域，也是汽车产业链中不可缺少的一环，需要不断向全球价值链分工中附加值高的环节靠拢，通过不断缩小与发达国家之间的差距，在汽车制造业的全球价值链中占据高附加值环节，才能形成京津冀汽车制造业发展的优质产业链。

5.5 京津冀服务业与制造业协同治理

5.5.1 生产性服务业与制造业互动发展机理

在产业发展过程中，生产性服务业与制造业在一定程度上有着紧密的联系，而且两者在空间层面上也会形成一定的布局关联。本书基于产业发展和空间布局两个视角来进一步探究其发展机理。

（一）生产性服务业与制造业互动发展机理

1. 生产性服务业对制造业发展的作用机理

生产性服务业对其自身服务能力、范围、创新等都有较高标准，在服务制造业的同时，其在空间上实现服务要素的集聚有助于进一步释放自身功能。在空间层面，生产性服务业的集聚为制造业的区位选择创造了便利，可以在较大程度上降低制造业的运输成本、交易成本和生产成本等相关成本。生产型服务业与制造业的协同集聚将凸显区域的竞争优势。首先，制造业企业基于社会分工，通过向市场中的生产性服务业企业购买服务而将其原本投资的服务环节转化为市场交易中流通的产品，从而将固定成本转化为可变成本，这不仅增加了企业的灵活性和弹性，而且提高了企业的运行效率。其次，交易成本持续降低将进一步强化产业协同效应。比如，在制造业相关生产环节中加入生产性服务业的金融和物流部门，就能够借助外部化优势降低制造业企业的融资和运输成本。最后，生产性服务业有助于培育制造业差异化竞争优势。制造业形成比较优势的关键突破口在于其技术提升和科研创新环节，依靠自身的独立创新难以形成竞争优势，生产性服务业是制造业竞争优势的重要外部智力支持。如新兴的现代生产性服务业能够在法律咨询、技术信息服务等方面支持制造业创新，进而促进制造业在空间上的集聚，以更好地与生产性服务业协同发展。

2. 制造业对生产性服务业产业发展的作用机理

制造业的发展进一步扩大了对生产性服务业的需求，拉动了生产性服务业的发展，这种拉动作用主要体现在其产业规模扩大和服务质量及效率提高两方面。一方面，制造业对生产性服务的中间需求拉动生产性服务业规模的扩大。工业化早期，由于对生产性服务的需求较小，制造业通常都是从企业内部部门获取生产性服务，因此生产性服务的外部供应商没有足够的生存空间，专业化的生产性服务企业无法形成。随着制造业发展日益壮大，其对生产性服务的需求也日益增大，致使原本处于制造业内部的相关的生产性服务逐渐独立出来。另一方面，制造业的转型升级拉动了生产性服务业的服务质量及效率的提高。随着制造业技术水平日益提高，其内部结构中资本和技术密集型占比增加，对生产性服务业也有了更高质量的需求，由此提高了生产性服务业的质量及效率。与此同时，为了适应日益激烈的市场竞争环境，劳动密集型制造业需要增加高级生产要素的投入，从而促进生产性服务业趋于高级化。

（二）生产性服务业与制造业空间布局机理

生产性服务业与制造业之间的互动发展关系决定了它们的产业空间布局

也是相互关联的。在一个城市群内，生产性服务业和制造业空间上的分布特征和城市群内城市间的分工合作联系紧密。

1. 跨城市空间协同布局的必要性

对于单个城市而言，伴随城市化持续推进，城市内部的各类生产要素和产业不断集聚，促使城市规模进一步扩大，在达到一定阶段后，土地在有限的空间内越来越稀缺，地租价格上涨，对租金不敏感的生产性服务业在市中心的区域日益扩张，对租金敏感而且地均生产附加值较低的制造业则因无力承受地租压力，逐渐转移至城市边缘地区。除受地租影响之外，生产性服务对制造业的"袭夺效应"也是限制制造业在大城市内部发展的重要因素。相较于制造业，生产性服务业的劳动力素质和劳动力工资相对较高，这将吸引制造业内的优质劳动力转向生产性服务业寻求发展。此外，大城市普遍将生产性服务业作为重点发展产业，城市产业政策自然会倾向于生产性服务业。在上述多重压力之下，制造业的部分生产环节逐渐从大城市中剥离，转而布局于生产成本较低的中小城市，由此便形成了制造业产业链上的各个环节跨城市分工合作的空间格局。

2. 跨城市空间协同布局的可行性

城市群相较于单个城市具有更大的规模，可以为生产性服务业和制造业提供广阔的协调发展空间，使得区域内形成功能错位的产业空间分工体系成为可能。从空间结构上来看，城市群符合"中心—外围"的多层次城市结构体系，由一到两个城市中心及围绕其的众多密切相关的中小城市组成。城市群的各组成城市在空间位置上毗邻，它们之间形成的发达交通网络体系降低了活动运输成本，使得产业链跨城市空间分布成为了可能。此外，城市群的众多城市在历史和文化上具有较强共性，这在一定程度上减弱了地区行政壁垒的干扰，对区域内的产业分工体系建设产生积极影响。

3. 都市圈内部空间协同布局的结构

从空间上来看，城市群内的产业分工结构是由分布在中心城市的生产性服务业集聚在一起，共同承担该地区的服务功能。而城市群内各中小城市之间由于比较优势的不同，吸引不同类型的制造业部门集聚，进而使得各中小城市具备了不同的生产功能。因此从整体而言，生产性服务业与制造业在城市群内部协同布局的产业空间结构是生产性服务业主要集中在中心城市,而制造业内部各个产业环节则选择在中心城市周边具有本产业发展比较优势的中小城市集聚,由此通过生产性服务业和制造业的集聚在城市群内部实现服务—生产的城市产业空间分工体系。但这并不意味着制造业会完全退出中心城市,也不意味着中小城市就不发展生产性服务业,一些高新技术制造业部门仍然会留在中心城市,一些交通运输服务、商务服务等生产性服务业也会根据当地制造业的中间投入需求在中小城市集聚。

5.5.2　京津冀生产性服务业与制造业互动发展

(一) 产业关联特征

本书以黄群慧、霍景东(2014)的研究作为参考,根据投入产出表,将制造业部门的服务要素投入量占该部门总投入的比例作为制造业服务化系数,以此为标准来衡量制造业部门服务化水平的高低。

由表 5-13 可知,2002 年和 2007 年京津冀制造业对生产性服务业的中间需求层次较低。

表 5-13　　　　京津冀制造业对生产性服务业的中间需求比重　　　　单位:%

生产性服务业部门	2002 年	2007 年
交通运输及仓储业	41.6	69.3
邮政业	2.0	0.2
信息传输、计算机服务和软件业	6.5	1.9
金融业	13.1	10.9
房地产业	1.9	1.0
租赁和商务服务业	19.7	11.4
研究与试验发展业	4.4	2.5
综合技术服务业	10.8	2.9

数据来源:2002 年、2007 年北京、天津、河北投入产出表。

由图 5 - 2 可知,京津冀生产性服务业对制造业的中间投入趋向于向资本密集型部门集中,由 2002 年的 37.34% 上升为 2007 年的 49.04%。劳动密集型部门和技术密集型部门在 2002～2007 年都存在一定幅度的下降。

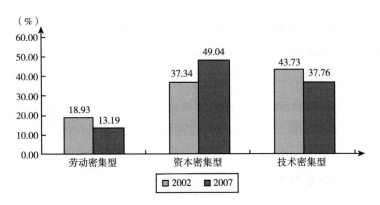

图 5 - 2　京津冀对不同类型制造业的中间投入比

(二) 空间协同集聚特点

赫芬达尔—赫希曼指数是测度市场份额变化的指标,具体的计算是用某一行业内各个市场竞争主体所占行业总收入或总资产百分比的平方和,也就是市场中厂商规模的离散度。本书用该指数来衡量京津冀空间协同集聚情况。

$$H = \sum_{k=1} S_k^2 - \frac{1}{n} \qquad (5-9)$$

其中,H 表示赫芬达尔—赫希曼指数,S_k^2 表示某产业第 k 个地区的从业人员占该产业整个区域从业人员的比重,n 表示地区个数。

经过计算得到 2007 年京津冀生产性服务业与制造业各部门空间协同集聚度的矩阵,由图 5 - 3、图 5 - 4 可以得出,从生产性服务业各部门来看,信息传输服务业与制造业空间关系最为邻近,其次是研究与试验发展业、综合技术服务业;从制造业各部门来看,资本密集型制造业与生产性服务业的空间邻近关系最为紧密,其次是技术密集型制造业,劳动密集型制造业与生产性服务业的空间协同集聚最低。

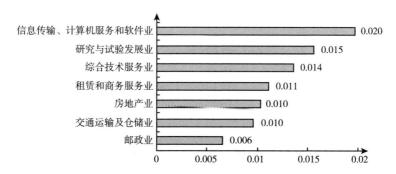

图 5 - 3　2007 年京津冀生产性服务业各部门与制造业的空间协同集聚度

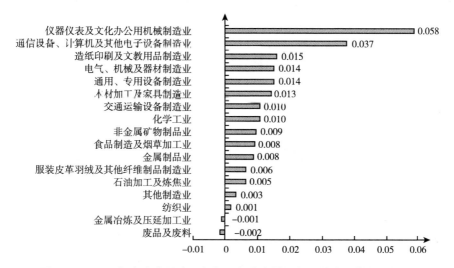

图 5 - 4　2007 年京津冀制造业各部门与生产性服务业的空间协同集聚度

（三）产业关联与空间协同集聚

为区分各类生产性服务业与制造业对空间邻近性的需求，以及这种空间邻近性是否是由两者之间较强的投入产出关联造成的，本书基于产业关联度和空间协同集聚度将生产性服务业与制造业的产业—空间关系划分为：组合一，产业联系强但空间布局不临近；组合二，产业联系强且空间布局近；组合三，产业联系弱且空间布局不临近；组合四，产业联系弱但空间布局近。

通过研究，京津冀的生产性服务业与制造业形成的 119 对产业组合中，位于第一象限的占 13.4%，这些产业组合的产业协同集聚度及产业关联度都很高，说明两者产业联系强且空间布局邻近；位于第二象限的占 16%，产业关联度高但协同集聚度较低，意味着两种产业的投入产出关系密切，但是在空间上较为分散；位于第四象限的占 16.8%，这些产业的关联度较低但是协同集聚度高，这意味着这些产业组合间投入产出关系不是很显著，却存在较高的产业集聚。通过分析可以发现，生产性服务业和制造业在空间上集聚的动因并不仅仅是由于投入产出关系，劳动力池共享、知识溢出等其他因素也可能会促进产业空间集聚。

此外，还得到以下相关结论。首先，投入产出关系是促进生产性服务业与制造业之间空间集聚的一个重要因素，但却不是唯一的因素，从而验证了集聚经济来源的多元化。其次，存在较强投入产出关系的生产性服务业与制造业从空间上来看也不都是呈现集聚的特征，有些产业组合之间可能由于其承受地租的能力差别较大或二者之间受距离所带来的交易成本影响不大。最后，生产性服务业与制造业之间的空间分布类型以及集聚机制的不同，主要是由于产业组合之间的产业特征、产业联系以及地域范围等因素综合决定的结果。

（四）天津生产性服务业与制造业互动发展状况和特征

$$Em_i = \alpha_0 + \alpha_1 Es_i + \alpha_2 Km_i + \alpha_3 Lm_i + \alpha_4 Loc_i + \alpha_5 Em04_i + \varepsilon_i$$
$$Es_i = \beta_0 + \beta_1 Em_i + \beta_2 Ks_i + \beta_3 Ls_i + \beta_4 Loc_i + \xi_i \qquad (5-10)$$

其中，Em 代表制造业劳动生产率，用制造业企业人均营业收入的自然对数表示；Km 代表制造业人均固定资本投入，用制造业企业人均固定资产净值平均余额的自然对数表示；Lm 代表制造业劳动力素质和技能水平，用制造业企业员工人均营业收入的自然对数表示；Es 代表生产性服务业劳动生产率，用生产性服务业企业人均营业收入的自然对数表示；Ks 代表生产性服务业人均固定资本投入，用生产性服务业企业人均固定资产净值年平均余额的自然对数表示；Ls 代表生产性服务业劳动力素质，用生产性服务业企业人均工资福利的自然对数表示；Loc 代表区位条件，用乡镇 i 中心位置距离天津市中心和滨海新区中心之间较近距离的倒数表示。

通过计算结果表明，天津制造业的效率提升对其生产性服务业的促进作用并不显著，相反还具有一定程度的挤出效应；而其生产性服务业的发展在一定程度上能够提高制造业的生产效率；产业的发展与其在城市空间范围内所处的区位密切相关，距离城市核心区越近，对于生产性服务业来说则越有利，而对于制造业则是在远离城市核心区的位置发展更为有利。

通过本章的研究，可以分析得出：

（1）从京津冀三省市间的市场分割与整合情况来看，天津与河北的市场整合程度较高，北京与河北的市场整合程度较低。

（2）从京津冀市场一体化的整体演变与各省市之间的市场整合情况来看，京津冀的市场分割程度在整个研究期内趋于收敛；京津冀的市场整合水平较高，在全国平均水平之上，但不及长三角地区；京冀市场分割趋势曲线振幅最大，京津市场分割趋势曲线最稳定，津冀市场整合水平最高、发展最快。

（3）从京津冀城市市场分割和整合的角度来看，河北省城市与北京和天津城市之间的市场分割程度大于河北省内城市之间的分割程度；往往在地域上相邻的城市组合的市场分割指数都大于不相邻的城市组合。

（4）从城市间市场一体化演进状况来看，2004～2010 年城市层面市场一体化程度总体上同步并有较大提高，促进京津冀合作初期政策成效显著；2010～2012 年期间城市层面的市场一体化进程呈现出差异化状况，需要对既有政策体系进行完善。

第 6 章

产业链投资与核心城市产业
结构变迁

产业链的形成、发展与壮大和投资密不可分，不同的产业方向投资会给予特定产业链环节培育并锁定竞争优势，在拉动产业链式增长的同时，诱发产业结构持续变迁。本章选取我国四个直辖市为研究样本，以电子信息产业为例，通过比较分析其产业集聚度、细分产业发展状况、试验与研究发展和新产品开发经费支出等指标，探究其电子信息产业的发展与投资现状。依据已经界定的产业链投资的概念，建立时间序列模型，实证分析产业链投资与区域产业结构变动的关系。

6.1 电子信息产业发展现状

电子信息制造业具有集聚创新资源与要素的特征，在经济发展中发挥着重要的导向和支撑作用，是当前全球创新最活跃、带动性最强、渗透性最广的产业，电子信息产品和业务结构呈现出集成化、融合化和多元化的特点。京津冀地区作为我国电子信息产业的重要集聚区，在经济新常态下，在京津冀协同发展的国家战略下，探讨京津冀三地电子信息产业协同发展，对于优化我国电子信息产业区域布局，创新产业链空间结构，形成具有国际竞争力的地方产业集群具有重要意义。

6.1.1 电子信息产业集聚度

为了定量衡量核心城市电子信息产业发展的宏观情况，本章将测算信息产业的企业集聚程度，即同一行业或一组密切相关的企业，由于相互之间的关联而集聚在一个特定区域内的程度。一般来说，测量行业集中度大致有以下几种方法：行业集中度、赫芬达尔—赫希曼指数、空间基尼系数和区位熵等方法。考虑到对于微观层面的数据较难获得，本书将采用区位熵指标，又称专门化率，是指城市某产业部门在全国或全地区同一产业部门中的比重与城市全部产业活动在全国或全地区全部产业活动中的比重之比。从中观层面来衡量电子信息产业产业集聚程度，并对四大直辖市进行比较分析。

区位熵的计算公式如下：

$$LQi = \frac{i\,省份电子信息产业总产值/i\,省份国内生产总值}{全国电子信息产业总产值/全国国内生产总值}$$

由以上公式可以得出这样的结论：区位熵 LQi 越大，说明该地区的电子信息产业的产值越大，则 i 地区行业集聚程度就越大。并且，一般认为，当 LQi 大于 1 的时候，该地区的该产业就具有集聚效应了。当 LQi 大于 1.5 时，其集聚效应就会变得非常大，具有较为明显的比较优势了。全国及四大直辖市电子信息产业产值如表 6-1 所示。

表 6-1 　　　　　　　分地区 GDP 与电子信息产业产值 　　　　　　　单位：万元

地区	产值	2015 年	2014 年	2013 年	2012 年
全国	GDP	689052.10	643974.00	595244.40	540367.40
	电子信息产业	91378.86	85274.75	78318.64	69480.88
北京	GDP	23014.59	21330.83	19800.81	17879.40
	电子信息产业	—	2424.46	2217.01	2054.87
上海	GDP	25123.45	23567.70	21818.15	20181.72
	电子信息产业	5323.39	5319.10	5444.34	5745.38
天津	GDP	16538.19	15726.93	14442.01	12893.88
	电子信息产业	2606.85	2963.41	3040.47	2558.62
重庆	GDP	15717.27	14262.60	12783.26	11409.60
	电子信息产业	3323.82	2887.58	2128.32	1487.37

数据来源：历年《中国工业统计年鉴》。

经计算，可以得到四个直辖市的电子信息产业的区位熵，如表 6 - 2 所示。

表 6 - 2   电子信息产业区位熵

年份	北京	上海	天津	重庆
2012	0.894	2.214	1.543	1.014
2013	0.851	1.897	1.600	1.265
2014	0.858	1.704	1.423	1.529
2015	—	1.598	1.189	1.595

数据来源：历年《中国工业统计年鉴》。

由表 6 - 2 可知，近几年天津市的电子信息产业的区位熵均大于 1，具有较为明显的比较优势，但是该指标呈现下降趋势；而除了重庆市该指标在上升，产业集聚效应在增加之外，北京和上海也均呈现明显的下降趋势，也就是说天津、北京和上海的计算机、通信和其他电子设备制造业的集聚优势在下降，正在被重庆市赶超。

产业园区由于其知识溢出效益和巨大的规模经济效应而备受政策制定者的关注，地方政府通过圈定特定区域范围，并尽可能给予入驻企业以一定的政策倾斜和相应补贴来进行招商引资，吸引相关企业竞相入驻，从而形成集聚效益，这既促进了产业的发展同时也带动了地方的发展。自 1992 年天津市大力引进外资发展电子信息产业以来，天津市已经吸引多家电子信息企业与之相配套，成功集聚形成"三大基地，五大园区"。并且这些产业园区既相互联系又相互区别，不仅园区内相互配套，园际之间也构成上下游关系（见表 6 - 3）。

天津经济技术开发区创设于 1984 年，占地 33 平方公里，是国家级经济技术开发区，同时也是天津市滨海新区的重要组成部分，其电子信息行业主要集中于移动通信及终端产品制造、集成电路和汽车电子三大板块。

天津滨海高新技术产业园区成立于 1998 年，规划面积 97.96 平方公里。在电子信息产业方面，主要以绿色能源、系统集成和软件为主，其中华苑产业园是其核心部分，也是国家软件出口基地。

西青经济技术开发区成立于 1992 年，占地面积 150 平方公里，2004 年成为国家九大电子信息产业基地，是天津的重要战略组成部分，以集成电路、片式元器件、显示器和数字家电的生产为主体，并于 2010 年成功升格为国家级经济技术开发区。

　　武清开发区成立于 1991 年，既是国家级经济技术开发区，也是国家级高新技术产业园区。电子信息产业是武清开发区六大主导产业之一，产业规模巨大，尤以电真空器件最为突出。

　　中心城区电子工业区隶属于天津市八里台工业园区，该园区于 2006 年批准成为市级工业园区，是天津市南部电子产业带的重要组成部分，在电子信息产业主要以加工配套为主，代表企业有哈尔滨工业大学机器人研发中心、天津易子微科技等。

表 6－3　　　　　　　　　　天津市电子信息产业园区状况

开发区名称	年份	面积（平方公里）	集聚行业	代表企业
天津经济技术产业园区	1984	33	移动通信及终端产品制造，集成电路，汽车电子	英伟达，韩国三星，乐金，国家超算天津中心
天津滨海高新技术产业园区	1998	97.96	绿色能源，软件，系统集成	三洋能源，福丰达，天津卓越中阳光电科技
西青经济技术开发区	1992	150	片式元器件，显示器及数字家电生产，集成电路生产	三星，飞思卡尔，罗姆
武清开发区	1991	50	电真空器件	天宝电子
中心城区电子工业区	2006	6.14	加工配套	哈尔滨工业大学机器人研发中心，天津易子微科技

　　数据来源：历年《中国工业统计年鉴》。

6.1.2　细分产业发展状况

1. 主要工业品产量

　　为了从微观角度研究核心城市电子信息产业发展现状，本书收集相关电子工业产品产量作为对比指标，考虑到数据的可获得性，本书依据统计年鉴获得以下数据，见表 6－4。

表6-4   电子信息产业主要工业品产量

地区	年份	移动通信手持机产量（万台）	微型电子计算机产量（万台）	集成电路产量（万块）	彩色电视机产量（万台）
天津	2011	9061.7	0.6	89000	186.6
	2012	9193.9	0.2	85000	192.8
	2013	10336.3	1072.2	96000	277.1
	2014	9754.2	1100.5	142000	279.2
	2015	7315.6	1029.7	149000	245.8
北京	2011	25962.3	1083.2	320000	5.0
	2012	19949.3	1074.5	319400	54.4
	2013	18716.7	1141.1	374000	100.0
	2014	17983.6	1015.6	543000	193.6
	2015	9540.8	885.6	627000	222.4

数据来源：历年《中国工业统计年鉴》。

表6-4为天津市和北京市近五年来的电子信息产业主要工业产品的产量，由表可知。

①在移动通信手持机方面，2011年天津市的产量为9061.7万台，而北京市是25962.3万台，后者为前者的2.87倍，但是在2011~2015年间，天津市的手机产量大致呈上升趋势，而北京的则在不断下降，到2015年的时候，两者产量相差甚微，得益于"手机之都"和良好的投资环境，天津市有望在3年内手机产量赶超北京。

②在微型电子计算机方面，可以得出，在2012年及以前，天津市微型电子计算机产量非常低，甚至不足一万台，远远低于北京市的一千多万台，由此可见，天津市在此之前几乎尚未涉及此行业。但是从2013年以后，天津市的微型电子计算机行业迅猛发展，产量猛增，并于2014年顺利赶超北京市，到了2015年，超过北京市100多万台，这对于原本在该行业没有任何优势的天津市来说，是巨大的进步。

③在集成电路方面，从整体来看，天津市与北京市在2011~2015年间，都基本趋于上升态势，但天津市在集成电路工业产量上与北京市相比仍较少，但是天津市已于2015年开始实施集成电路设计科技重大专项研究，目标是利用三年的时间即争取到2018年，将天津市的集成电路产业推向一个更高的发

展高度，把握科技创新机遇，促使该产业结构不断升级。

④在彩色电视机方面，可以看出，虽然天津市的彩色电视机产量连年高于北京市产量，但是相应产量增幅较之北京市来说较小，在 2011 年时，北京市的彩色电视机产量仅有 5 万台，远远低于天津市的 186.8 万台，但是到 2015 年，两者产量已不相上下，以北京市这样的增幅显示，极有可能赶超天津市。这一点可能是由于天津市主要聚焦于集成电路设计、汽车电子设计、微型电子计算机制造等高附加值产业。

2. 经营业绩

为了研究天津市的电子信息产业的经营业绩情况，本节利用历年《中国电子信息产业统计年鉴》相关数据，通过计算其相关财务指标并加以比较，从而较为科学地得出天津市的电子信息产业的经营业绩情况。本节主要计算两类指标来衡量天津市电子信息产业经营业绩：获利能力指标和发展能力指标。

（1）获利能力指标。

考虑到数据的可获得性，本节采用以下指标来衡量四大直辖市电子信息产业的获利能力，如表6-5所示。

表6-5 四大直辖市电子信息产业获利能力指标 单位:%

地区	年份	营业利润率	成本费用利润率	总资产报酬率	净资产收益率
北京	2010	3.37	3.46	4.30	8.96
	2011	4.20	4.26	4.37	8.56
	2012	2.73	2.76	3.19	5.32
	2013	4.18	4.27	4.49	7.72
	2014	4.28	4.41	4.61	7.90
	2015	3.37	3.41	3.18	5.62
天津	2010	3.27	3.39	5.70	11.37
	2011	4.81	5.02	9.96	22.38
	2012	5.02	5.26	11.34	23.35
	2013	5.26	5.51	12.53	25.56
	2014	5.32	5.60	11.44	21.88
	2015	5.90	6.26	11.04	20.47

续表

地区	年份	营业利润率	成本费用利润率	总资产报酬率	净资产收益率
上海	2010	2.75	2.83	5.00	13.25
	2011	2.36	2.41	4.72	11.63
	2012	1.82	1.85	3.78	7.79
	2013	2.06	2.09	3.75	8.09
	2014	3.21	3.28	5.80	11.65
	2015	2.47	2.51	3.90	8.02
重庆	2010	3.79	3.89	5.15	10.33
	2011	1.80	1.86	5.11	15.27
	2012	1.41	1.43	4.21	14.54
	2013	1.50	1.52	3.55	16.44
	2014	2.24	2.28	7.24	24.63
	2015	2.97	3.06	7.33	18.79

数据来源：历年《中国工业统计年鉴》。

①从营业利润率来看，天津市电子信息产业营业利润率明显高于北京、上海和重庆，并且其呈现出明显的上升态势，因此其整体盈利能力较强，说明了天津市现有电子信息产业基础良好，产业整体附加值较高，经营业绩遥遥领先（见图6-1）。

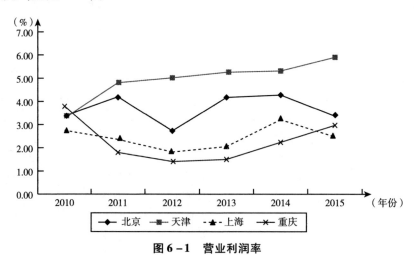

图6-1 营业利润率

②从总资产报酬率来看，从图6-2可以看出，四大直辖市中，天津市的

总资产报酬率明显高于其他三个直辖市，但是值得注意的是，2013~2015 年间，该指标有下降的趋势。

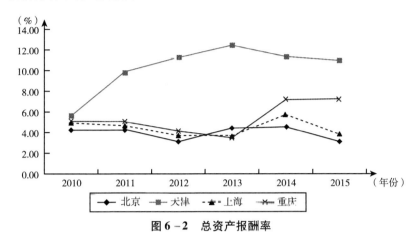

图 6-2　总资产报酬率

（2）发展能力指标。

本节通过选取三个指标来衡量发展能力：营业收入增长率、总资产增长率和营业利润增长率，从而得出天津市发展能力情况。依据《中国电子信息产业统计年鉴》计算得出如表 6-6 所示。

表 6-6　　　　　　　　　四大直辖市电子信息产业发展能力　　　　　　　　单位：%

地区	年份	主营业务收入增长率	利润增长率	总资产增长率
北京	2010	—	—	—
	2011	-10.04	12.11	7.49
	2012	6.68	-30.72	12.72
	2013	5.07	60.83	11.13
	2014	8.99	11.69	7.41
	2015	-7.02	-26.88	7.36
天津	2010	—	—	—
	2011	17.17	72.08	-3.31
	2012	25.51	31.05	17.10
	2013	21.73	27.56	15.38
	2014	-7.12	-6.10	4.93
	2015	-7.83	2.32	5.52

续表

地区	年份	主营业务收入增长率	利润增长率	总资产增长率
上海	2010	—	—	—
	2011	-1.76	-15.63	-4.52
	2012	-0.25	-23.08	10.76
	2013	-5.70	6.51	2.98
	2014	3.21	61.23	3.34
	2015	-0.82	-23.70	4.12
重庆	2010	—	—	—
	2011	237.02	59.89	54.84
	2012	67.90	31.70	49.38
	2013	48.03	57.51	79.74
	2014	28.40	91.34	-5.62
	2015	11.72	48.21	41.73

数据来源：历年《中国工业统计年鉴》。

由表6-6可知：①从主营业务收入增长率的角度分析，重庆市主营业务收入增长率近五年来呈现明显的下滑趋势，天津市该指标呈现波动趋势，整体呈下降态势，北京市呈波动趋势，上海市整体呈现较为小幅度的上升态势。②从利润增长率的角度分析，天津市整体上保持着较高的增长率，即使是在北京和上海均不景气的2015年，仍能保持2.32%的增长率（北京同期为-26.88%，上海为-23.70%），且近五年的年均增长率比北京和上海都高。但是，重庆市与天津市相比，虽然营业利润率不及后者，但其利润增长率远远高于前者，也就是说，天津市电子信息产业盈利能力较好，但是后期发展能力稍逊于重庆市。③从总资产增长率的角度分析，可以发现，天津市总资产增长率强于上海，与北京不相上下，但是仍不及重庆市。

总之，四大直辖市中，天津市目前盈利能力高于北京、上海和重庆，具有较高的产业附加值，但是这一优势正在被后起的重庆市所追赶。

6.2 电子信息产业投资现状

6.2.1 电子信息研发投资

1. 概念内涵

为了研究电子信息产业链对研发的投资情况，本节选取了试验与研究发展和新产品开发经费支出这两个指标。

①试验与研究发展（Reach and Development，R&D）是指为了发现未知的知识以及探索这些知识的应用而所进行的在科学技术领域的活动的总称，所以该指标可以很好地反映一国或一地区甚至一个企业的科学技术发展水平，是专家学者主要的监控指标。

②新产品开发经费支出是指企业为了适应市场变化而进行新产品研制所花费的费用，具体来说，其包括新产品的模型概念形成到新产品试验成功所花费的全部费用。

2. 投资总量

由于统计指标在 2007 年前后统计口径有所变化，在 2007 年以前所统计的是大中型工业企业的电子信息产业研发投入情况，而 2007 年及以后统计的是规模以上工业企业，统计口径变化较大，所以本节对指标进行处理，构造了人均 R&D 和人均新产品开发费用，用 R&D 人员全时当量来缩小统计口径偏差。本节选取了四个直辖市电子信息产业规模以上工业企业 R&D 内部支出数据与之比较，如表 6-7 所示。

表 6-7 　　　　　　　四大直辖市规模以上工业企业 R&D 内部支出 　　　　单位：亿元

年份	北京	天津	上海	重庆
2010	30.177	17.185	65.41	1.068
2011	45.221	18.947	54.05	0.916
2012	50.94	19.969	54.06	2.333

续表

年份	北京	天津	上海	重庆
2013	53.163	25.136	75.92	3.977
2014	54.36	27.194	82.82	5.187

数据来源：历年《中国工业统计年鉴》。

如表 6-7 所示，天津市电子信息产业规模以上工业企业 R&D 内部支出虽然远高于重庆，但是相较于北京和上海来说，相差非常大，并且增长速度较慢，由此说明天津市相较于北京和上海而言，研发投入不足。因此，需进一步加大对电子信息产业的研发投入。

6.2.2　电子信息制造业投资

1. 概念内涵

电子信息制造业是指电子信息产品也即电子元器件、集成电路、通信设备和视听设备等产品的制造组合，由国家统计标准显示，这一概念与制造业细分产业 C40 相当符合，但也有个别细分行业散落在 C41 等，考虑到数据的可识别性和可分离性，现取 C40 也即通信设备、计算机及其他电子设备制造业来代替整个电子信息产业的制造业。C40 具体细分行业如表 6-8 所示。

表 6-8　　　　　　　　　　C40 具体细分行业

40	通信设备、计算机及其他电子设备制造业	详细分类
401	通信设备制造	包括通信传输设备制造，终端设备制造，移动通信及终端设备制造
402	雷达及配套设备制造	
403	广播电视设备制造	包括广播电视节目制作及发射设备制造等
404	电子计算机制造	包括电子计算机整机制造，计算机网络设备制造
405	电子器件制造	包括电子真空器件制造，集成电路制造等
406	电子元件制造	包括电子元件及组件制造
407	家用视听设备制造	包括家用影视设备制造
409	其他电子设备制造	

数据来源：历年《中国工业统计年鉴》。

2. 投资总量

为了衡量京津电子信息产业制造业固定资产投资的相对大小，本节另外选取了四个直辖市的数据进行比较，考虑到数据的可对比性，在此运用电子信息产业制造业的计划总投资数据（如表 6 - 9 所示）。从绝对量上来看，如表 6 - 9 所示，天津市、北京市和上海市电子信息产业制造业固定资产投资虽然呈现上下波动情况，但都大致呈现下降趋势，与之相反，重庆市基本呈直线上涨态势，且各年数值均远高于天津、北京、上海。

表 6 - 9	电子信息产业制造业固定资产投资额		单位：亿元
年份	北京	上海	天津	重庆
2011	661. 1	710. 8	870. 9	649. 9
2012	595. 8	764. 5	418. 7	1149. 5
2013	725. 0	794. 7	423. 3	1568. 8
2014	646. 8	563. 2	346. 9	1784. 8
2015	441. 38	525. 16	429. 39	1696. 18

数据来源：历年《中国工业统计年鉴》。

6.2.3 电子信息服务业投资

1. 概念内涵

电子信息产业的服务业涉及很多部门，考虑到数据的可识别性和可获得性，本节采用信息传输、计算机服务和软件业作为电子信息产业的服务业，并用该行业的固定资产投资来衡量电子信息服务业的投资情况，虽然数据不具有全面性，不能完全体现其投资情况，但是却能够很好地反映该指标的变化和波动趋势。

2. 投资总量

为了衡量京津电子信息服务业投资的相对大小，本节选取了其余两个直辖市的数据与之比较。

表6-10是四个直辖市的信息传输计算机服务和软件业固定资产投资数据的绝对量,从图6-3中分析可得:北京市和天津市在2006～2014年间,该数据呈现较为明显的上升趋势,说明了北京市和天津市对于电子信息产业链的服务业投资较为注重,比较重视向高附加值行业的投向。虽然从整体上来看,天津市的绝对量不及北京市,但是由图6-3可知,天津市的投资增速总的来说是高于北京市的,按照这样的趋势下去,有望超过后者。而上海市和重庆市该数据基本平稳在一个水平区间内。

表6-10　　　　　信息传输计算机服务和软件业固定资产投资状况

地区	年份	数值(亿元)	增速(%)	占全社会固定资产投资比重(%)	地区	年份	数值(亿元)	增速(%)	占全社会固定资产投资比重(%)
北京市	2008	103.02	5.23	2.70	天津市	2008	55.42	55.11	1.63
	2009	140.01	35.91	3.03		2009	51.32	-7.40	1.08
	2010	143.30	2.35	2.65		2010	47.70	-7.05	0.76
	2011	112.93	-21.19	2.02		2011	70.29	47.36	0.99
	2012	161.96	43.42	2.65		2012	75.27	7.08	0.95
	2013	191.43	18.20	2.80		2013	70.76	-5.99	0.78
	2014	178.03	-7.00	2.57		2014	126.43	78.67	1.20
	2015	240.02	34.82	3.20		2015	140.19	10.88	1.18
上海市	2008	113.69	2.15	2.36	重庆市	2008	57.55	35.70	1.45
	2009	125.77	10.63	2.49		2009	53.33	-7.33	1.02
	2010	116.60	-7.29	2.28		2010	76.7	43.82	1.15
	2011	82.19	-29.51	1.66		2011	47.78	-37.71	0.64
	2012	121.34	47.63	2.37		2012	80.38	68.23	0.92
	2013	112.43	-7.34	1.99		2013	87	8.24	0.83
	2014	110.03	-2.13	1.83		2014	57.84	-33.52	0.47
	2015	127.27	15.67	2.00		2015	82.43	42.51	0.57

数据来源:历年《中国工业统计年鉴》。

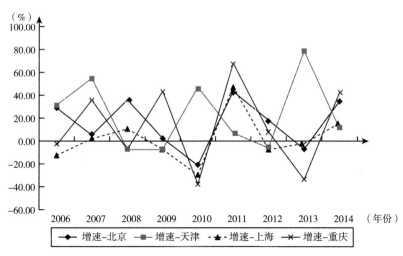

图 6-3 信息传输计算机服务和软件业固定资产投资变化

6.3 模型与数据

6.3.1 概念界定

产业链是产业间的逻辑链条，从始至终充斥着巨大的信息流、资金流和产品流。产业链上的每一环节都在一定程度上制约或促进着产业链的发展，所以对产业链的研究是一个系统工程，既要考虑整体也要重视局部。产业链投资就是在这一产业系统中，充分发挥投资、系统与联动的作用，运用各种投资手段投资于某一产业链的不同环节，以形成推动或者拉动整条产业链的发展或者产生旁侧效应，壮大产业链条。

当投资研发投入不足致使产业缺乏技术创新，现有技术难以推动产业链的发展时，通常会进一步导致产业链条整体附加值不高、产业后续发展不足和缺乏增长动力等问题，并且产业链条表现为"短、窄、小"。此时，就需要对产业链薄弱环节加大 R&D 投入，补齐短板，增强发展动力，促进产业链升级。研发经费投入问题的具体症结可能是基础研发不足、应用研发投入不足或者制造工艺流程有待提高，因此找准病灶成功打通产业链脉络是产业链投资的重要目标。产业链投资的上、中、下游三个环节和不同环节上的不同投资如图 6-4 所示。

图 6 - 4　产业链投资概念

　　为了便于获取数据，在上游投资中，本节将以人均 R&D、人均新产品开发费用两个指标来代替，在中游投资中，用通信设备计算机及其他电子设备制造业固定资产投资来代替，在下游投资中用信息传输计算机服务和软件业固定资产投资来代替。

6.3.2　建立模型

　　为了定量衡量产业链投资与区域产业结构变动的关系，依据已经界定的产业链投资的概念，建立以下时间序列模型：

$$Y = C + \beta_0 x_1 + \beta_1 x_2 + \beta_2 x_3 + \beta_3 x_4 + E$$

其中，Y 代表产业结构合理化系数，x_1、x_2、x_3 和 x_4 分别代表的是人均 R&D、人均新产品开发费用、通信设备计算机及其他电子设备制造业固定资产投资和信息传输计算机服务和软件业固定资产投资，$\beta_i(i = 0, 1, 2, 3)$ 是对解释变量回归系数的估计，而 E 代表模型估计的残差。

　　数据依据本节所构建的电子信息产业链投资概念，结合四大直辖市科技统计年鉴、中国统计年鉴等公开数据，通过计算并整理得出。

6.4　协整分析

6.4.1　平稳性检验

　　对于时间序列数据，需要先行检验其平稳性。检验发现 Y 为非平稳数列，做一阶差分（有截距项无趋势项）后结果如下，即在5%的显著性水平下，Y 做一阶差分后为平稳数据。同理对 x_1、x_2、x_3 和 x_4 做单位根检验，其结果汇总如表6-11所示。

表6-11 单位根检验结果

变量	平稳性	结果		
		指标	t-Statistic	Prob. *
Y	一阶单整	ADF test statistic	-3.327666	0.0421
		1% level	-4.297073	
		5% level	-3.212696	
		10% level	-2.747676	
x_1	一阶单整	指标	t-Statistic	Prob. *
		ADF test statistic	-3.421295	0.0340
		1% level	-4.200056	
		5% level	-3.175352	
		10% level	-2.728985	
x_2	一阶单整	指标	t-Statistic	Prob. *
		ADF test statistic	-4.150560	0.0007
		1% level	-2.792154	
		5% level	-1.977738	
		10% level	-1.602074	
x_3	二阶单整	指标	t-Statistic	Prob. *
		ADF test statistic	-15.62762	0.0000
		1% level	-4.297073	
		5% level	-3.212696	
		10% level	-2.747676	
x_4	一阶单整	指标	t-Statistic	Prob. *
		ADF test statistic	-4.427339	0.0295
		1% level	-5.295384	
		5% level	-4.008157	
		10% level	-3.460791	

数据来源：历年《中国工业统计年鉴》。

6.4.2 协整检验

单位根检验表明，上述变量均为非平稳数据，但这些变量之间是否存在某种长期稳定关系还有待检验，也即需要验证这些变量的协整性。而协整检验的前提是所有变量必须为同阶单整，故此本节先将 x_3 进行一次差分，得到的数据记作 $\mathrm{XF}x_3$（制造业固定资产比上年增加值），这样所有变量均为一阶单整，然后运用单一方程的 EG 两步法进行协整检验。

第一步：查协整检验临界值表。

由于所含变量个数为 5，所以不能参考简单 EG 两步法所给的临界值，需要参考麦金龙临界值表（见表 6 - 12）。

表 6 - 12　　　　　　　　　麦金龙临界值

变量个数	模型形式	显著性水平	临界值			
5	常数项	0.01	- 4.9587	- 22.140	- 37.29	- 10.8783
	无趋势项	0.05	- 4.4185	- 13.641	- 21.16	- 7.9931
		0.10	- 4.1327	- 10.638	- 5.48	- 6.4795
5	常数项	0.01	- 5.2497	- 26.606	- 49.56	- 12.5533
	趋势项	0.05	- 4.7154	- 17.432	- 16.50	- 8.8618
		0.10	- 4.4345	- 13.654	- 5.77	- 7.3961

数据来源：历年《中国工业统计年鉴》。

第二步：建立模型并进行回归。

$$Y = C + \beta_0 x_1 + \beta_1 x_2 + \beta_2 x_3 + \beta_3 x_4 + E$$

第三步：得到残差并对照麦金龙临界值表进行单位根检验。

第四步：替换被解释变量，返回到第二步，直到得出结论。

现在进行多变量的 EG 协整检验，由表 6 - 13 可知，结果如下，发现以 $\mathrm{XF}x_3$ 或 x_4 为被解释变量都存在协整情况，即这些数据是协整的，可以接着做误差修正模型。

表6－13 协整检验结果

Dependent	tau-statistic	Prob. *	z-statistic	Prob. *
Y	－3.281277	0.5504	－11.34205	0.5296
x_1	－2.624232	0.7941	－8.836818	0.8200
x_2	－3.221850	0.5726	－10.17388	0.6683
XFx_3	－10.14241	0.0006	－21.16886	1.0000
x_4	－2.057309	0.9350	－66.20319	0.0000

数据来源：历年《中国工业统计年鉴》。

6.5　误差修正模型

6.5.1　格兰杰因果检验

格兰杰因果检验是由格兰杰（1969）提出来的，用于检验时间序列变量之间是否存在时间继起的因果关系。格兰杰因果检验的使用前提是数据是平稳的，在前面的章节已经检验了数据是协整的，现在可以运用上述数据的差分平稳数据进行格兰杰因果检验，其结果汇总如表6－14所示。

表6－14 格兰杰因果检验汇总

变量	原假设	Lags	F统计量	（P值）
DX 与 DY	Dx_1 does not Granger Cause DY	1	0.01613	0.9021
	DY does not Granger Cause Dx_1		6.51492	0.0340
DX 与 DY	Dx_4 does not Granger Cause DY	3	12.1407	0.0771
	DY does not Granger Cause Dx_4		0.20460	0.8862
E 与 DY	E does not Granger Cause DY	1	6.01778	0.0397
	DY does not Granger Cause E		3.91926	0.0831

数据来源：历年《中国工业统计年鉴》。

结果表明 DY 与 Dx_1、DY 与 Dx_4、DY 与 E 在不同的滞后阶数下存在格兰杰因果关系。

6.5.2 建立误差修正模型

格兰杰因果检验表明变量之间存在因果关系,所以接下来建立模型进行计量分析,在此需要做误差修正模型。也就是说,若变量之间存在协整关系,也即存在长期的稳定关系,在进行多元线性回归时,其残差是平稳的,不会出现随时间的递延而线性波动的效果,建立误差修正模型分为以下两步。

第一步:建立长期关系模型。

由于 Y、x_1、x_2、x_3、x_4 之间存在长期稳定关系,现直接运用 OLS 进行回归,如表 6 – 15 所示。

表 6 – 15 长期关系模型

Dependent	Variable	Coefficient	Std. Error	t-Statistic	Prob.
Y	x_1	– 0. 000134	0. 000157	– 0. 850538	0. 4198
	x_2	– 0. 000217	0. 000412	– 0. 526366	0. 6129
	x_3	– 0. 000504	0. 000198	– 2. 542824	0. 0346
	x_4	0. 000700	0. 000501	1. 396672	0. 2000
	C	2. 103688	0. 015264	137. 8184	0. 0000
模型检验	R-squared	0. 725782			
	Durbin-Watsonstat	1. 869251			
	F-statistic	5. 293456			
	Prob (F-statistic)	0. 022070			

数据来源:历年《中国工业统计年鉴》。

第二步:建立短期误差修正方程。

在上述长期模型回归得到残差后,在 Eviews 命令窗口令:E = resid,$Dx_1 = x_1 - x_1(-1)$,$Dx_2 = x_2 - x_2(-1)$,$Dx_3 = XFx_3 - XFx_3(-1)$,$Dx_4 = x_4 - x_4(-1)$。

然后进行回归,得到以下结果,如表 6 – 16 所示。

表 6 - 16 误差修正模型（1）

Dependent	Variable	Coefficient	Std. Error	t-Statistic	Prob.
DY	Dx_1	-0.000304	8.76E-05	-3.471545	0.0178
	Dx_2	-0.000190	0.000280	-0.677521	0.5282
	Dx_3	-0.000191	7.85E-05	-2.428497	0.0595
	Dx_4	0.000791	0.000284	2.779289	0.0389
	E（-1）	1.255666	0.300649	4.176516	0.0087
	C	-0.013981	0.005393	-2.592480	0.0487
模型检验	R-squared	0.862790			
	Durbin-Watsonstat	1.218411			
	F-statistic	6.288103			
	Prob（F-statistic）	0.032467			

数据来源：历年《中国工业统计年鉴》。

发现 Dx_2 指标 P 值通不过，剔除该指标后重新回归，如表 6 - 17 所示。

表 6 - 17 误差修正模型（2）

Dependent	Variable	Coefficient	Std. Error	t-Statistic	Prob.
DY	Dx_1	-0.000292	8.19E-05	-3.569523	0.0118
	Dx_3	-0.000182	7.38E-05	-2.460279	0.0491
	Dx_4	0.000796	0.000271	2.935367	0.0261
	E（-1）	1.217579	0.281718	4.321977	0.0050
	C	-0.014508	0.005090	-2.850109	0.0292
模型检验	R-squared	0.850193			
	Durbin-Watsonstat	1.310596			
	F-statistic	8.512901			
	Prob（F-statistic）	0.011937			

数据来源：历年《中国工业统计年鉴》。

6.6 脉冲分析与方差分解

6.6.1 脉冲分析

在误差修正模型之后，本节探寻解释变量的一个标准差的变化能够给被解释变量所带来的冲击以及何时达到最大，即脉冲分析。图 6 - 5 分别为 Y 对 x_1、XFx_3 和 x_4 的脉冲响应图形。

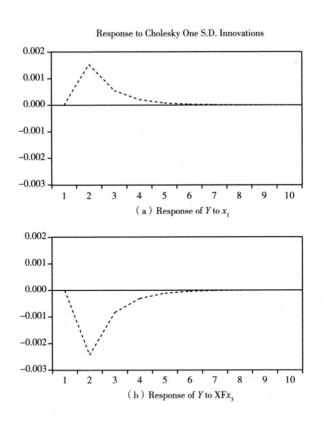

Response to Cholesky One S.D. Innovations

（a）Response of Y to x_1

（b）Response of Y to XFx_3

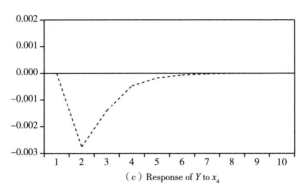

（c）Response of Y to x_4

图 6 - 5 脉冲分析结果

结合表 6 - 18 可知：①当给予人均研发收入一个单位正冲击后，产业结构偏度会先增大，在第二期达到最大的 0.001537 的变化，然后逐渐降低，直到第五期重新回到稳定状态。②如果给制造业固定资产投资额增加值一个单位的正冲击（也就是增加固定资产的投资），则产业结构偏度所受的冲击会先降低到第二期的最低值 0.002427，然后逐渐稳定。③如果给信息传输计算机服务和软件业固定资产投资一个单位正的冲击后，产业结构偏度会有所降低，在第二期达到最大的 0.002760 后，逐渐回到稳定状态。

表 6 - 18 　　　　　　　　　　　　**脉冲分析结果**

Period	Y	x_1	XFx_3	x_4
1	0.032328	0.000000	0.000000	0.000000
2	0.004808	0.001537	- 0.002427	- 0.002760
3	0.001994	0.000544	- 0.000834	- 0.001406
4	0.000743	0.000207	- 0.000309	- 0.000474
5	0.000282	7.90E - 05	- 0.000112	- 0.000180
6	0.000106	2.97E - 05	- 4.31E - 05	- 6.74E - 05
7	3.98E - 05	1.11E - 05	- 1.61E - 05	- 2.54E - 05
8	1.50E - 05	4.19E - 06	- 6.07E - 06	- 9.54E - 06
9	5.63E - 06	1.58E - 06	- 2.28E - 06	- 3.59E - 06
10	2.12E - 06	5.93E - 07	- 8.58E - 07	- 1.35E - 06

数据来源：历年《中国工业统计年鉴》。

6.6.2 方差分解

方差分解结果如图 6-6 所示。

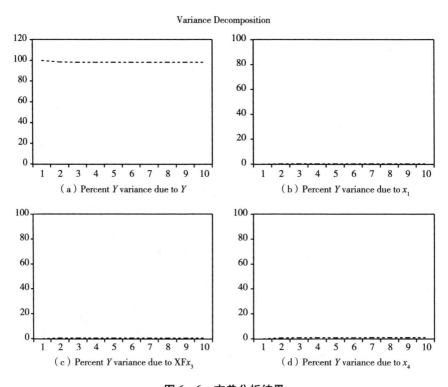

图 6-6 方差分析结果

由由 6-19 可知，x_1、XFx_3 和 x_4 对标准差数的方差贡献度很低，且均在第八期趋于稳定，结果显示经济意义并不显著，还存在其他贡献率较高的变量，这可能与所选课题本身有关：一个经济系统有很多产业与产业链，系统中每一行业的每一投资手段都会带来经济系统中产业结构和就业结构的变动，从而导致产业结构偏度的改变，也就是说本节由于研究视角的缘由所选的解释变量是众多解释变量的很小一部分，这也正是误差修正模型中回归系数过小和方差分析中变量贡献度很小的原因。

表 6 – 19		方差分析结果			
Period	S. E.	Y	x_1	XFx_3	x_4
1	0.032328	100.0000	0.000000	0.000000	0.000000
2	0.032926	98.53592	0.218003	0.543375	0.702700
3	0.033031	98.27315	0.243754	0.603644	0.879451
4	0.033045	98.24133	0.247486	0.611890	0.899298
5	0.033047	98.23685	0.248028	0.612976	0.902142
6	0.033047	98.23622	0.248105	0.613135	0.902542
7	0.033047	98.23613	0.248115	0.613158	0.902599
8	0.033047	98.23612	0.248117	0.613161	0.902607
9	0.033047	98.23611	0.248117	0.613161	0.902608
10	0.033047	98.23611	0.248117	0.613161	0.902609

数据来源：历年《中国工业统计年鉴》。

6.7　实 证 结 论

完成京津电子信息产业链投资和天津市产业结构关系的实证分析后，可以得出以下计量模型和结论。

长期模型：

$$Y = -0.000133938612989x_1 - 0.000216717889442x_2 - 0.000503559011867x_3$$
$$+ 0.000699657431293x_4 + 2.10368776125$$

短期模型：

$$DY = -0.000292387791901Dx_1 - 0.000181554672974Dx_3 + 0.000796236395253Dx_4$$
$$+ 1.21757875887E(-1) - 0.0145083633585$$
$$R^2 = 0.850193 \qquad DW = 1.310596$$

从回归结果来看，京津的产业结构合理化程度在长期内与电子信息产业的相关投资有关联，但是关系表现不显著，在 Eviews 中表现为 P 值不明显，经过建立误差修正模型，能够较好地拟合，发现京津两市产业结构合理化程度与其电子信息产业的当期投资有关，表现为技术研发投资和制造业固定资产投资都能够使初级产业结构的合理化程度提高，且研发投资的促进效用更大。也与上期偏差有关，系数 –1.217578 就是对上期残差的修正。

从脉冲响应和方差分解来看，人均研发投入、通信设备计算机及其他电子设备制造业固定资产投资和信息传输计算机服务和软件业固定资产投资均会对产业结构偏度产生影响，但是影响较小。这可能与所选课题本身有关：一个经济系统有很多产业与产业链，系统中每一行业的每一投资手段都会带来经济系统中产业结构和就业结构的变动，从而导致产业结构偏度的改变，也就是说本节由于研究视角的缘由所选的解释变量是众多解释变量的很小一部分，这也正是误差修正模型中回归系数过小和方差分析中变量贡献度很小的原因。

第 7 章

京津冀城市群产业优化与城市
进化实证研究

　　高斯－马尔科夫（Gauss-Markov）定理是经典的计量经济学的假设基础。但是，城市群的产生和发育的过程意味着经典的计量经济假设，如样本相互独立等被打破。而一般数据的空间依赖性并不能随着将与空间相关的数据代入经典的计量经济模型而消失。因此，对于城市群产业优化与城市进化的研究，所涉及的存在"空间"属性的数据，必须采用适当的空间计量方法。一言以蔽之，即适当地改造经典的计量经济模型，使之与存在"空间"属性的数据相契合，便显得尤为重要。

　　1974 年，著名学者巴耶林克（J. Paelinck）在荷兰统计协会年会致词时最早提出了空间经济计量学（spatial econometrics）一词，随后克里夫（Cliff, 1972）和奥德（Ord, 1981）对空间回归模型进行了延伸性的发展，使模型、参数估计和检验技术更加系统化，使综合空间因素在经济计量学建模中发挥更大的作用。安瑟琳（Anselin, 1988）在经典著作——《空间经济计量学：方法与模型》中系统研究了空间经济计量学，有力地推动了空间经济计量学的深入发展，包括克里夫和奥德在内的两本著作现今仍被广泛引用。如今，在空间统计与空间经济计量学研究中，最基本且最成熟的领域便是探索性空间数据分析（exploratory spatial data analysis）。随着地理信息系统（GIS）技术的发展和大型空间数据库建立成本的降低，近几年来在国外空间经济计量学得到了迅速发展。基于计算机技术的进步以及对空间数据和空间经济计量学的各种软件的应用，空间数据能够被有效存储、快速回复和交互可视化，空间计量分析也更加便捷有效。安瑟琳先后开发的 SpaceStat、GeoDa 空间分析软件，ArcView、ArcGIS 的广泛应用，在 SAS、S-PLUS 和 STATA 等统计软件中，也出现了用于空间统计分析的程序与模块。

7.1 空间效应与空间计量估计

7.1.1 空间效应的识别和估计方法

一般情况下，被忽视的空间效果来源如下。

（1）空间依赖性。根据地理学第一定律，事物之间的空间距离高度相关，相关事物之间的距离越近。也就是说，城市群城市间存在一定空间交互效应，主要包括空间依赖性和空间自相关两方面。就数据而言，一般情况下，空间距离越近的城市数据关联程度越高。因此，必须充分认识到城市群数据的空间依赖性和空间异质性，而空间误差模型与空间滞后模型是研究这一问题的有力工具。

（2）空间差异性。城市群空间一般是非均质的，这有可能导致城市群增长的俱乐部趋同或相互依赖。经典的计量经济模型可以解决空间差异问题，但不能解决空间差异与空间相关并存的情况。研究空间异质性的可靠模型是空间变系数的地理加权回归模型。

空间的效果，在模拟研究中，考虑到空间依赖性，需要引入模型中的空间效应，适合使用空间计量经济学模型来估计。即，首先需要判定空间相关性，如果不存在空间效应，则可以采用一般的计量经济模型；如果存在空间效应，则需要在模型中植入空间效应，并对其进行估计。

（一）全域空间自相关性检验与分析

空间统计和空间计量经济学的方法中，常用莫兰指数［*Moran's I*（Moran，1950）］、吉尔利指数（*Geary's C*）和盖蒂斯指数［*Getis* 指数（Ord and Getis，1995）］检验空间相关。从功用上可将其分为全域空间自相关和局域空间自相关，*Moran's I* 和 *Geary's C* 在研究中应用最为广泛，尤其是 *Moran's I* 方法。Geary's C 指数则适用于局域空间关联分析，Moran's I 主要是针对全域空间相关性分析。

本节所用的方法为 Moran's I，计算公式为：

$$Moran's\ I = \frac{\sum_{i=1}^{n}\sum_{j=1}^{n}W_{ij}(Y_i - \bar{Y})(Y_j - \bar{Y})}{S^2\sum_{i=1}^{n}\sum_{j=1}^{n}W_{ij}} \qquad (7-1)$$

其中，$S^2 = \frac{1}{n}\sum_{i=1}^{n}(Y_i - \bar{Y})$，$\bar{Y} = \frac{1}{n}\sum_{i=1}^{n}Y_i$

Y_i 为城市群城市数量；W_{ij} 代表二进制的邻近空间权值矩阵：

$$W_{ij} = \begin{cases} 1 & \text{当区域 } i \text{ 和区域 } j \text{ 相邻} \\ 0 & \text{当区域 } i \text{ 和区域 } j \text{ 不相邻} \end{cases} \qquad (7-2)$$

其中，Moran's I 的取值范围为 $-1 \leqslant Moran's\ I \leqslant 1$。依赖空间的角度来看，在整场演出的正相关关系的空间格局，在空间区域的数据是相似的，但在整场演出的负相关关系，目标区域数据空间邻近物也不相似；类似的显著值将为零，空间自相关时，区域数据和属性值的分布是相互独立的。散布图之间的关系可以被用来绘制空间相关系数，并分别确定每个区域及其相邻区域，每个区域的散点图的空间自相关模型分为四个象限。

Moran's I 散点图的第一象限，表示经济发展速度较快的区域将某一经济发展速度快的区域环绕；第二象限表示经济发展速度较快的区域将经济发展速度较慢区域环绕；第三象限表示经济发展速度较慢的区域将某一经济增长较慢的区域环绕；第四象限表示经济发展水平较慢的区域将某一经济增长较快的区域环绕。主要情况为：地区之间不存在空间的自相关性（观测值平均分布于四个象限）；正空间自相关（观测值落在第一、三象限）；负空间自相关（观测值落在第二、四象限）。检验 Moran's I 指数可以采用随机分布和渐进正态分布这两种假设，其标准化形式为：

$$Z(d) = \frac{Moran's\ I - E(Moran's\ I)}{\sqrt{VAR(Moran's\ I)}} \qquad (7-3)$$

计算标准化 Moran's I 的期望值：

$$En(Moran's\ I) = -\frac{1}{n-1} \qquad (7-4)$$

如果式 7-4 成立，表明观测值为空间随机分布，方差计算公式为：

正态分布：

$$VAR_n(Moran's\ I) = \frac{n^2 w_1 + n w_2 + 3W_0^2}{w^2(n^2-1)} - E_n^2(Moran's\ I) \qquad (7-5)$$

随机分布：

$$VAR_n(Moran's\ I) = \frac{n\left[(n^2-3n+3)w_1 - nw_2 + 3w_0^2\right] - k_2\left[(n^2-n)w_1 - 2nw_2 + 6w_0^2\right]}{w^2(n^2-1)} - E_n^2(Moran's\ I)$$

$$(7-6)$$

其中，$w_0 = \sum_{i=1}^{n}\sum_{j=1}^{n} w_{ij}$，$w_1 = \frac{1}{2}\sum_{i=1}^{n}\sum_{j=1}^{n}(w_{ij}+w_{ji})^2$，$w_2 = \sum_{i=1}^{n}(w_i+w_j)^2$，

$k_2 = \dfrac{n(x_i-\bar{x})^4}{\left[\sum_{i=1}^{n}(x_i-\bar{x})^2\right]^2}$，$w_i$、$w_j$ 为空间权值矩阵中 i 行、j 列之和。

式 7-4 用来检验 n 个区域空间自相关的存在性。区域空间分布的正相关关系判断依据为在 $Moran's\ I$ 的正态统计量的 Z 值大于正态分布函数，在 1%（0.01）水平下的临界值为 1.96、在 5% 水平下的临界值为 1.65。

（二）空间关联局域指标 LISA 分析

由于局部空间分配可能会成为典型的全球性指标，尤其是在大样本数据，全球空间明显，采样数据子集的相关条件可能会隐瞒完全随机，空间之间的关系存在本地趋势反转的现象，所以有必要来分析地方特色的空间相关性，使用 LISA 分析。

安瑟琳（Anselin，2003）进行了空间数据分析和本地索引的空间相关性分析。所有的空间单元 LISA 和全球空间相关指数对应的比例，和局部 Moran's I，本地吉瑞指数为 LISA 空间主要内容的相关性分析。

1. 局域 *Moran's I* 指数

区域空间单元的局域莫兰指数的计算公式为：

$$Moran's\ I_i = Z_i \sum_{j=1}^{n} W_{ij} Z_j \qquad (7-7)$$

其中，x_i 为区域单元 i 的观测值，$Z_i = x_i - \bar{x}$ 与 $Z_j = x_j - \bar{x}$ 是观测值和均值之间的差值，W_{ij} 代表行标准化的空间权值矩阵，设 $W_{ij} = 0$，$Moran's\ I$ 为 Z_i 与 i 加权平均的乘积。

局部 $Moran's\ I$ 指数也可以定义为：

$$Moran's\ I_i = \frac{Z_i}{m} \sum_{j=1}^{n} W_{ij} z_j \qquad (7-8)$$

其中，m 是常数，$Moran's\ I_i$ 小于零则说明非相似值的空间集聚。$Moran's\ I_i$ 大于零则说明相似值的空间集聚。

$$Z(Moran's\ I_i) = \frac{Moran's\ I_i - E(Moran's\ I_i)}{\sqrt{VAR(Moran's\ I_i)}} \qquad (7-9)$$

按照式（7-9），可以对局域空间关联进行显著性检验。

2. 局域 G 指数

奥德和盖蒂斯（$Ord\ and\ Getis$，1995）提出了分析空间局域相关性的统计指数 G，从而研究空间数据的局域空间关联模式，其计算式为：

$$G_{it}(d) = \frac{\sum_{j=1}^{n} W_{ij}(d)\, x_{jt}}{\sum_{j=1}^{n} x_{jt}} \qquad (7-10)$$

$$E(G_i) = \frac{W_i}{n-1} \qquad (7-11)$$

$$VAR(G_i) = \frac{w_i(n-1-w_i)}{(n-1)^2(n-2)} \cdot \frac{\acute{x}_{j2}^2}{\acute{x}_{j1}^2} \qquad (7-12)$$

其中，W_{ij} 是空间权值矩阵，x_j 是位置 j 的观测值，n 是观测值个数，$w_i = \sum_{j=1}^{n} W_{ij}$，$\acute{x}_{j1} = \sum_{j=1}^{n} x_j^2$，$\acute{x}_{j2} = \sum_{j=1}^{n} \frac{x_j^2}{n-1} - \acute{x}_{i1}^2$。

当 $i \neq j$，奥德和盖蒂斯定义的 $G_{it}(d)$ 的标准式为：

$$Z[G_{it}(d)] = \frac{G_{it}(d) - E[G_{it}(d)]}{\sqrt{VAR[G_{it}(d)]}} \qquad (7-13)$$

式 7-13 用于检验 n 个区域是否存在局域空间自相关关系。$Z[G_{it}(d)]$

空间相关指数可用来检验空间集聚与扩散。当 $Z[G_{it}(d)]$ 小于零时，即区域 i 被少量的观测值所包围；当 $Z[G_{it}(d)]$ 大于零时，即区域 i 被大量的观测值包围。

7.1.2　空间计量经济模型及估计方法

城市群的协调发展通过检验城市群城市间交互作用的生产函数，来考察产业优化与城市进化这一命题。一是纳入空间效应的空间回归模型，包括常系数的空间滞后模型（SLM）与空间误差模型（SEM）；二是变系数的地理加权回归模型（GWR）。

（一）空间常系数回归模型及估计

1. 常系数的空间滞后模型（SLM）
此模型用于分析每个变量的扩散现象的区域存在，公式为：

$$y = \rho W y + X\beta + \varepsilon \tag{7-14}$$

其中，y 是因变量，X 为 $n \times k$ 的外生解释变量矩阵；ρ 为空间回归系数，这反映了空间依赖性，即相邻区域观测值的方向和影响程度的区域；W 为 $n \times k$ 阶的空间权值矩阵，常用临近矩阵与距离矩阵来表示；Wy 为空间滞后因变量（内生变量），反映空间距离对区域行为的作用；ε 为随机误差项向量。参数 β 表示 X 对 Y 的影响，SLM 由于与时间序列中自回归模型相类似而也被称作空间自回归模型。

2. 空间误差模型（SEM）
此模型的计算公式为：

$$y = X\beta + \varepsilon$$
$$\varepsilon = \lambda w_{\varepsilon} + \mu \tag{7-15}$$

其中，ε 表示随机误差项向量，λ 表示 $n \times 1$ 阶的截面因变量向量的空间误差系数，μ 表示正态分布的随机误差向量。SEM 中参数 β 反映 X 对 Y 的影响。λ 参数表示相邻地区的观察值 Y 对本地区观察值 Y 的影响方向和程度，它反映了样本观察值中的空间依赖作用，表示邻近地区关于 Y 的误差冲击对本地区观察值的影响程度。

3. SLM 模型的估计过程

①采用 OLS 方法对 $y = \beta_0 X + \varepsilon_0$ 进行估计；

②采用 OLS 方法对 $W_y = \beta_L X + \varepsilon_L$ 进行估计；

③计算上述两个 OLS 估计的残差 $e_0 = y - \hat{\beta}_0 X$ 和 $e_L = W_y - \hat{\beta}_L X$；

④由 e_0 和 e_L 值，通过极大化集中对数似然函数得到 L_c 的参数 ρ 的估计值 $\hat{\rho}$：

$$L_c = -(n/2)\ln\left[\left(\frac{1}{n}\right)(e_0 - \hat{\rho}e_L)'(e_0 - \hat{\rho}e_L)' + \ln|I - \hat{\rho}W|\right]$$

⑤由 $\hat{\rho}$ 值计算其余参数估计值：$\beta = (\beta_0 - \hat{\rho}\beta_L)$，$\hat{\sigma}_\varepsilon^2 = \left(\frac{1}{n}\right)(e_0 - \hat{\rho}e_L)'(e_0 - \hat{\rho}e_L)$，极大对数似然函数为：

$$\text{Log}L = -\left(\frac{N}{2}\right)\ln(2\pi) - \left(\frac{n}{2}\right)\ln\hat{\sigma}_\varepsilon^2 + \ln|1 - \hat{\rho}W|$$

$$-\left(\frac{1}{2\hat{\sigma}_\varepsilon^2}\right)(y - \hat{\rho}W_y - \beta X)'(y - \hat{\rho}W_y - \beta X)$$

如果 SLM 模型设定不存在错误，那么，在不断继续地抽样中，OLS 会受到解释变量产生有偏且不一致的情况。

则进一步的估计过程为：

①采用 OLS 对模型 $y = \beta_0 X + \mu$ 估计得到 β 的无偏估计值 $\hat{\beta}$；

②OLS 估计残值的计算和获取：$e_0 = y - \hat{\beta}X$；

③根据 e 值，通过对数极大似然函数 L_c 得到参数 λ 的估计值 $\hat{\lambda}$：

$$L_c = -(n/2)\ln\left[\left(\frac{1}{n}\right)(e - \hat{\lambda}W_e)'(e - \hat{\lambda}w_e)' + \ln|I - \hat{\rho}W|\right];$$

④由 $\hat{\lambda}$ 计算其他参数的估计值，$\hat{\sigma}_\varepsilon^2 = \left(\frac{1}{n}\right)(e_0 - \hat{\lambda}W_e)'(e_0 - \hat{\lambda}eW_c)$，极大对数似然函数：$\text{Log}\,L_c = -\left(\frac{N}{2}\right)\ln(2\pi) - \left(\frac{N}{2}\right)\ln\hat{\lambda}_\varepsilon^2 + \ln|1 - \hat{\lambda}W| -$

$\left(\dfrac{1}{2}\dfrac{1}{\hat{\lambda}\hat{\sigma}_{\varepsilon}^{2}}\right)e'(1-\hat{\lambda}W)'(1-\hat{\lambda}W)e$。如果 *SEM* 模型设定不存在错误，则 OLS 估计将导致误差项空间依赖的无偏。

4. 空间自相关检验以及 SLM、SEM 的选择

一般情况下，两个拉格朗日乘数形式、*Moran's I* 检验等常常被用来分析 SLM、SEM 模型优劣程度：若 *R-LMLAG* 显著而 *R-LMERR* 不显著，且 *LMLAG* 比 *LMERR* 的统计检验结果显著，那就说明，SEM 则属于较好的模型。除了 R^2（拟合优度）之外，*LR*（似然比率）、*AIC*（赤池信息准则）、*LR*（施瓦茨准则）、Log*L*（自然对数似然函数值）也是常用的检验标准。*AIC* 和 *SC* 值越小，Log*L* 越大，模型拟合就越优秀。

（二）空间变系数回归模型及估计

按照这一假设，地区之间的经济行为存在空间异质性，因此，地理加权回归模型中，更符合实际调查的区域经济增长的空间变系数回归模型。

假设有 $i = 1,2,\cdots,m$；$j = 1,2,\cdots,n$ 的系列解释变量观测值 $\{x_{ij}\}$ 及被解释变量 $\{y_i\}$，经典的全域线性回归模型为：

$$y_i = \beta_0 + \sum_{j=1}^{n} x_{ij}\beta_j + \varepsilon_i \quad i = 1,2,\cdots,m \qquad (7-16)$$

其中，ε 是整个回归模型的随机误差项，且满足球形扰动假设，假定回归系数是一个常数，参数 β_j 用普通最小二乘法来估计。

地理加权回归模型的子样本数据回归系数具体位置由相邻的观测派生的局部回归估计，这会改变空间变量与当地的地理位置，GWR 模型表示为：

$$y_i = \beta_0(u_i,v_i) + \sum_{i=1}^{k} \beta_i(u_i,v_i)x_{ij} + \varepsilon_i \qquad (7-17)$$

式 7-19 可以表示为在每个区域都有一个对应的估计函数，其对数似然函数如下：

$$\begin{aligned} \text{Log } L &= L[\beta_0(u,v),\cdots,\beta_k(u,v)\mid M] \\ &= -\dfrac{1}{2\sigma^2}\sum_{i=1}^{n}\left[y_i - \beta_0(u_i,v_i) - \sum_{j=1}^{k}\beta_k(u_i,v_i)x\right]^2 + \alpha \qquad (7-18) \end{aligned}$$

其中，α 为常数，$M = [y_i - \beta_0(u_i,v_i), i = 1,2,\cdots,n, j = 1,2,\cdots,k]$。黑丝蒂和蒂施莱尼（Hastie and Tibshirani，1993）提出了局域求解法来解决极大似然法解的不唯一性，方法如下。

取任一空间位置 (u_0,v_0) 与第 s 个空间位置 $[(u_i,v_i), s = 1,2,\cdots,n]$，位置邻近构建的回归模型为：

$$y_i = y_0 + \sum_{j=1}^{k} \gamma_i X_{ij} + \varepsilon_i \qquad (7-19)$$

其中 γ_i 为常数，是 GWR 模型中 $\beta_i(u_i,v_i)$ 的近似值，通过与点 (u_i,v_i) 向邻近的点来纠正经典回归模型中的解，可采用加权最小二乘法（WLS），寻找合适的 $(\gamma_0,\gamma_1,\cdots,\gamma_k)$，使得式（7-20）最小：

$$\sum_{i=1}^{n} W(d_0)\left(y_i - \gamma_0 - \sum_{j=1}^{k} \gamma_j x_{ij}\right)^2 \qquad (7-20)$$

其中，d_0 为位置 (u_0,v_0) 和 (u_i,v_i) 之间的空间权值。令 γ_i 为 $\beta_i(u_i,v_i)$ 的估计值，可得 GWR 模型在空间位置 (u_i,v_i) 上的估计值 $\{\beta_0(u_i,v_i), \beta_i(u_i,v_i),\cdots,\beta_k(u_i,v_i)\}$。对公式求 γ_i 的一阶偏导数，并令其等于 0，可得：

$$\gamma_j = (X'W_0^2X)^{-1}(XW_0^2Y) \qquad (7-21)$$

其中，W_0 为 $[W(d_{01},), W(d_{02},),\cdots,W(d_{0n},)]$ 的对角线矩阵。$\beta(j = 1,2,\cdots,k)$ 的 GWR 是随着 W_{ij} 而变，W_{ij} 的选择常由观测值的空间坐标而定。

勒萨热（Lesage，2004）提出常用的空间距离权值算法如下。

高斯距离权值：

$$W_{ij} = \phi(d_{ij}/\sigma\theta) \qquad (7-22)$$

指数距离权值：

$$W_{ij} = \sqrt{exp - d_{ij}/\sigma\theta} \qquad (7-23)$$

三次方距离权值：

$$W_{ii} = [I - (\theta/d_{ij})^3]^3 \qquad (7-24)$$

d 和 θ 在空间权值矩阵 W_{ij} 中非常重要。测算适当的衰减函数（窗宽）方法中，最常用的还是最小二乘法，其原理为：

$$D = \sum_{i=1}^{n} [y_i - \hat{y}_i(\theta)]^2 \to 0 \qquad (7-25)$$

其中，$\hat{y}_i(\theta)$ 是通过窗宽 θ 计算得到的 y_i 的拟合值。

（三）空间权值矩阵的确定

为了地理信息系统数据库的相关属性在地理空间上的比较，由这两种方法确定的 W_{ij} 为二进制的邻近空间权值矩阵，W_{ij} 用矩阵表示如下：

$$W = \begin{bmatrix} w_{11} & w_{12} & \cdots & w_{1n} \\ w_{21} & w_{22} & & w_{2n} \\ \vdots & & \ddots & \vdots \\ w_{m1} & w_{m2} & \cdots & w_{mn} \end{bmatrix}$$

1. 邻近指标的空间权值矩阵

根据相邻标准，W_{ij} 为：

$$W_{ij} = \begin{cases} 1 & \text{当区域 } i \text{ 和区域 } j \text{ 相邻} \\ 0 & \text{当区域 } i \text{ 和区域 } j \text{ 相邻} \end{cases}$$

式中，$i = 1, 2, \cdots, n$；$j = 1, 2, \cdots, m$；$m = n$ 或 $m \neq n$。

空间权重矩阵相邻的指数有两种一阶的高阶邻接矩阵和邻接矩阵。

2. 距离指标的空间权值矩阵

根据距离标准，W_{ij} 为：

$$W_{ij}(d) = \begin{cases} 1 & \text{当区域 } i \text{ 和区域 } j \text{ 在距离 } d \text{ 之内（即区域 } i \text{ 和区域 } j \text{ 相邻）} \\ 0 & \text{当区域 } i \text{ 和区域 } j \text{ 在距离 } d \text{ 之外（即区域 } i \text{ 和区域 } j \text{ 不相邻）} \end{cases}$$

不同的权值随距离 d_{ij} 的定义而变化（如大城市圈、公路之间的距离），选定的函数形式决定其取值的大小。

3. 空间权值矩阵的选择

与相邻的矩阵，在实际应用中的计算困难的距离矩阵的空间效果比较。实用，邻接矩阵二进制空间统计人员建立空间计量模型的选择。

7.2 基于空间截面数据模型的影响机制：空间交互效应

基于完全竞争和规模报酬不变前提下的传统经济增长理论，无法对现实经济活动的空间异质性分布而非均匀分布的特征做出合理的理论解释，探索块状经济形成背后的影响因素和作用机制，迫切需要新的理论体系作为支撑，因此，建立在规模报酬递增和不完全竞争前提下的空间经济学理论，系统地对现实经济空间集聚分布特征的原因和机制进行了理论上的合理解释，将经济理论发展过程中长期被忽视的空间因素成功地纳入其理论体系和分析框架。

时间和空间是物理学理论本质相同的两个概念。钟表上的空间刻度可以来描述时间，也可以通过光年的概念来表征距离。在空间经济视角下，城市群产业优化和城市进化的实质是相同的，都是要素的空间集聚与优化，是描述区域经济活动这一问题的两个高度耦合、不可分割的整体。

本节认为城市群产业优化与城市进化是不可分割的统一体，产业优化是城市进化的优化，城市进化是产业优化的进化。如果假设城市群产业优化与城市进化的源动力为解释变量 X，由于模型中包含的空间和时间因素的种类和数量不同，因此，模型中涵盖的对城市群产业优化与城市进化影响机制的种类、数量和复杂程度不同，X 通过不同的影响机制对城市群产业优化与城市进化发挥不同性质的影响和贡献水平；最后，X 对城市群产业优化与城市进化的影响机制和贡献水平进行量化和建模，其中 X 的直接效应对产业优化发挥作用，X 的间接效应对城市进化发挥作用，X 的总效应对城市群产业优化与城市进化两方面发挥综合作用。由空间截面模型引入影响机制的基本概念和原理，通过构建非空间 OLS 面板模型→空间面板 SAR 模型→静态空间面板 SDM 模型→动态空间面板 SDM 模型，由特殊到一般、由简单到复杂，逐步阐述解释变量 X 对于城市群产业优化与城市进化的影响机制和贡献水平。

7.2.1 空间交互效应的分类和表达

应用截面数据研究邻域效应、拓扑效应、溢出效应和集聚效应等经济问题已经取得了重要进展。但勒萨热和佩斯（Le Sage and Pace，2009）的研究表明，应用一个或多个空间截面回归模型的点估计方法和检验结果可能会产生错误的结论，并且通过不同模型表达式中解释变量 X 的偏微分方法，解释 X 对城市群产业优化与城市进化所发挥的传导机制和影响程度，也可能会带来最后结果的有偏性。

鉴于空间截面数据模型存在的不足，因此，本节并未采用截面模型表达式对城市群产业优化与城市进化展开空间计量经济学实证分析。但是，此处对空间截面模型进行介绍是必要的，主要是基于引出模型中包含的空间交互效应的考虑，空间交互效应的概念对于下面理解和解释更为复杂的空间模型中，变量 X 在城市群产业优化与城市进化两方面中所发挥的影响机制和贡献水平具有重要的参考价值。

根据作用机理的性质分为三种类型的内源性和外源性的互动和关联效应的相互作用。通过引入空间滞后模型中的向量，进行建模空间相互作用和待表达的量化处理，向量空间模型滞后的三种不同类型包含了型号分类介绍。以曼斯基（Manski）模型作为起点，如公式 7 – 26 所示，指定不同的空间互动的表达，以及在曼斯基模型横截面数据的基础上，阐述不同类型的空间关系和功能介绍。

$$y = \rho Wy + \alpha I_n + X\beta + WX\theta + u$$
$$u = \lambda Wu + \varepsilon \qquad (7-26)$$
$$\varepsilon \sim N(0, \sigma^2 I_n)$$

其中，模型中 X 代表 $n \times k$ 阶外生解释变量矩阵，k 为外生解释变量个数，β 为其对应的 k 维未知相关系数行向量；u 为 n 维误差项列向量；$\varepsilon = (\varepsilon_1, \cdots, \varepsilon_n)^T$ 是扰动项列向量，ε_i 服从相互独立且均值为零、方差为 σ^2 的同分布；I_n 为 $n \times 1$ 维一向量，所有空间单元均具有相同的系数 α；y 为 n 维因变量列向量，包含了样本中 n 个空间单元的因变量观测值；ρ 为空间自回归系数，λ 为空间自相关系数，θ 为外生空间交互系数，模型中空间权重矩阵 W 的结构和阶数可根据实际需要进行设定。

曼斯基模型中内生性交互效应通过因变量的空间滞后项 Wy 表达，即表示某个地区的经济活动或现象会随其周边地区的变化而变化；外生性交互效应通过外生解释变量的空间滞后项 WX 表达，即表示某个地区的经济活动或现象会随其周边地区的外生解释变量的变化而变化，模型中矩阵 X 包含 k 种外生解释变量，因此存在 k 种外生性交互效应；关联效应通过扰动项的空间滞后项 Wu 表达，即表示具有相似的历史、政治、文化、制度、自然条件的地区，其经济活动或现象具有相似性，但这种效应往往不容易被观察到。

7.2.2　空间截面数据模型的分类和表达

（1）不含有空间交互效应的普通最小二乘模型（OLS）。非空间 OLS 模型测试是否有必要进一步扩大空间模型，包括空间的效果，筛选最优模型的表达形式。非空间 OLS 模型表达如式 7 – 27 所示，为了下面根据非空间 OLS 模型，通过引入不同的空间模型表达的空间相互作用产生的影响是不同的，空间互动效果的影响机制模型如下。

$$y = \alpha I_n + X\beta + \varepsilon$$
$$\varepsilon \sim N(0, \sigma^2 I_n) \qquad (7-27)$$

其中，模型中 X 代表 $n \times k$ 阶外生解释变量矩阵，β 为其对应的 k 维未知解释变量系数行向量；I_n 为 $n \times 1$ 维一向量，所有空间单元均具有相同的系数 α；$\varepsilon = (\varepsilon_1, \cdots, \varepsilon_n)^T$ 是扰动项列向量，ε_i 服从相互独立且均值为零、方差为 σ^2 的同分布；y 是 n 维因变量列向量，包含了样本中 n 个单元的因变量观测值。

（2）含有一种空间交互效应的计量经济学模型。如果将公式 7 – 26 的曼斯基模型简化为三种只包含一种空间效应影响机制的模型：当 $X = 0$ 且 $\lambda = 0$ 时，曼斯基模型简化为一阶空间自回归模型（first-order spatial AR model，FAR）：

$$y = \rho Wy + \alpha I_n + \varepsilon$$
$$u = \lambda Wu + \varepsilon \qquad (7-28)$$
$$\varepsilon \sim N(0, \sigma^2 I_n)$$

类似于时间序列数据分析中的时间滞后模型，即 $y_t = y_{t-1} + \varepsilon$。一阶空间自回归模型来说明变量的观察价值，决定及其邻近地区 j 影响，而忽略其他外源性局部变量 X 的效果，导致原模型有缺陷地描述和解释客观现实。因此，大部分空间计量经济学模型的实证研究很少应用 FAR。

当 $\theta = 0$ 且 $\lambda = 0$ 时，曼斯基模型简化为空间混合自回归模型（mixed autoregressive model）：

$$y = \rho Wy + \alpha I_n + X\beta + \varepsilon$$
$$\varepsilon \sim N(0, \sigma^2 I_n) \tag{7-29}$$

当 $\theta = 0$ 且 $\lambda = 0$ 时，曼斯基模型简化为空间误差模型（spatial errors model, SEM）：

$$y = \alpha I_n + X\beta + \varepsilon$$
$$u = \lambda Wu + \varepsilon \tag{7-30}$$
$$\varepsilon \sim N(0, \sigma^2 I_n)$$

在上述三种只包含一种空间效应的模型中，θ 为外生交互系数，λ 为空间自相关系数，ρ 为空间自回归系数，ε_i 服从相互独立且均值为零、方差为 σ^2 的同分布，β 为其对应的 k 维未知解释变量系数，行向量 $\varepsilon = (\varepsilon_1, \cdots, \varepsilon_n)^T$ 是扰动项向量，空间权重矩阵 W 结构和阶数根据实际需要进行设定，X 代表 $n \times k$ 阶外生解释变量矩阵，I_n 为 $n \times 1$ 维一向量，所有空间单元均具有相同的系数 α，y 是 n 维因变量列向量，包含了样本中 n 个空间单元的因变量观测值。

（3）含有两种空间交互效应的计量经济学模型。在曼斯基模型的基础上，对 $\theta = 0$ 进行限定，将其简化为同时包含因变量空间滞后项 Wy 和空间自相关误差滞后项 Wx 的广义空间模型（spatial autocorrelation, SAC），表达式如公式 7-31 所示：

$$y = \rho Wy + \alpha I_n + X\beta + \varepsilon$$
$$u = \lambda Wu + \varepsilon \tag{7-31}$$
$$\varepsilon \sim N(0, \sigma^2 I_n)$$

对 $\lambda = 0$ 进行限定，简化为同时包含因变量空间滞后项 Wy 和自变量空间滞后项 WX 的空间杜宾模型（spatial durbin model, SDM），表达式如公式 7-32 所示：

$$y = \rho Wy + \alpha I_n + X\beta + WX\theta + \varepsilon$$
$$\varepsilon \sim N(0, \sigma^2 I_n) \tag{7-32}$$

对 $\rho = 0$ 进行限定，简化为同时包含空间自相关误差滞后项 Wu 和自变量空间滞后 WX 的空间杜宾误差模型（spatial durbin error model, SDEM）模型，表达式如公式 7-33 所示：

$$y = \alpha I_n + X\beta\rho + WX\theta + u$$
$$u = \lambda Wu + \varepsilon \qquad\qquad (7-33)$$
$$\varepsilon \sim N(0, \sigma^2 I_n)$$

在上述三种同时包含两类空间交互效应的模型中，θ 为外生交互系数，λ 为空间自相关系数，ρ 为空间自回归系数，空间权重矩阵 W 结构和阶数根据实际需要进行设定，ε_i 服从相互独立且均值为零、方差为 σ^2 的同分布，$\varepsilon = (\varepsilon_1, \cdots, \varepsilon_n)^T$ 是扰动项向量，I_n 为 $n \times 1$ 维一向量，所有空间单元均具有相同的系数 α，X 表示 $n \times k$ 阶外生解释变量矩阵，y 是 n 维因变量列向量，包含了样本 n 个空间单元的因变量观测值。

7.2.3　空间权重矩阵的设定准则

空间权重矩阵 W 是描述和量化的空间中的空间数据的空间分布的结构单元。空间互动的概念引入的同时，还对空间权重矩阵 W 限制。W 设置以满足以下条件：W 的主对角线元素为零的 N×N 的空间权重矩阵，矩阵中的所有元素是已知的非负常数；满足矩阵 $I_n - \rho W$ 和 $I_n - \lambda W$ 为非奇异的假设条件。即如果行标准化前的矩阵 W 是非对称的，那么 ρ 和 λ 取值范围在 $(1-r_{min}, 1)$ 之间，4minr 是 W 行标准化后矩阵的最小特征根且通常为负；如果 W 是对称矩阵，那么 ρ 和 λ 在 $(1-w_{min}, 1-w_{max})$ 范围之间取值，w_{min} 和 w_{max} 分别代表矩阵 W 中的最小和最大的特征根。如果 W 是行标准化后的矩阵，那么 ρ 和 λ 取值范围在 $(1-w_{min}, 1)$ 之间。

此外，为了确保在可控制的范围内的部分之间的空间相关性，单元之间的距离的相关性的假设空间趋向于无穷大的空间和收敛到零。在矩阵 W 进行行标准化前，还要满足以下两种条件之一，即空间单元个数 N 趋于无限时，矩阵 W、$(I_n - \rho W)^{-1}$、$(I_n - \lambda W)^{-1}$ 的行和列的和收敛于某固定值，或行和列的和以更慢的空间单元数 N 增加。因此，两个元件的空间邻接矩阵和"固定邻居数"矩阵满足第一个前提；基于上述的空间权重矩阵的逆的距离不同的，不能满足第一个前提，但通过设置临界距离的值 d^*，能满足第二条件；最特别的是所有被认为是部分单位和其他空间相邻的细胞，即空间权重矩阵的所有非主对角线元素为 1，主对角线元素为 0，很显然不能满足上述任一前提假设，因此，从含有相同的空间权重矩阵和归一化矩阵的一致性的考虑，显然不能满足任何上述假设，在实际的研究中应该被淘汰。

7.2.4 基于静态空间面板模型的影响机制

基于埃尔霍斯特（Elhorst，2009）设定的静态面板空间滞后模型（SAR）表达式如公式 7 - 34 所示：

$$y_{it} = \delta \sum_{j=1}^{N} w_{ij} y_{jt} + x_{it}\beta + u_i + \varepsilon_{it} \qquad (7-34)$$

其中，用 δ 代替 ρ 表示内生滞后项 WY 的自回归系数；模型中的空间特定效应 u_i 是空间单元所特有的不随时间而改变的哑变量。模型中添加了空间特定效应哑变量 u_i，空间特定效应分为固定形式和随机形式两种，固定形式的哑变量 u_i 表示所有空间单元的特定效应的常数，而随机形式的 u_i 表示一个独立的且服从 $N(0, \sigma_u^2 I_n)$ 均匀分布的随机变量且与误差项 ε_{it} 不相关。模型中的空间特定效应 u_i 是空间单元所特有的不随时间而改变的哑变量，其遗漏会造成特定截面研究中估计结果的偏差。模型的滞后在静态面板空间（SAR）引入外生解释变量的空间滞后期 WX，扩展到一个静态的面板空间杜宾模型（SDM）：

$$y_{it} = \delta \sum_{j=1}^{N} w_{ij} y_{jt} + x_{it}\beta + \theta \sum_{j=1}^{N} w_{ij} y_{jt} + u_i + \varepsilon_{it} \qquad (7-35)$$

共同的趋势，在同一时间段导致外来冲击的存在，因此，不可观察的基础上的公式 7 - 35 中的空间特性或变量所表示的空间杜宾模型可以进一步将传统的时间序列数据模型的具体时间的影响虚拟变量引入模型，用于在空间相互作用的存在下以纠正错误。具体时间效果也分为固定形式和随机形式两种，固定形式的虚拟变量表示具体时间的影响，在所有时间点不变，哑变量 λ_t 表示随机误差项 ε_{it} 的一种形式是不相关的，服从 $N(0, \sigma_u^2 I_n)$ 独立均匀分布的随机变量。现有空间计量经济学的实证研究，应用的空间和特定时间效应面板杜宾模型包含的空间是比较成功的，扩大示范表达式，如公式 7 - 36 所示：

$$y_{it} = \delta \sum_{j=1}^{N} w_{ij} y_{jt} + x_{it}\beta + \sum_{j=1}^{N} w_{ij} y_{jt} + u_i + \lambda_t + \varepsilon_{it} \qquad (7-36)$$

埃尔霍斯特（Elhorst，2010）以向量表达形式的不包含哑变量 u_i 和 λ_t 的空间杜宾模型作为出发点，计算的直接作用和间接作用的性质和大小主要集中在由表达式的模型估计的结果的例子中解释。性能及尺寸效应，在这里本节可以使用不同型号的间接效应和总效应计算，X 区域经济增长集聚的解释变量显示两方面影响的性质、程度和贡献水平，计算步骤如下：

第一，计算因变量向量 Y。

$$Y = (I - \rho W)^{-1} \alpha I_n + (I - \rho W)^{-1}(X\beta + WX\theta) + (I - \rho W)^{-1}\varepsilon \quad (7-37)$$

第二，计算得出所有空间单元的因变量向量 Y 对自变量矩阵 X 中的第 k 个解释变量的偏微分矩阵，通过整理后得到如下表达式：

$$\left[\frac{\partial Y}{\partial x_{1k}} \quad \cdots \quad \frac{\partial Y}{\partial x_{Nk}}\right] = \begin{bmatrix} \frac{\partial Y_1}{\partial x_{1k}} & \cdots & \frac{\partial Y_1}{\partial x_{Nk}} \\ \vdots & \cdots & \vdots \\ \frac{\partial Y_{1N}}{\partial x_{1k}} & \cdots & \frac{\partial Y_N}{\partial x_{Nk}} \end{bmatrix} = (I - \rho W)^{-1} \begin{bmatrix} \beta_k & w_{12}\theta_k & \cdots & w_{1N}\theta_k \\ w_{21}\theta_k & \beta_k & \cdots & w_{2N}\theta_k \\ \cdots & \cdots & \cdots & \cdots \\ w_{N1}\theta_k & w_{N2}\theta_k & \cdots & \beta_k \end{bmatrix}$$

$$(7-38)$$

第三，在空间单元个数 $N=3$，空间分布结构特征由空间权重矩阵 W 进行表达的情况下：假设 $W = \begin{bmatrix} 0 & 1 & 0 \\ w_{21} & 0 & w_{23} \\ 0 & 1 & 0 \end{bmatrix}$，并将空间权重矩阵 W 代入 $(I - \rho W)^{-1}$，通过计算后得到如下表达式：

$$(I - \rho W)^{-1} = \frac{1}{I - \rho^2} \begin{bmatrix} 1 - w_{23}\rho^2 & \rho & \rho^2 w_{23} \\ \rho w_{21} & 1 & \rho w_{23} \\ \rho^2 w_{21} & \rho & 1 - w_{21}\rho^2 \end{bmatrix} \quad (7-39)$$

第四，将公式 7-39 代入式 7-38 中，得到的偏微分矩阵表达式，如公式 7-40 所示：

$$\left[\frac{\partial Y}{\partial x_{1k}} \frac{\partial Y}{\partial x_{2k}} \frac{\partial Y}{\partial x_{3k}}\right] = \frac{1}{I - \rho^2} \begin{bmatrix} (1 - w_{23}\rho^2)\beta_k + (w_{21}\rho)\theta_k & \rho\beta_k + \theta_k & \rho^2 w_{23}\beta_k + \rho w_{23}\theta_k \\ \rho w_{21}\beta_k + w_{21}\theta_k & \beta_k + \rho\theta_k & \rho w_{23}\beta_k + w_{23}\theta_k \\ (\rho^2 w_{21})\beta_k + w_{21} & \rho\beta_k + \theta_k & (1 - w_{21}\rho^2)\beta_k + (w_{23}\rho)\theta_k \end{bmatrix}$$

$$(7-40)$$

已知$w_{21} + w_{23} = 1$，直接效应等于主对角线元素的平均值：$\dfrac{(3 - \rho^2)}{3(1 - \rho^2)}\beta_k +$

$\dfrac{2\rho}{3(1 - \rho^2)}\theta_k$，间接效应等于所有非主对角线元素的平均值：$\dfrac{(3\rho + \rho^2)}{3(1 - \rho^2)}\beta_k +$

$\dfrac{3 + \rho}{3(1 - \rho^2)}\theta_k$。

第五，归纳起来，在该空间的数量 N = 3 的元素，空间权重矩阵 W 的上述情况下，直接效应和间接效应计算，可以在更广泛的范围内普及，在矩阵结构和空间单元的数目相同的条件下，根据上面的公式，可以在不同的空间模型计算间接的影响。

7.2.5 基于动态空间面板模型的影响机制

鉴于此，分析方法是类似的静态空间面板模型，动态空间面板模型通过引入时间滞后产生的静态空间面板模型，其表达式和参数设置，被解释变量，外生解释变量，三种延迟（滞后空间滞后时间的滞后时间，空间，特殊效果）（随机的或固定的形式），时间具体效果（随机的和固定的形式），以及外生解释变量的各种不同的误差项组合中，广义动态面板模型简化为各种模型的表达。由于静态空间杜宾模型参数的估计和解释能力，借鉴亚瑟和科赫（Ertur and Koch，2007）、埃尔霍斯特（Elhorst et al.，2012）的研究方法，过程如下：

基于向量不包含标准动态空间形式杜宾模型的具体效果为出发点的时空表达，如公式 7 - 41 所示：

$$Y_t = \tau Y_{t-1} + \delta W Y_t + \eta \delta W Y_{t-1} + X_t \beta_1 + W Y_t \beta_2 + v_t \qquad (7-41)$$

第一，基于标准的动态空间公式 7 - 41 杜宾换位和反演计算，模型表达式如公式 7 - 42 所示：

$$Y_t = (I - \delta W)^{-1}(\tau I + \eta W)Y_{t-1} + (I - \delta W)^{-1}(X_t \beta_1 + W Y_t \beta_2) + (I - \delta W)^{-1}v_t$$

$$(7-42)$$

第二，计算得出所有空间单元的因变量 Y 在时点 t 上对各空间单元（$i = 1, \cdots, N$）的第 k 个自变量的偏微分矩阵，它代表一个特定的空间单元 K 变量的变化的短期影响的变量到其他空间单元，得到：

$$\left[\begin{array}{ccc} \dfrac{\partial Y}{\partial x_{1k}} & \cdots & \dfrac{\partial Y}{\partial x_{Nk}} \end{array}\right]_t = (I - \delta W)^{-1}[\beta_1 kI + \beta_2 kW] \qquad (7-43)$$

第三，计算得出所有空间单元的因变量 Y 对各空间单元（$i=1,\cdots,N$）的第 k 个自变量的偏微分矩阵，这表明其他空间单位的变化的一个特定的空间单元 K 变量，因为变量的长期效果，整理后得到的表达式，如式 7-44 所示：

$$\left[\begin{array}{ccc} \dfrac{\partial Y}{\partial x_{1k}} & \cdots & \dfrac{\partial Y}{\partial x_{Nk}} \end{array}\right]_t = \left[(1-\tau)I - (\delta+\eta)W\right]^{-1}[\beta_1 kI + \beta_2 kW] \qquad (7-44)$$

第四，如公式 7-43 和公式 7-44 所示，$\delta \neq \eta$ 或 $\beta_2 k \neq 0$，存在长期间接效应；在 $\delta \neq 0$ 或 $\beta_2 k \neq 0$ 的情况下，存在短期间接效应。

第五，值得注意的是在空间计量经济学实证研究中，为避免应用动态空间杜宾模型存在不可识别的问题，安瑟琳（Anselin et al.，2008）认为有必要对模型相关参数加以限定。随后，于（Yu et al.，2008）和李和于（Lee and Yu，2010）对 $\beta_2 = 0$ 进行了限定；勒萨热和佩斯（LeSage and Pace，2009），科林斯（Korniotis，2010）对 $\delta = 0$ 进行了限定；帕伦特和勒萨热（Parent and LeSage，2010，2011）对模型中 $\eta = -\tau\delta$ 进行了限定；莅兰泽塞和海斯（Franzese and Hays，2007），库克诺娃和蒙特利奥（Kukenova and Monteiro，2009），埃尔霍斯特（Elhorst，2010），雅各布斯等（Jacobs et al.，2009），布雷迪（Brady，2011）对模型 $\eta = 0$ 进行了限定。基于上述四种限定条件下的动态空间杜宾模型的短期直接效应、短期间接效应、长期直接效应、长期间接效应，如表 7-1 所示。

表 7-1   不同空间模型的直接效应、间接效应、溢出效应

模型形式	直接效应	间接效应	溢出效应	特点
空间杜宾模型曼斯基模型	$\dfrac{(3-\rho^2)}{3(1-\rho^2)}\beta_k +$ $\dfrac{2\rho}{3(1-\rho^2)}\theta_k$	$\dfrac{(3\rho+\rho^2)}{3(1-\rho^2)}\beta_k +$ $\dfrac{3+\rho}{3(1-\rho^2)}\theta_k$	$\dfrac{(3\rho+\rho^2)}{3(1-\rho^2)}\beta_k +$ $\dfrac{3+\rho}{3(1-\rho^2)}\theta_k$ 显著性检验通过时等于间接效应	对于每个外生解释变量，其直接效应和间接效应的比率不是固定的
空间滞后模型广义空间模型	$\dfrac{(3-\rho^2)}{3(1-\rho^2)}\beta_k$	$\dfrac{(3\rho+\rho^2)}{3(1-\rho^2)}\beta_k$	β_k 显著性检验通过时等于间接效应	对于每个外生解释变量，其直接效应和间接效应的比率均是固定的，即 $\dfrac{(3-\rho^2)}{3\rho+\rho^2}$

续表

模型形式	直接效应	间接效应	溢出效应	特点
空间杜宾误差模型	β_k	θ_k	θ_k显著性检验通过时等于间接效应	直接效应和间接效应分别对应外生解释变量及其滞后项的估计系数
非空间最小二乘模型 空间误差模型	β_k	0	0	直接效应等于各解释变量系数，不存在间接效应

资料来源：Elhorst, J. P.. Applied Spatial Econometrics：Raising the Bar ［J］. *Spatial Economic Analysis*，2010，5 (1)：21.

7.3 模型选择与变量设定

正如前面所述，城市群产业优化与城市进化的理论模型为：产业的出现和集聚是城市兴起和增长的一般前提，产业的产生、成长和演进乃至优化的过程都与城市有密切的联系。产业发展与城市演进高度耦合，城市载体与产业规模相适应，城市效益与产业效率相关联，城市间的协作与其产业分工相联系。城市化的本质决定了城市化不可离开产业的发展优化而单独存在，没有产业支撑的城市化只能是徒具形式的"空壳"，更不可能形成规模化，产生城市规模效益。因此，产业的集聚地一般而言就是城市的所在，产业集聚的规模决定城市的规模，如果出现产业优化，城市结构也会随之改变。因此，综合国内外研究，可以判定，在产业与城市关联的种种因素之中，最重要和最具现实意义的应该是产业优化与城市进化的关系，产业优化是城市进化的动力源泉，城市进化是产业优化的支撑保证。两者在相互作用中，推动城市群经济可持续发展。

7.3.1 模型选择

依据城市群产业优化与城市进化理论模型可以发现，城市群产业优化与城市进化是统一的过程，是同时存在的，也是不可分割的，产业优化和城市进化是空间高度耦合的过程。产业在城市进化中优化，城市在产业优化中进化。解释变量 X 是城市群产业优化与城市进化的原动力，由于模型中包含的空间和时间因素的种类和数量不同，因此，模型所包含的城市群产业优化与城市进化的影响机制的种类、数量和复杂程度不同，最终决定了解释变量 X 对城市群产业优化与城市进化两方面发挥影响的性质和贡献度不同。

通过在模型中引入不同组合空间滞后项的方法，对影响城市群产业优化与城市进化的机制进行量化和建模，由于不同类型的空间数据模型所包含的空间效应的种类和数量不同，因此，决定了构建的空间数据模型的表达式不同。随着对模型中影响机制考察深度和广度的逐步增加，构建的空间数据模型趋于丰富和复杂，模型中包含的影响机制也由单一向多元、由简单向复杂扩展。随着空间数据模型的不断丰富和扩展，其对城市群产业优化与城市进化的影响机制的表达和结果越趋于客观实际。

传统的非空间最小二乘模型（OLS）未将空间影响机制引入模型，其回归结果只能对不同解释变量对于包含产业优化与城市进化在内的城市群经济增长的影响进行解释，而无法对这种综合影响中的产业优化与城市进化两方面加以区分和分解，因此，其对于现实中城市群产业优化与城市进化两方面在解释能力上存在欠缺。包含不同数量和种类空间效应的截面空间数据模型弥补了 OLS 模型的不足，在诸多截面空间数据模型中的选择中基于以下四点考虑：第一，包含三种空间效应的曼斯基模型（Mansiky Model）存在不可识别的问题，说明这一模型不可采用；第二，只包含一种空间效应的 FAR 模型、SEM 模型和 SAR 模型，在实际应用中通常会由于忽略其他空间效应的影响机制，导致结果可信度的下降，说明这三种模型也不是最优模型；第三，基于上述两点，包含两种空间效应的 SAC 模型和 SDM 模型兼具可行性和最优性的特点，但二者之间，相比考虑误差项空间效应的 SAC 模型，考虑解释变量空间效应的 SDM 模型具有更良好的特性；第四，截面模型属于点估计方法，具有一定的主观性和随意性，无法更好地对城市群产业优化与城市进化一般规律进行描述和解释，因此，不是本书第五章实证分析中主要采用的模型形式和估计方法，此处对空间截面模型进行介绍的目的主要是为下文面板模型的相关概念和理论进行铺垫。

在不考虑时间滞后概念的静态空间面板模型中，通过在 SAR 模型中添加自变量空间滞后项扩展为 SDM 模型。通过对模型参数的回归结果，进一步推导和对比不同模型中自变量的直接效应和间接效应表达式，通过直接效应和间接效应分别对城市群产业优化与城市进化两方面加以解释。由于静态空间面板模型只能对长期直接效应和间接效应进行计算，而无法计算得出短期效应，因此，静态空间面板模型只能从长期角度对城市群产业优化与城市进化加以解释。

鉴于 SDM 模型在实际应用中的良好特性，类似于静态空间面板模型的分析方法，通过在静态空间面板 SDM 模型中引入时间滞后项生成动态空间面板 SDM 模型。在实际应用中为避免应用动态空间杜宾模型存在不可识别的问题，需要对其模型表达形式和相关参数进行限定，通过对不同限定条件下模型参数的回归结果，进一步推导和对比不同模型中自变量的短期和长期直接效应和间接效应表达式，从长期和短期两个角度出发，利用直接效应和间接效应分别对城市群产业优化与城市进化两方面加以解释。

7.3.2　变量设定

依据城市群产业优化与城市进化理论模型，本节选择如下变量。

1. 产业优化水平（industry optimizaiton level，IOL）
根据产业优化的概念内涵，本节建立产业优化评价指标体系，详见表7-2。

表7-2　　　　　　　　　产业优化评价指标体系

目标层	准则层	指标层
产业优化	产业结构	第一产业产值占 GDP 的比重
		第二产业产值占 GDP 的比重
		第三产业产值占 GDP 的比重
		第一产业就业人员占总就业人员的比重
		第二产业就业人员占总就业人员的比重
		第三产业就业人员占总就业人员的比重
		第一产业固定资产投资比重
		第二产业固定资产投资比重
		第三产业固定资产投资比重
	产业分工	产业基尼系数
		产业专业化系数
	产业布局	城市制造业区位基尼系数

本节根据对国内外文献的研读和京津冀城市群的实际情况出发，用三次产业产值结构、就业结构和固定资产投资三个方面来构建产业结构的指标框架。

2. 城市进化水平（urban evolution level，UEL）

本节所提出的城市进化是在城市化和城市发展的基础上，涵盖了区域经济结构转变、经济繁荣健康、人口向城市流动、生活方式变革、城市生态环境友好、资源永续利用、社会和谐进步等多方面内容（见表7-3）。

表7-3　　　　　　　　城市进化评价指标体系

目标层	准则层	指标层
城市进化	经济发展	人均 GDP
		第二产业占 GDP 比重
		第三产业占 GDP 比重
		财政收入
	社会发展	每万人拥有公共交通车辆
		人均城市道路面积
		医院卫生院数
		每万人拥有城镇社区服务设施数
	人口状况	人口密度
		城镇人口占总人口比重
		城镇单位在岗职工人数
	居民生活	人均可支配收入
		恩格尔系数
		民用汽车拥有量
	生态环境	工业固体废弃物综合利用率
		废水排放达标率
		人均绿地面积
	城市职能	企业管理人员/生产人员与全国企业管理人员/生产人员之比

一是经济发展指标。经济发展是城市进化的基础，反映经济发展最常用的指标就是 GDP 总量和人均 GDP 等，这两者都反映了经济发展的数量。第二产业和第三产业占 GDP 的比重反映了经济发展的结构。作为社会主义国家，财政收入反映了经济发展给国家带来的经济利益。

二是社会发展指标。一个国家或地区的文明程度的提升，除了依赖经济发展之外，还需要有社会的发展相匹配。本节所指的社会发展主要侧重于社会拥有的基础设施，如公共交通车辆、城市道路面积、医院和卫生院等卫生机构以及城镇社区服务设施数等；然而一个地区的基础设施数量与人口状况有着密切的联系。人口数量越多、人口分布越密集的地区基础设施总量也相对地较多。因此，选取每万人拥有公共交通车辆、人均城市道路面积和每万人拥有城镇社区服务设施数来保证指标间的相对独立性。

三是反映人口状况的指标。城镇人口占总人口的比重即城市化率，是一个地区经济发展和社会进步的重要标志，也可以在某种程度上反映城乡结构。根据我国实际的情况，城市化程度越高、经济发展水平越高的地区，人口密度越大。因此，选取人口密度指标来反映这一现象。就业状况用城镇单位在岗职工人数来反映。

四是反映居民生活和生态环境的指标。恩格尔系数是国际上常用的指标，用来反映居民生活的基本状况。生活质量的提高用人均可支配收入和民用汽车拥有量来反映。生态环境不仅指现有状况，还包括环境治理的内容，因此选取人均绿地面积、工业固体废弃物综合利用率和废水排放达标率。

五是城市职能的专业化。城市专业根据分工理论空间，不仅包括产业专业化，功能专业化，其是指根据自己的比较优势，生产出相应的产品或参加相应的业务功能的城市。在城市群，城市空间从传统的产业分工功能进化和功能专业化，存在越来越多的广泛而显著的现象，主要用于城市群的管理和研发部门，生产部门转移到劳动部门分工小型和中型的城市。

3. 物质资本存量（material capital storage，MCS）

物质资本存量不但是城市群经济分析中的一个重要变量，尤其在利用生产函数进行估计并考察区域全要素生产率、资本和劳动力等生产要素贡献率等重要指标变化情况中是不可或缺的关键变量。但是，地区物质资本存量数据在我国官方公布的各种统计资料中均没有直接给出，需要运用相关统计数据，通过适当的方法和指标进行估计。但是，相关研究成果中关于我国物质资本存量的估计结果差异较大，就 1952 年的全国物质资本存量而言，小者可以小到 342 亿元，大者可以大到 2490 亿元，二者相差在 7 倍以上，关于我国城市群物质资本存量的估计结果也存在同样的问题。这说明该项研究尚有进一步改进之处。

鉴于上述分析，本书物质资本存量用固定资产存量来代表，由下式计算出来。

全社会固定资产净值 = 国有固定资产净值 + 非国有固定资产净值

各年份的国有固定资产净值从《中国统计年鉴》和京津冀城市群省区市统计年鉴中得到，并进行了价格修正，使其具有可比性。而历年非国有固定资产净值因为没有统计，所以利用历年的非国有固定资产投资额，经过价格与折旧率修正之后，累加而成。

4. 人力资本（employment human capital，EHC）

人力资本因素加入内生经济增长理论，说明人力资本因素对经济增长发挥了重要作用。曼昆等（1992）较早将人力资本引入经济增长的实证分析框架，他们通过扩展的索洛增长模型，证实人力资本对经济增长存在直接的影响。布鲁姆等（2004）进一步把明瑟工资方程模型与总产出函数结合起来，在研究经济增长驱动因素的同时直接估计各种人力资本在其中的贡献。实证研究中，众多学者证实人力资本投资对经济增长具有重要的促进作用。

本节选择两个大类指标衡量京津冀城市群十个城市 1991～2010 年人力资本水平。一类是初、中、高等教育水平的从业人员占总从业人员的比重，另一类是从业人员的平均受教育年限。采用劳动者的教育水平作为衡量人力资本的指标是由于这一指标被广泛使用，并被认为优于常见的各级各类在校学生人数的数据。前者更能反映一个地区真正的人力资本水平，而不需受制于各地区高等院校数量这一由历史原因影响的变量。基于三类教育水平的从业人员占比的数据，本节计算出了从业人员的平均受教育年限。

5. 外商直接投资（foreign direct investment，FDI）

外商直接投资（FDI）是指生产要素和资本的境外投入，对当地人力资本提升和技术进步具有积极的影响，FDI 自我强化、区位优化和循环累积效应对区域经济增长和集聚具有较强的正外部经济作用。城市群是 FDI 的空间载体。外商投资活动，除了自身的组织结构和运作机制外，还需要交通运输、商业、服务业、技术、教育、信息、金融等各部门的协作和配合。现代城市一般具有诸多功能，能够适应外商发展的需要。当 FDI 进入后，就会对城市的企业结构、产业结构、经济增长的速度与潜力、城市的竞争力等产生影响。可以说，FDI 进入可以全面影响城市职能与性质的转换。

因此，本节选择的 FDI 数据为京津冀城市群十个城市 1991～2010 年实际利用外资额（万美元）。

6. 研发投入（research and development，R&D）

研究与开发具有显著的集聚功能和科技创新，技术创新能力取决于智力资本的积累和投资，科学和技术活动的研究和发展（R&D）的投资作为衡量区域创新能力的变量。本节以 1991～2010 年京津冀城市群各个城市的研发投入额为指标。

7. 非国有经济发展水平（non-stated economy development level，NED）

非国有经济的发展是经济活力的重要体现。不同所有制成分具有不同产权结构以及组织制度，正是这两者能成为不同所有制效率差异的解释原因。私有的所有制构成具有不同的产权结构，包括所有权、财产处置权、剩余支配权等结构安排。产权结构的差异导致非国有经济激励机制较高，激励效果也较高，效率水平也较高。

本节选取京津冀城市群十个城市历年各地区非国有经济发展水平（NED）作为度量地区经济活力和经济关联度的变量，非国有经济发展水平通过非国有企业占全部企业总产值的比重加以表示，单位为"%"。

本节选取 1991～2010 年京津冀城市群，包括：北京、天津、唐山、秦皇岛、承德、张家口、保定、石家庄、廊坊、沧州十个城市的地区生产总值（GDP）作为被解释变量，单位为亿元，数据均来自历年《北京统计年鉴》《天津统计年鉴》《河北统计年鉴》《中国城市统计年鉴》《中国区域经济统计年鉴》《新中国 60 年统计资料汇编》，及石家庄、唐山、秦皇岛、承德、张家口、保定、沧州等统计年鉴及其他公开的数据资料。

本节选取 Matlab 的空间分析工具箱（spatical analyse tools）进行如下分析。

7.4 空间面板模型实证研究

7.4.1 非空间面板模型实证研究

在空间计量经济学，首先对样本空间结构来描述和量化处理空间数据分析，以上介绍了空间权、空间权重矩阵和空间滞后变量，将不再赘述。本章使用空间相邻边界描述的样本指数的空间分布特征的基础上的公共标准，进行调查样本组等十个城市的京津冀城市空间中的相对位置，在地图上，假设城市之间的公共边界为 i 和 j，那么空间权重量 $w_{ij} = 1$，或 $w_{ij} = 0$ 单元，进一步生成一个 10×10 阶的对称矩阵 W_0，主对角元素由 0 和 1 组成，进而得到后处理矩阵 W_1 标准化。

首先，解释变量和解释变量绘制的原始数据的上述对数刻度上，根据边的分类和排序条件，表达构建非空间面板模型的顺序后的第一次，如公式 7 - 45 所示：

$$\log(y_{it}) = \alpha + \log(x_{it})\beta_k + \mu_i + \lambda_t + \varepsilon_{it}$$
$$\varepsilon_{it} \sim N(0, \sigma^2 I_n) \qquad\qquad (7-45)$$

其中因变量为 200 维被解释变量列向量，$\log(y_{it}) = 1, \cdots, 10; t = 1991, \cdots,$ 2010，分别代表 1991 ~ 2010 年京津冀城市群十样本中 t 年地区 i 中的 GDP 的自然对数；μ_i 和 λ_t 分别代表空间特定效应和时间特定效应的哑变量，α 为常数项，β_k 是 7 维待估参数列向量，分别对应第 k 个解释变量的系数（$k = 1, \cdots,$ 7）；ε_{it} 是 200 维扰动项列向量，服从相互独立且均值为零、方差为 σ^2 的同分布；自变量为 200×7 阶矩阵，$\log(x_{it})$ 分别代表 1991 ~ 2010 年京津冀城市群十个城市样本中 t 年地区 i 中的 7 种解释变量的自然对数。

式中 μ_i 和 λ_t 除特别注明外，均采用固定效应形式，不再作特别说明。如果 μ_i 和 λ_t 采用固定效应形式，只有满足 $\sum \mu_i = 0$ 且 $\sum \lambda_t = 0$ 的情况下，常数项 α 才能被估计，通常可替代的方法是在模型中剔除常数项 α。首先，分别对不含 μ_i 和 λ_t、只包含 μ_i、只包含 λ_t、包含 μ_i 和 λ_t 四种不包含空间因素的 OLS 模型进行回归分析和 LM（或 Robust LM）检验，结果如表 7 - 4 所示。

表 7 - 4 中应用非空间 OLS 的参数估计可以直接得到各自变量的直接效应，即京津冀城市群各个城市 log(IOL)、log(NED)、log(UEL)、log(R&D)、log(FDI)、log(EHC)、log(MCS) 每提高 1%，对本地区 log(GDP) 变化的影响方向和大小分别为 - 0.045134%、0.045111%、0.1546313%、- 0.078448%、0.034555%、0.275464%、0.755465%，从中可以看出 log(IOL)、log(R&D) 对城市群经济增长表现出较小的抑制作用，log(NED)、log(UEL)、log(FDI) 积极作用较小，log(MCS) 对城市群经济增长的促进作用最为突出，得出在不考虑空间相关性的情况下，人力资本和 R&D 对城市群经济增长的应有作用没

有得到充分发挥，京津冀城市群经济增长主要还是依赖物质资本的投入。

第一，传统非空间面板 OLS 模型不如空间面板模型的估计效果好，特别是包含μ_i和λ_t固定效应哑变量的空间面板模型。

表 7 - 4 传统 OLS 模型参数估计结果

参数	不含μ_i和λ_t	只含μ_i	只含λ_t	包含μ_i和λ_t
α	− 1. 846521 (0. 00)	—	—	—
log(IOL)	0. 115876 (0. 00)	− 0. 045134 (0. 07)	0. 220039 (0. 00)	0. 085314 (0. 00)
log(UEL)	0. 283002 (0. 00)	0. 1546313 (0. 00)	0. 252130 (0. 00)	0. 112537 (0. 00)
Log(MCS)	0. 784532 (0. 00)	0. 755465 (0. 00)	0. 485455 (0. 00)	0. 497300 (0. 00)
Log(EHC)	0. 236546 (0. 00)	0. 275464 (0. 00)	0. 321300 (0. 00)	0. 016862 (0. 61)
Log(FDI)	0. 084620 (0. 00)	0. 034555 (0. 00)	0. 015419 (0. 00)	− 0. 023364 (0. 00)
Log(R&D)	− 0. 105462 (0. 00)	− 0. 078448 (0. 00)	− 0. 102321 (0. 00)	− 0. 020084 (0. 26)
Log(NED)	0. 121552 (0. 00)	0. 045111 (0. 01)	0. 284453 (0. 00)	0. 010390 (0. 85)
σ^2	0. 0456	0. 0007	0. 01288	0. 0004
R^2	0. 8236	0. 83882	0. 9586	0. 6039
$\bar{R}^2$	0. 8546	0. 84596	0. 9239	0. 9872
DW	1. 7292	1. 8746	1. 8009	1. 6317
Log Likelihood	529. 1571	12655. 8652	523. 5003	1293. 88
LM SAR	120. 0362 (0. 00)	209. 5611 (0. 00)	79. 5569 (0. 00)	84. 2230 (0. 00)
LM SEC	4. 7539 (0. 00)	14. 6410 (0. 00)	1. 2991 (0. 25)	43. 6480 (0. 00)
Robust LM SAR	151. 2366 (0. 00)	210. 5031 (0. 00)	96. 8349 (0. 00)	42. 1540 (0. 00)
Robust LM SEC	36. 38761 (0. 03)	8. 28788 (0. 00)	18. 9012 (0. 00)	0. 4113 (0. 53)

第二，对空间和时间固定效应的 Likelihood Ratio（LR）检验结果分别为：
p = 0.00，LR = 316.24，df = 18，p = 0.00，LR = 1359.52，df = 26，结果显示
时间固定效应、空间固定效应都是高度显著的。

第三，表 7-4 中的第 5 列只有 Robust LM SEC 检验显示，除传统 OLS 模
型外，其余 Robust LM 检验结果均显示，传统 OLS 模型可以扩展为包含空间
滞后因变量或空间滞后自相关误差项的 SAR 模型或 SEM 模型（5% 的显著性
水平），传统 OLS 模型拒绝转变为包含空间滞后自相关误差项的 SEM 模型
（5% 的显著性水平）。

第四，表 7-4 中的第 4 列中，除传统 OLS 模型外，其余 Robust LM 检验
结果均显示，传统 OLS 模型可以扩展为包含空间滞后因变量的 SAR 模型或包
含空间滞后自相关误差项的 SEM 模型（5% 的显著性水平），只有传统 LM
SEC 检验显示，传统 OLS 模型拒绝转变为包含空间滞后自相关误差项的 SEM
模型（5% 的显著性水平）。

第五，表 7-4 中的第 2 列和第 3 列的应用传统 Robust LM 和 LM 检验结
果均显示，传统 OLS 模型可以扩展为包含空间滞后因变量的 SAR 模型或包含
空间滞后自相关误差项的 SEM 模型（5% 的显著性水平）。

通过空间面板模型的选择和施工优化，空间计量经济学分析京津冀城市
群产业结构优化和城市演化。首先，需要建模和非空间面板（OLS）是传统
的拉格朗日乘数检验空间相关性的模型（LM 检验）或拉格朗日乘数检验的稳
定性，如果采用传统的 OLS 模型确认的空间相关测试存在的空间相关性，这
就需要基于 OLS 模型，通过选择和添加效果的空间，进行空间面板模型的构
建和表达。其次，基于空间面板模型的因变量的空间滞后 WY，可变空间滞后
WX，自相关误差空间滞后型和 W 的 ε 筛选组合进行分析。最后，空间效应
的空间面板模型的随机或固定效应和时间的影响（随机或固定效应）被设置，
空间面板数据模型构建被最佳表达。

7.4.2　静态空间面板模型分析

测试包含特定的空间相关性的传统非空间 OLS 模型相结合的四种以上的
时间和空间的影响，LM SAR 和 Robust LM SAR 模型都已经通过 1% 显著水平，
表明非空间 OLS 模型变量的空间相关性是显而易见的，因此，通过添加因变

量的空间滞后 WY，证明非空间 OLS 模型扩展到 SAR 模型的表达式形式更适合。此外，除了 LM SEC 的测试，可靠的测试 LM SEC 只包含含有 5% 的显著性水平测试不及格，剩下的情况下，LM SEC 和 Robust LM 的测试结果表明，空间相关的误差项非空间 OLS 模型，也就是增加了 $W\varepsilon$ OLS 模型扩展的 SEM 模型可同时存在。非空间 OLS 模型在基于拉格朗日乘数（LM 或 Robust LM）的空间相关性检验中，不能明确拒绝 WY 或 $W\varepsilon$ 的存在，因此，在这种情况下建议采取包含因变量空间滞后 WY 和自变量空间滞后 WX 的空间杜宾模型（SDM）表达形式更为合适。

（一）静态空间面板模型的选择和表达

为了检验上述配置包含了固定效应的虚拟变量的非空间面板 OLS 模型的空间相关性，结果表明，在增加空间滞后因变量的 OLS 扩大进入空间面板特区的模型更好。2007 年之前，计量经济学的研究主要集中在实证大部分空间包含空间滞后模型（SAR）和空间误差模型（SEM），空间交互效应和空间一阶自回归模型（FAR）由于缺乏能力解释，较少应用。不难知道，发展包含更多的空间滞后变量模型，具有很大的理论和现实意义。由于增加的空间因素作为模型的维度和深度，空间计量模型和估算方法越来越复杂，行动更接近客观现实的因素和机制，这是进一步提高区域产业优化和集聚的拟合和解释。从上述观点来看，Manski 模型包含的三种空间效应似乎是最好的选择，但其在实证研究中的应用并不广泛。基于 Manski 模型，蒙特卡罗（Monte Carlo）方法用于产生说明变量 y，X 解释变量在 ［ -1，1 ］ 之间的均匀分布序列，空间权重矩阵 W 为巴基球（Bucky Ball）的形式，经过 1000 次反复迭代计算，即内源性和外源性的影响系数效应参数 θ 的估计结果，最终证明 Manski 模型不存在技术壁垒中的参数估计，因为它不能区分内部效应和外部效应。

需要注意的是，至少应当排除曼斯基模型中所包含的三大类 $k + 2$ 种空间交互效应中的一类，不然将导致参数不可识别的后果。在这种情况下，最优的选择是消除空间滞后自相关误差，因为忽略了空间相关变量或可变成本的代价是巨大的，忽略有关的一个或多个解释变量的回归方程中，变量系数估计会被偏置或不一致。与此相反，忽略扰动项之间的空间相关性，将会导致失去功效。

（二） 静态空间面板模型的估计和检验

解释变量和解释变量的原始数据绘制在对数刻度，不考虑时间延迟的前提下，分别构建静态面板 SAR 模型和 SDM 模型表达式，如公式 7 - 46 和 7 - 47 所示：

$$\log(y_{it}) = \alpha + \delta \sum_{j=1}^{N} w_{ij} \log(y_{jt}) + \log(x_{it}) \beta_k + \mu_i + \lambda_t + \varepsilon_{it}$$
$$\varepsilon_{it} \sim N(0, \sigma^2 I_n) \tag{7-46}$$

$$\log(y_{it}) = \alpha + \delta \sum_{j=1}^{N} w_{ij} \log(y_{jt}) + \log(x_{it}) \beta_k + \theta \sum_{j=1}^{N} w_{ij} \log(x_{jt}) + \mu_i + \lambda_t + \varepsilon_{it}$$
$$\varepsilon_{it} \sim N(0, \sigma^2 I_n) \tag{7-47}$$

其中，因变量为 200 维矩阵，δ 和 θ 分别对应因变量空间滞后（WY）系数和自变量空间滞后（WX）系数；α 为常数项，β_k 是 7 维待估参数列向量，分别对应第 k 个解释变量的系数（k = 1，…，7）；ε_{it} 是 513 维扰动项列向量，服从相互独立且均值为零、方差为 σ^2 的同分布；μ_i 和 λ_t 分别代表空间特定效应和时间特定效应的哑变量；W 为行标准化后的 10×10 阶空间权重矩阵，矩阵中元素 w_{ij} 表示地区 i 和 j 之间的空间权重值；$\log(x_{it})$ 分别代表1991～2010 年京津冀城市群十个城市中 t 年地区 i 中的 7 种解释变量的自然对数；自变量为 200×7 阶矩阵；$\log(y_{it}) = 1，…，10；t = 1991，…，2010$，分别代表 1991～2010 年京津冀城市群十个样本中 t 年地区 i 中的 GDP 的自然对数。

通过对公式 7 - 46 所表达的静态 SAR 模型进行回归分析，结果如表 7 - 5 所示：第一，上述结果说明非空间 OLS 模型均劣于上述四种情况下的静态面板 SAR 模型，通过比较研究可以发现，不含 μ_i 和 λ_t 的 SAR 模型表达式的回归结果最为优良；第二，在包含 μ_i 和 λ_t 的情况下，Log Likelihood = 1298. 2651 和修正后的 $R^2 = 0.7224$，相比第二种情况模型的拟合优度下降较大，对数似然水平小幅上升，结果依然较为优良，$\log(R\&D)$、$\log(NED)$、$\log(EHC)$ 未通过 5% 的显著性水平检验，$\log(FDI)$ 和 $\log(R\&D)$ 系数为负，其余变量均符合现实预期、显示高度显著，其中 $W \times \log(GDP) = 0.320019$；第三，在只含有 λ_t 的情况下，Log Likelihood = 629. 56031 和修正后的 $R^2 = 0.9156$，但结果依然较为优良，大部分变量均显示高度显著，只有 $\log(R\&D)$ 系数为负，系数符号符合现实预期，其中 $W \times \log(GDP) = 0.191421$；第四，在只含有 μ_i 的情况下，Log Likelihood = 1299.8953 和修正后的 $R^2 = 0.9932$，显示模型的拟合优度和对数似然水平均得到了进一步提升，大多数变量均显示高度显著，只有 log(R&D) 系数为负且 log(NED) 系数没有通过 5% 的显著性水平检验，其中 W × log(GDP) = 0.456320；第五，在不含 μ_i 和 λ_t 的情况下，因变量空间滞后项、自变量、常数项、均通过了 1% 的高显著性水平检验，Log Likelihood = 634.22198 和修正后的 $R^2 = 0.9765$，除 log(R&D) 变量系数的符号为负以外，其余所有变量均符合现实预期，其中 W × log(GDP) = 0.21232 显示模型的拟合优度和对数似然水平均达到了较好的水平。

表 7-5　　　　　　　面板 SAR 模型参数估计结果

参数	不含μ_i和λ_t	只含μ_i	只含λ_t	包含μ_i和λ_t
α	-1.219037 (0.00)	—	—	—
Log(IOL)	0.210528 (0.00)	0.044040 (0.00)	0.280427 (0.00)	0.063823 (0.00)
Log(UEL)	0.114587 (0.00)	0.147181 (0.00)	0.129887 (0.00)	0.116930 (0.00)
Log(MCS)	0.600282 (0.00)	0.395339 (0.00)	0.490060 (0.00)	0.390506 (0.00)
Log(EHC)	0.274564 (0.00)	0.095620 (0.00)	0.312589 (0.00)	0.049007 (0.11)
Log(FDI)	0.025520 (0.00)	0.006552 (0.03)	0.023727 (0.02)	-0.010614 (0.00)
Log(R&D)	-0.095747 (0.00)	-0.030656 (0.00)	-0.099468 (0.00	-0.020939 (0.06)
Log(NED)	0.020657 (0.45)	0.017914 (0.06)	0.080711 (0.02)	0.011580 (0.36)
W × log(GDP)	0.21232 (0.00)	0.456320 (0.00)	0.191421 (0.00)	0.320019 (0.00)
σ^2	0.0050	0.0004	0.0051	0.0004
R^2	0.9759	0.9984	0.9766	0.9986
Adjust R^2	0.9765	0.9932	0.9156	0.7224
Log Likelihood	634.22198	1299.8953	629.56031	1298.2651

通过对公式 7 - 47 所表达的静态面板 SDM 模型进行回归分析，结果如表 7 - 6 所示。第一，在不含 μ_i 和 λ_t 的情况下，Log Likelihood = 656.25766 和修正后的 $R^2 = 0.8523$，显示模型的对数似然水平、拟合优度都较好，除自变量的系数未通过 5% 的显著性水平检验外，大部分变量的系数都具有高度显著性，只有各变量 log（UEL）、log（FDI）、因变量滞后项 W × log（GDP）、自变量滞后项 W × log（NED），未通过显著性检验；第二，在只含有 μ_i 的情况下，Log Likelihood = 1400.56892 和修正后的 $R^2 = 0.8658$，说明模型的似然水平、拟合优度都得到提高，W × log（IOL）、W × log（NED）、W × log（R&D）、W × log（MCS）、log（NED）未通过 5% 的显著性水平检验，其余变量系数均显示高度显著；第三，在只含有 λ_t 的情况下，Log Likelihood = 746.67662 和修正后的 $R^2 = 0.8745$，说明模型的对数似然水平、拟合优度稍有降低，但结果仍比较好，除自变量 log（FDI）系数未通过 5% 的显著性水平检验外，其余所有变量均高度显著；第四，在包含 μ_i 和 λ_t 的情况下，Log Likelihood = 1143.232 和修正后的 $R^2 = 0.6981$，对数似然水平略有上升，拟合优度降低较多，结果依然较为优良，只有自变量 log（EHC）和 log（NED）系数通过了 5% 显著性水平检验，W × log（IOL）、W × log（NED）、W × log（R&D）、W × log（FDI）、自变量滞后项 W × log（EHC）系数未通过 5% 的显著性水平检验；第五，在包含 μ_i 和 λ_t 的情况下（μ_i 为随机形式），Log Likelihood = 633.4636 和修正后的 $R^2 = 0.6749$，W × log（IOL）、W × log（NED）、W × log（R&D）、log（NED），自变量空间滞后 W × log（EHC）未通过 5% 的显著性水平检验，其余变量均显示高度显著；使用 Wald 和 LR 的方法来测试静态空间面板 SDM 模型可以简化为特区或 SEM 模型测试假设。表 7 - 6 的第五列 LR 和 Wald 空间滞后的测试结果分别为 43.3272 和 42.3234，结果在高级别 SDM 模型简化 Wald 和 LR 测试结果作为特区模式的一种形式，空间误差分别为 79.2954 和 74.6609，结果显示在显著水平 SDM 模型简化的 SEM 模型。鉴于此，即静态的面板空间 SDM 模型包括滞后因变量的空间和后面的最适当的变量空间；第六，其中包括随机效应和固定效应的情况下，本节使用的 Wald 方法测试的静态空间面板 SDM 模型可以简化为特区或 SEM 模型假设进行进一步的测试；第七，表 7 - 6 第六列的沃尔德空间滞后和空间误差的测试结果分别为 38.2458 和 73.6581，测试结果也表明，在高级别 SDM 模型简化形式的 SAR 或 SEM 模型；第八，SDM 模型中引入随机效应的固定效果，而不是形式的假设是适当的，基于表 7 - 6 的第六列豪斯曼检验（Hausman 检验）的回归结果，结果表明，豪斯曼的测试值是

7.0286（DF = 14，P = 0.8426），应用程序的 SDM 模型的假设是不是随机的排斥。埃尔霍斯特（Elhorst，2009）提出应用空间和时间，随机效应模型是合适的仍然是很有争议的，除非观测空间单元可以代表一个足够大的样本量和空间单位数目趋于无穷大，或不推荐应用随机效应模型。第九，基于上述分析，回归静态板上 SDM 模型普遍表现出了良好的性能优于静态特区模型，通过回归和测试的结果比较，认为表 7 - 6 的回归结果中第 3 列为最优，其次为第 6 列，再次为第 5 列。

表 7 - 6 　　　　　　　　　　面板 SDM 模型参数估计结果

参数	不含μ_i和λ_t	只含μ_i	只含λ_t	包含μ_i和λ_t	包含μ_i和λ_t
α	-2.120990 (0.00)	—			
Log(UEL)	0.062715 (0.13)	0.061883 (0.01)	0.097219 (0.02)	0.101890 (0.00)	0.084901 (0.00)
Log(IOL)	0.277096 (0.00)	0.057253 (0.00)	0.223938 (0.00)	0.060903 (0.00)	0.063317 (0.00)
Log(MCS)	0.534906 (0.00)	0.421224 (0.00)	0.580061 (0.00)	0.385618 (0.00)	0.398697 (0.00)
Log(EHC)	0.275127 (0.00)	0.070163 (0.03)	0.296234 (0.00)	0.017708 (0.58)	0.067760 (0.03)
Log(FDI)	-0.005137 (0.58)	-0.010002 (0.00)	-0.000462 (0.96)	-0.014799 (0.00)	-0.013425 (0.00)
Log(R&D)	-0.080188 (0.00)	-0.022774 (0.03)	-0.103926 (0.00)	-0.033751 (0.04)	-0.021729 (0.00)
Log(NED)	0.064228 (0.04)	0.013028 (0.25)	0.084638 (0.01)	0.009552 (0.43)	0.012029 (0.33)
W × Log(GDP)	-0.002022 (0.97)	0.477878 (0.00)	0.211069 (0.00)	0.304951 (0.00)	0.300981 (0.00)
W × Log(IOL)	-0.067462 (0.03)	-0.034518 (0.20)	-0.196821 (0.00)	0.034239 (0.13)	0.036775 (0.10)
W × Log(UEL)	0.239736 (0.00)	0.097134 (0.04)	0.299716 (0.00)	0.270884 (0.00)	0.235046 (0.00)
W × Log(MCS)	0.298165 (0.00)	-0.039238 (0.27)	0.603035 (0.00)	-0.117331 (0.01)	-0.105287 (0.02)

续表

参数	不含μ_i和λ_t	只含μ_i	只含λ_t	包含μ_i和λ_t	包含μ_i和λ_t
$W \times Log(EHC)$	0.141520 (0.03)	0.124398 (0.03)	0.154184 (0.02)	-0.064066 (0.34)	-0.029724 (0.64)
$W \times Log(FDI)$	0.048297 (0.00)	0.026666 (0.00)	0.106750 (0.00)	0.016385 (0.08)	0.033759 (0.01)
$W \times Log(R\&D)$	-0.200009 (0.00)	-0.011271 (0.44)	-0.267020 (0.00)	-0.014852 (0.51)	-0.019346 (0.39)
$W \times Log(NED)$	0.065334 (0.10)	-0.013903 (0.30)	0.175952 (0.00)	-0.022691 (0.34)	-0.015339 (0.52)
σ^2	0.0040	0.0004	0.0033	0.0004	0.0004
R^2	0.8523	0.9986	0.9845	0.9987	0.9979
Adjust R^2	0.8607	0.8658	0.8745	0.6981	0.6749
Log Likelihood	656.25766	1400.56892	746.67662	1143.232	633.4636
Wald 空间 滞后检验	—	—	—	42.3234 (0.00)	38.2458 (0.00)
LR 空间 滞后检验	—	—	—	43.3272 (0.00)	—
Wald 空间 误差检验	—	—	—	79.2954 (0.00)	73.6581 (0.00)
LR 空间 误差检验	—	—	—	74.6609 (0.00)	—

（三）结果分析

OLS 模型可以解释变量影响京津冀城市群经济的增长，而不是通过计算间接效果的说法，做出合理的解释。通过回归公式 7-46，变量包括四种 SAR 模型计算间接的影响，总的效果的因变量的空间滞后的直接影响，如表 7-7 中所示，因此，直接计算的结果的分析效果和间接效果，不仅可以通过变量直接影响城市群经济增长和解释的性质，大小还可以做进一步的解释的性质和规模效应，集聚对区域透过间接影响经济的变量。通过 OLS 模型和 SAR 模式的比较，只包含项目，分别从变量的直接影响、间接影响和总效应的角度来看，对城市群产业优化与城市进化的性质和规模进行比较分析，比较 OLS

模型和其他三个条件的 SAR 模型。

表 7-7　　　　　面板 SAR 模型直接效应、间接效应、总效应估计结果

直接效应	不含μ_i和λ_t	只含μ_i	只含λ_t	包含μ_i和λ_t
Log(IOL)	0.2143 (12.0482)	0.0675 (4.5381)	0.2835 (10.2091)	0.0660 (6.2072)
Log(UEL)	0.1147 (2.6849)	0.1989 (6.4480)	0.1281 (2.8200)	0.1204 (4.7190)
Log(MCS)	0.6098 (25.9228)	0.4938 (23.8294)	0.4954 (12.1482)	0.4023 (18.7756)
Log(EHC)	0.2976 (10.3044)	0.0849 (3.1686)	0.3148 (10.8886)	0.0494 (1.5609)
Log(FDI)	0.0260 (3.1075)	0.0065 (2.1996)	0.0248 (2.2752)	-0.0109 (-3.1320)
Log(R&D)	-0.0975 (-6.7724)	-0.0389 (-3.2875)	-0.1003 (-6.5000)	-0.0215 (-1.8235)
Log(NED)	0.0197 (0.7333)	0.0196 (1.9521)	0.0807 (2.2065)	0.0119 (0.8957)
间接效应	不含μ_i和λ_t	只含μ_i	只含λ_t	包含μ_i和λ_t
Log(IOL)	0.0646 (6.8767)	0.0397 (3.9590)	0.0722 (6.7682)	0.0314 (4.6790)
Log(UEL)	0.0344 (2.6189)	0.2449 (5.7438)	0.0436 (2.7500)	0.0573 (3.8945)
Log(MCS)	0.1829 (12.7663)	0.2529 (20.6775)	0.1261 (7.2318)	0.1915 (6.6961)
Log(EHC)	0.0896 (6.9916)	0.0887 (3.1757)	0.0801 (7.0736)	0.0345 (1.4778)
Log(FDI)	0.0078 (3.0264)	0.0063 (2.1954)	0.0063 (2.2180)	-0.0063 (-2.7981)
Log(R&D)	-0.0293 (-5.7507)	-0.0368 (-3.1531)	-0.0255 (-5.2816)	-0.0103 (-1.7099)
Log(NED)	0.0057 (0.7218)	0.0255 (1.9357)	0.0202 (2.2999)	0.0057 (0.8765)

续表

总效应	不含μ_i和λ_t	只含μ_i	只含λ_t	包含μ_i和λ_t
Log(IOL)	0.2790 (10.7181)	0.0883 (4.2993)	0.3556 (9.8935)	0.0974 (6.0168)
Log(UEL)	0.1492 (2.6862)	0.2927 (6.2712)	0.1606 (2.8276)	0.1777 (4.6086)
Log(MCS)	0.7928 (30.2252)	0.7881 (41.2373)	0.6216 (11.5669)	0.5937 (14.6394)
Log(EHC)	0.3872 (9.7759)	0.1928 (3.1975)	0.3949 (10.5745)	0.0730 (1.5443)
Log(FDI)	0.0338 (3.1112)	0.0112 (2.2077)	0.0310 (2.2761)	-0.0161 (-3.0824)
Log(R&D)	-0.1268 (-6.7089)	-0.0605 (-3.2506)	-0.1259 (-6.4110)	-0.0318 (-1.8010)
Log(NED)	0.0255 (0.7316)	0.0360 (1.9506)	0.1009 (2.2361)	0.0176 (0.8928)

表7-6第3列中应用空间面板 SDM 模型计算得到的各自变量的直接效应显示:第一,各城市的自变量 log(IOL)、log(NED)、log(UEL)、log(R&D)、log(FDI)、log(EHC)、log(MCS) 每提高1%,对本地区 log(GDP) 变化的影响方向和大小分别为 0.0675%、0.0196%、0.1989%、-0.0289%、0.0065%、0.0849%、0.4938%,由此发现,由于忽视变量空间相关的直接影响,各变量计算 OLS 模型已严重高估,除了 log(R&D) 之外的系数都是非负并没有符合预期,余下的变量符号是现实的预期,尤其是 log(IOL) 表示无法被修改,因此可以考虑模型的 SAR 空间相关性以便可以更好地修改 OLS 模型,为城市群经济增长提供更合理的解释。第二,值得注意的是,因变量 SAR 模型空间相对滞后,直接影响的变量包含周边地区,反馈机制可以简单地表示为一个反馈效果:$X_i \rightarrow Y_i \rightarrow XY \rightarrow Y_j \rightarrow WY \rightarrow Y_i$,反馈效应的大小通过对表7-5中计算得出的各自变量系数与表7-7中各自变量的直接效应的差计算得到,其中 log(IOL)、log(NED)、log(UEL)、log(R&D)、log(FDI)、log(EHC)、log(MCS) 每提高1%的反馈效应分别为 0.00346%、0.001486%、0.010519%、-0.00204%、0.000448%、0.00848%、0.029661%,因此,反馈效应的绝对值小,但是反馈效应的存在可以在一定程度上解释区域经济集聚。

表 7-7 中第 3 列计算得到的各自变量的间接效应显示：由于自变量空间相关性的存在，各地区的自变量 log（IOL）、log（NED）、log（UEL）、log（R&D）、log（FDI）、log（EHC）、log（MCS）每提高 1%，对与其邻接地区 log（GDP）变化的影响方向和大小分别为 0.0397%、0.0255%、0.2449%、-0.0368%、0.0063%、0.0887%、0.2529%，因此，log（FDI）、log（NED）和 log（IOL）对区域经济集聚有积极影响、log（R&D）对区域经济集聚具有负向作用。

表 7-7 在第 3 列中的直接作用和间接的影响，计算的是每个变量的总效应。因此，变量的度量是城市群经济增长的直接贡献（在这种情况下是 61.6%，如果考虑到的反馈效应的直接作用，实际贡献水平应略小于 61.6%），间接效果是衡量区域经济浓度水平的直接贡献（36.4%，在这种情况下，如果考虑反馈效果，比 36.4% 的实际贡献水平应稍大），因此，可以得出结论：在不同的变量对城市群经济增长与经济增长的直接贡献水平的绝对值是不同的，但城市群经济增长和经济增长的贡献的比例是相同的变量相等。综上所述，计算不足可变间接效果是无法相比非空间 OLS 模型，考虑的模型特区变量的空间相关性可以计算直接影响和间接影响，间接测量和不同的变量分解为区域经济的直接贡献的水平，但由于缺陷的生长和团聚，有一个直接的影响，以相同的比例相同的变量和间接的影响。因此，有必要引入 SDM 修改的空间面板。

通过引入空间滞后因变量和空间滞后项 WX 及 WY 变量，构建 SDM 表达的空间面板模型，如式 7-47 所示。不同的变量在模型中的 SDM 的直接效应和间接效应不同比例在最后一章解释，这里不再多说。根据回归分析方程式 7-47，参数的回归结果进一步巩固计算，分别计算出结果的直接影响，五种不同的变量在不同条件下的间接效应和整体效果，如表 7-8 所示。对 SDM 回归模型的五例上述测试结果的分析，只包含固定效应的情况下，最佳的（表 7-8，第 3 列）的回归结果包含随机效应和固定效应（表 7-8，第 6 列），因此，基于上述两种情况的说法，从直接效应、间接效应、总效果的角度，特别是在京津冀城市群的回归结果下分析和解释的性质和规模的集聚效应，长度的限制，这里不再论述。

在表 7-8 第 3 列和第 6 列中，分别应用空间面板 SDM 模型计算得到的各自变量的直接效应显示：第一，各地区的自变量 log（IOL）、log（NED）、log（UEL）、log（R&D）、log（FDI）、log（EHC）、log（MCS）每提高 1%，如

表 7 - 8 第 3 列所示，对本地区 log（GDP） 变化的影响方向和大小分别为
0.0465%、0.0337%、0.0801%、- 0.0368%、- 0.0082%、0.0844%、0.5553%；
如表 7 - 8 第 6 列所示，分别为 0.0761%、0.0337%、0.0959%、- 0.0345%、
- 0.0233%、0.0775%、0.3997%。由于考虑了自变量的空间相关性 WX，SDM
计算得出的直接效应不同于 SAR 模型的 0.0675%、0.0196%、0.1989%、
- 0.0389%、0.0065%、0.0849%、0.4938%。由于空间相关性的变量或变量
的回归结果有不好的影响，也就是说，如果消除一个或多个有关的回归方程
中的解释变量，该变量的系数估计会被偏置和不一致，因此，相对于 SAR 模
型，SDM 模型可以更好地适应和解释现实中的京津冀城市群产业优化和城市
进化。注意的 SDM 直接影响两种显示 log（FDI） 和 log（R&D） 的变量条件下
发挥区域经济增长的一个负面作用，解释了两个区域经济增长不发挥作用。
其次，由于 WX 依赖可变空间滞后项和 SDM 模型的变量空间中的变量，直接
影响的滞后包含从周边地区的反馈效应，SDM 模型的反馈机制，此外还包含
SAR 模型中的 $X_i \to Y_i \to WY \to Y_j$、$WY$、$Y_i$，还包含 $X_i \to WX \to Y_j \to WY \to Y_i$ 反馈机
制。同上所述，反馈效应的大小可以通过对表 7 - 6 中各自变量系数与表 7 - 8
中各自变量的直接效应的差计算得到。上述两种情况下，log（IOL）、log
（NED）、log（UEL）、log（R&D）、log（FDI）、log（EHC）、log（MCS） 每提高
1%，前者 SDM 模型的反馈效应分别为 0.0004%、- 0.0021%、0.0211%、
- 0.0030%、0.0030%、0.0231%、0.0178%；后者的反馈效应分别为 0.0041%、
- 0.0004%、0.0178%、- 0.0020%、0.0013%、- 0.0014%、0.0021%。因此，
每个变量的直接影响计算的 SDM 模型为区域经济增长提供了更合理的解释。
同样，反馈效应的存在在一定程度上对京津冀城市群城市进化与特区模式相
比，每个变量的反馈效应的绝对水平与 SDM 模型和改进相比，直接影响的绝
对水平仍比较小。值得注意的是，不同的比例直接影响京津冀城市群城市进
化的贡献来自两个方面的比例的不同，变量的反馈效应不同。其中，从正面
和负面的反馈效果的角度出发讨论的反馈效果 SDM 模型在第一种情况下计算
的 log（R&D）、log（NED） 对京津冀城市群城市进化存在抑制作用；第二情况
下，log（EHC）、log（R&D）、log（NED） 也表现出对城市群城市进化的抑制
作用。

　　在表 7 - 8 第 3 列和第 6 列中，空间面板 SDM 模型计算得到的各自变量的
间接效应显示：由于同时存在因变量和自变量的空间相关性，各地区的自变
量 log（IOL）、log（NED）、log（UEL）、log（R&D）、log（FDI）、log（EHC）、

log(MCS) 每提高 1%，对与其邻接的地区 log(GDP) 变化的影响方向和大小分别为 0.0068%、 - 0.0152%、0.2168%、 - 0.0495%、0.0377%、0.1914%、0.2755%；第二种情况如表 7 - 8 第 6 列所示，分别为 0.0762%、 - 0.0149%、0.3516%、 - 0.0343%、0.0254%、 - 0.0093%、0.0195%。由于考虑了自变量的空间相关性 WX，上述 SDM 模型计算得出的间接效应不同于 SAR 模型的 0.0397%、0.0255%、0.2449%、 - 0.0368%、0.0063%、0.0887%、0.2529%。因此，间接影响计算 SDM 模型对城市群城市进化可以进行更合理的解释，其中，从正面和负面的间接效果的角度出发进行调查，计算 SDM 模型第一种情况下显示 log(R&D) 的间接影响，log(NED) 与城市群城市进化负的抑制作用，具有积极的作用，在促进变量 log(MCS)、log(EHC)、log(UEL) 的影响最为突出，log(FDI) 和 log(IOL) 时相对较小；第二种情况下，log(EHC)、log(R&D)、log(NED) 对城市群产业优化有负面抑制作用，具有积极的推动变量 log(UEL) 的作用是最突出的，其次是 log(IOL)，再次为 log(FDI) 和 log(MCS)。

由表 7 - 8 的第三列中每个变量的直接效应和间接效应的 SDM 模型计算出总效应。不像 SAR 模型，在模型中每个变量的直接效果之间的比例 SDM 和间接影响是不是一个常数，即每一个解释变量为城市群城市进化的不同贡献。

第一，不考虑反馈效应的情况如表 7 - 8 第 3 列所示，各自变量 log(IOL)、log(NED)、log(UEL)、log(R&D)、log(FDI)、log(EHC)、log(MCS) 所包含的直接效应和间接效应的比重分别为 8.470588、 - 0.82979、0.349366、0.633005、 - 0.18299、0.330265、1.549895；第二种情况分别为 0.88189、 - 0.78523、0.298066、0.688047、 - 0.48031、 - 7.13978、20.55385。

表 7 - 8　　面板 SDM 模型直接效应、间接效应、总效应估计结果

直接效应	不含 μ_i 和 λ_t	只含 μ_i	只含 λ_t	包含 μ_i 和 λ_t	包含 μ_i 和 λ_t
Log(IOL)	0.2774 (11.6048)	0.0465 (5.4699)	0.2348 (10.2689)	0.0647 (6.3606)	0.0761 (6.6566)
Log(UEL)	0.0609 (1.4914)	0.0801 (2.9473)	0.0875 (2.1130)	0.1258 (4.7336)	0.0959 (3.8954)
Log(MCS)	0.5347 (14.6491)	0.5553 (22.9767)	0.5586 (14.7850)	0.3851 (18.1004)	0.3997 (18.8900)
Log(EHC)	0.2742 (9.3723)	0.0844 (2.8362)	0.2929 (9.8339)	0.0123 (0.3601)	0.0775 (2.0650)

直接效应	不含μ_i和λ_t	只含μ_i	只含λ_t	包含μ_i和λ_t	包含μ_i和λ_t
Log(FDI)	- 0.0063 (- 0.5654)	- 0.0082 (- 2.1446)	- 0.0063 (- 0.5539)	- 0.0140 (- 3.5184)	- 0.0233 (- 2.9687)
Log(R&D)	0.0790 (- 5.2877)	- 0.0368 (- 2.4108)	- 0.0939 (- 6.5490)	- 0.0245 (- 2.1094)	- 0.0345 (- 2.0784)
Log(NED)	0.0631 (2.0150)	0.0337 (1.0388)	0.0769 (2.4369)	0.0084 (0.6526)	0.0337 (0.9264)
间接效应	不含μ_i和λ_t	只含μ_i	只含λ_t	包含μ_i和λ_t	包含μ_i和λ_t
Log(IOL)	- 0.0676 (- 2.2708)	0.0068 (0.2223)	- 0.2127 (- 4.5915)	0.0725 (2.4609)	0.0762 (2.5496)
Log(UEL)	0.2371 (3.1671)	0.2168 (2.6629)	0.2420 (3.3892)	0.4103 (5.0209)	0.3516 (4.3062)
Log(MCS)	0.2979 (6.4814)	0.2755 (10.1906)	0.4198 (5.7901)	- 0.0010 (- 0.0192)	0.0195 (0.3639)
Log(EHC)	0.1400 (2.2480)	0.1914 (2.7733)	0.0788 (1.4076)	- 0.0801 (- 0.8873)	- 0.0093 (- 0.1080)
Log(FDI)	0.0490 (3.7421)	0.0377 (5.8729)	0.0919 (5.0448)	0.0164 (1.2526)	0.0254 (1.9014)
Log(R&D)	- 0.2014 (- 6.6300)	- 0.0495 (- 1.7819)	- 0.2133 (- 6.9003)	- 0.0298 (- 0.9634)	- 0.0343 (- 1.1154)
Log(NED)	0.0661 (1.5851)	- 0.0152 (- 0.7258)	0.1391 (2.6929)	0.0267 (- 0.8163)	- 0.0149 (- 0.4294)
总效应	不含μ_i和λ_t	只含μ_i	只含λ_t	包含μ_i和λ_t	包含μ_i和λ_t
Log(IOL)	0.2098 (8.8661)	0.0644 (1.9340)	0.0220 (0.4509)	0.1372 (4.3615)	0.1434 (4.6051)
Log(UEL)	0.2981 (4.0360)	0.3086 (3.0907)	0.3296 (4.6896)	0.5361 (5.6153)	0.4564 (4.7912)
Log(MCS)	0.8326 (26.9374)	0.7309 (25.1933)	0.9783 (12.6345)	0.3841 (6.0841)	0.4204 (6.6304)
Log(EHC)	0.4142 (7.3689)	0.3758 (3.2605)	0.3717 (7.8711)	- 0.0676 (- 0.6459)	0.0571 (0.5736)

总效益	不含μ_i和λ_t	只含μ_i	只含λ_t	包含μ_i和λ_t	包含μ_i和λ_t
Log(FDI)	0.0438 (3.4868)	0.0317 (4.2780)	0.0867 (4.3818)	0.0024 (0.1565)	0.0132 (0.8330)
Log(R&D)	-0.2804 (-9.7429)	-0.0663 (-2.6746)	-0.3072 (-10.5035)	-0.0543 (-1.5170)	-0.0579 (-1.6631)
Log(NED)	0.1292 (3.6155)	-0.0023 (-0.1075)	0.2160 (4.1051)	-0.0183 (-0.4680)	-0.0033 (-0.0790)

第二，在考虑反馈效应的前提下，第一种情况如表7-8第3列所示，各自变量log(IOL)、log(NED)、log(UEL)、log(R&D)、log(FDI)、log(EHC)、log(MCS) 所包含的直接效应占间接效应与反馈效应之和的比重分别为8.112676、-0.75974、0.323875、0.590805、-0.17026、0.305301、1.434755；第二种情况分别为0.838951、-0.76974、0.2821、0.651934、-0.45865、-6.20561、18.55556。

第三，由于SDM模型计算得出的反馈效应的比重相比SAR模型有所提高，因此，考虑反馈效应的存在，各变量对于京津冀城市群经济增长的贡献度比重的绝对值均有所下降，上述比重符号为正表示变量对于城市群经济增长发挥同向作用（共同促进或共同抑制），符号为负表示发挥反向作用（促进和抑制作用同时存在）。

第四，考虑到的反馈效果，第一种情况如表7-8所示：对京津冀城市群产业优化与城市进化具有积极作用，log(IOL)、log(UEL)、log(EHC)、log(MCS) 发挥的作用分别为：11%和89%、76%和24%、77%和23%、41%和59%；具有抑制京津冀城市群产业优化与城市进化的变量log(NED) 发挥的作用为43%和57%；具有促进京津冀城市群产业优化与城市进化的变量log(FDI) 发挥的作用为15%和85%；对京津冀城市群产业优化与城市进化均具有负向抑制作用的变量log(R&D) 发挥的作用为37%和63%。第二种情况如表7-8第6列所示：对京津冀城市群产业优化与城市进化均具有正向促进作用的变量中，log(IOL)、log(UEL)、log(MCS) 发挥的作用分别为：54%和46%、78%和22%、5%和95%；具有抑制产业优化与促进城市进化作用的变量log(NED) 和log(EHC) 发挥的作用分别为57%和43%、14%和86%；具有促进产业优化与抑制城市进化作用的变量log(FDI) 发挥的作用为69%和31%；对产业优化与城市进化均具有负向抑制作用的变量log(R&D) 发挥的作用为 61% 和 39% 。

综上所述，得出结论：相比 SAR 模型，绝对值不同变量对京津冀城市群产业优化与城市进化的贡献水平和冲击性能的 SDM 模型的计算结果是不同的，但相同的变量为京津冀城市群产业优化与城市进化的贡献率是不一样的，因此，引入 SDM 模型空间面板 SAR 特区，同样缺乏直接效应和间接效应的比例相同的变量被修改，使其更合理地装修和解释京津冀城市群产业优化与城市进化。

7.4.3　动态空间面板模型分析

基于上述包含静态面板数据模型，虚拟变量的影响，从静态扩展到动态表达式介绍了常用的时间序列分析模型变量的时间滞后。动态空间面板模型除了包含静态空间面板模型滞后因变量，变量和误差项空间，也可以是对因变量，变量和误差项的时间滞后和时间延迟扩展。从理论上讲，动态面板数据模型的表达形式和内容更加丰富，但在实践中，由于问题的识别模型，动态空间面板模型，而不是在无保留意见的前提下，直接应用到实证研究。埃尔霍斯特（Elhorst，2011）的广义动态面板模型为出发点，提出了用矢量表示，所定义的参数的模型，广义模型进行分类和简化该过程，根据经验的客观需要研究，选择最优模型的表达形式，如式 7-48 所示。

$$Y_t = \tau Y_{t-1} + \delta WY_t + \eta WY_{t-1} + X_t\beta_1 + WX_t\beta_2 + X_{t-1}\beta_3 + WX_{t-1}\beta_4 + Z_t\theta + \nu_t$$
$$\nu_t = \gamma \nu_{t-1} + \rho WY_t + \mu + \lambda_t I_N + \varepsilon_t \qquad (7-48)$$
$$\mu = kW\mu + \xi$$

（一）动态空间面板模型的选择和表达

类似静态空间面板模型的分类方法，动态空间面板模型同样可以通过不同参数的设定，将包含被解释变量、解释变量和误差项的空间、时间、时空滞后，空间特定效应、时间特定效应，以及其他外生解释变量等进行多种不同组合，将广义动态空间面板模型简化和扩展为多种模型表达形式。鉴于静态空间杜宾模型在参数估计和模型解释能力上的优势，借鉴亚瑟和科赫（Ertur and Koch，2007）和埃尔霍斯特等人（Elhorst et al.，2012）的研究方法，主要围绕动态空间杜宾模型的设定、估计和结果分析等方面进行，构建标准动态空间杜宾模型，如公式 7 - 49 所示：

$$Y_t = \tau Y_{t-1} + \delta W Y_t + \eta W Y_{t-1} + X_t \beta_1 + W X_t \beta_2 + \nu_t \qquad (7-49)$$

以 1990 年作为基年，对模型中 $\beta_2 = 0$ 加以限定，剔除自变量空间滞后项，如公式 7 - 50 所示：

$$\log(y_{it}) = \log(y_{i,t-1}) + \sum_{j=1}^{N} w_{ij}\log(y_{i,t-1}) + \log(x_{it})\beta_{1k} + \sum_{j=1}^{N} w_{ij}\log(y_{jt})$$
$$+ \mu_i + \lambda_t + \varepsilon_{it}$$
$$\varepsilon_{it} \sim N(0, \sigma^2 I_n) \qquad (7-50)$$

其中，τ、η、δ 分别对应因变量时间滞后、时空滞后、空间滞后系数；β_k 是 7 维待估参数列向量，分别对应第 k 个解释变量的系数（$k = 1, \cdots, 7$）；ε_{it} 是 200 维扰动项列向量，服从相互独立且均值为零、方差为 σ^2 的同分布；μ_i 和 λ_t 分别代表空间固定效应和时间固定效应哑变量；W 为行标准化后的 27×27 维空间权重矩阵，矩阵中元素 w_{ij} 表示地区 i 和 j 之间的空间权重值；自变量为 200×7 阶矩阵，$\log(x_{it})$ 分别代表 1991~2008 年京津冀城市群十个城市样本中 t 年城市 i 中的 7 种解释变量的自然对数；式中因变量为 200 维列向量，$\log(y_{it})$ 和 $\log(y_{i,t-1})$，$i = 1, \cdots, 27$；$t = 1991 \sim 2010$，分别代表 1991~2010 年京津冀城市群中第 t 年和第 $t-1$ 年地区 i 中的可比价格 GDP 的自然对数。

（二）动态空间面板模型的估计和检验

在只包含 μ_i 和同时包含 μ_i 和 λ_t 两种情况下，分别对公式 7 - 50 的动态面板 SDM 模型（$\beta_2 = 0$）进行回归分析，参数估计结果如表 7 - 9 所示，其中第 2 列和第 4 列为利用基于模型条件对数似然方程的 ML 估计方法计算得出的 LS-DV 估计值，表 7 - 9 第 3 列和第 5 列为对 ML 估计方法计算结果进行偏差修正后的 BCLSDV 估计值。

第一，回归结果在第 2 列和第 3 列中显示，在只包含 μ_i 和 λ_t 的情况下，时间滞后项 $Log(y_{i,t-1})$、空间滞后项 $W \times Log(y_{i,t})$、时空滞后项 $W \times Log(y_{i,t-1})$，以及自变量 $\log(MCS)$、$\log(EHC)$、$\log(FDI)$、$\log(R\&D)$、$\log(URB)$、$\log(NED)$、$\log(IOL)$ 系数均通过了 5% 显著性水平检验；回归结果在第 4 列和第 5 列中显示，在同时包含 μ_i 和 λ_t 的情况下，除空间滞后项 $W \times Log(y_{i,t})$、时

空滞后项 $W \times Log(y_{i,t-1})$ 系数未通过5%的显著性水平检验外，其余变量系数均显著。因此，只包含 μ_i 的情况下的修正后的动态 SDM 模型回归结果较为优良。

表 7 – 9　　　　　　动态面板 SDM 模型参数估计结果（$\beta_2 = 0$）

参数	修正前含 μ_i	修正后含 μ_i	修正前含 μ_i 和 λ_t	修正后含 μ_i 和 λ_t
$Log(y_{i,t-1})$	0.871080 (0.02)	0.975345 (0.02)	0.902656 (0.02)	1.052338 (0.02)
$W \times Log(y_{i,t})$	0.546995 (0.04)	0.550001 (0.04)	0.275987 (0.08)	0.294683 (0.08)
$W \times Log(y_{i,t-1})$	−0.493318 (0.04)	−0.554151 (0.04)	−0.283389 (0.08)	−0.375922 (0.08)
$log(IOL)$	−0.001163 (0.01)	−0.008219 (0.01)	0.006505 (0.01)	−0.003821 (0.01)
$log(UEL)$	−0.024072 (0.01)	−0.039634 (0.01)	−0.030352 (0.01)	−0.046990 (0.01)
$Log(MCS)$	0.067557 (0.01)	0.031465 (0.01)	0.038970 (0.01)	−0.021775 (0.01)
$Log(EHC)$	−0.002892 (0.02)	−0.014940 (0.02)	−0.023584 (0.02)	−0.037680 (0.02)
$Log(FDI)$	0.005318 (0.00)	0.005553 (0.00)	0.006835 (0.00)	0.009710 (0.00)
$Log(R\&D)$	0.001789 (0.00)	0.005795 (0.00)	−0.014664 (0.01)	0.012313 (0.01)
$Log(NED)$	0.020386 (0.00)	0.020942 (0.00)	0.021660 (0.01)	0.023307 (0.01)
σ^2	0.000073 (0.00)	0.000077 (0.00)	0.000065 (0.00)	0.000069 (0.00)
Log Likelihood	1773.056	1773.056		

第二，表 7 – 9 中第 3 列的回归结果显示：时间滞后项 $Log(y_{i,t-1})$ 系数为 0.975345，表明当期 $Log(y_{i,t})$ 受其前期 $Log(y_{i,t-1})$ 影响为正且作用突出，即前期 $Log(y_{i,t-1})$ 每提高 1% 造成当期 $Log(y_{i,t})$ 提高 0.975345%；空

间滞后项 $W \times Log(y_{i,t})$ 系数为 0.550001，表明当期城市 i 的 $Log(y_{i,t})$ 受与其邻接的当期周边城市 j 的 $Log(y_{j,t})$ 的影响为正且突出，即当期周边地区 j 的 $Log(y_{j,t})$ 每提高 1%，带来当期地区 i 的 $Log(y_{i,t})$ 提高 0.550001%；时空滞后项 $W \times Log(y_{i,t-1})$ 系数为 -0.554151，表明城市 i 当期 $Log(y_{i,t})$ 受与其相邻接的周边地区 j 的前期 $Log(y_{i,t-1})$ 的影响为负且作用突出，即与地区 i 相邻接的周边城市 j 的前期 $Log(y_{i,t-1})$ 每提高 1%，带来地区 i 当期 $Log(y_{i,t})$ 下降 0.554151%；地区 i 中各自变量对 $Log(y_{i,t})$ 的影响性质和程度不同，其中 log(MCS)、log(FDI)、log(R&D)、log(NED) 每提高 1%，分别带来 $Log(y_{i,t})$ 提高 0.031465%、0.005553%、0.005795%、0.020942%。log(EHC)、log(UEL)、log(IOL) 每提高 1%，分别带来 $Log(y_{i,t})$ 下降 0.01494%、0.039634%、0.008219%。

第三，动态 SDM 模型回归结果显示，时间滞后项 $Log(y_{i,t-1})$、空间滞后项 $W \times Log(y_{i,t})$、时空滞后项 $W \times Log(y_{i,t-1})$ 的影响程度相对强于其他解释变量，因此，动态 SDM 模型中各解释变量对于城市群经济增长的所发挥的影响机制更趋复杂。同上述静态 SDM 模型相类似，SDM 模型各解释变量的回归估计参数并不能直接得出直接效应、间接效应和总效应，因此无法对各自变量在京津冀城市群经济增长发挥的影响性质和大小进行分析。上述提到静态 SDM 模型只能对各解释变量的长期效应进行计算，动态 SDM 模型通过引入时间滞后和空间滞后项，进而可以分别从长期效应和短期效应两方面出发，对各解释变量中的直接效应、间接效应和总效应进行计算，进而对各自变量在长期和短期范围内对京津冀城市群经济增长方面所发挥的影响性质和大小进行分析。

（三）结果分析

如前面所述，静态 SDM 模型只能对各解释变量的长期直接效应、间接效应和总效应进行计算，而无法计算短期效应。本节通过引入动态 SDM 模型，对公式 7-50 的回归结果进行分析，分别计算只包含 μ_i 和同时包含 μ_i 和 λ_t 两种情况下，动态面板 SDM 模型（$\beta_2 = 0$）的长期效应和短期效应，如表 7-10、表 7-11 所示，其中第 2 列和第 4 列为对应 LSDV 估计值计算得出的各解释变量的长期和短期效应，第 3 列和第 5 列为对应 BCLSDV 估计值计算得出的各解释变量的长期和短期效应。

表7-10   动态面板 SDM 模型（$\beta_2 = 0$）短期直接效应、间接效应、
总效应估计结果

短期直接效应	修正前只含μ_i	修正后只含μ_i	修正前只含μ_i和λ_t	修正后只含μ_i和λ_t
Log(IOL)	-0.0021	-0.0078	0.0057	-0.0041
Log(UEL)	-0.0264	-0.0135	-0.0309	-0.0480
Log(MCS)	0.0740	0.0345	0.0333	-0.0223
Log(EHC)	-0.0032	-0.0164	-0.0240	-0.0385
Log(FDI)	0.0058	0.0061	0.0070	0.0099
Log(R&D)	0.0020	0.0064	-0.0149	-0.0126
Log(NED)	0.0223	0.0178	0.0221	0.0238
短期间接效应	修正前只含μ_i	修正后只含μ_i	修正前只含μ_i和λ_t	修正后只含μ_i和λ_t
Log(IOL)	0.0001	-0.0004	0.0001	-0.0001
Log(UEL)	0.0010	-0.0017	-0.0004	-0.0007
Log(MCS)	0.0030	0.0014	0.0005	-0.0004
Log(EHC)	-0.0001	-0.0006	-0.0004	-0.0006
Log(FDI)	0.0002	0.0002	0.0001	0.0001
Log(R&D)	0.0001	0.0004	-0.0002	-0.0002
Log(NED)	0.0009	0.0009	0.0004	0.0004
短期总效应	修正前只含μ_i	修正后只含μ_i	修正前只含μ_i和λ_t	修正后只含μ_i和λ_t
Log(IOL)	-0.0013	-0.0081	0.0058	-0.0040
Log(UEL)	-0.0274	-0.0452	-0.0313	-0.0487
Log(MCS)	0.0769	0.0359	0.0338	-0.0226
Log(EHC)	-0.0033	-0.0170	-0.0243	-0.0391
Log(FDI)	0.0065	0.0063	0.0082	0.0100
Log(R&D)	0.0021	0.0067	-0.0151	-0.0128
Log(NED)	0.0232	0.0239	0.0224	0.0242

因此，通过对长期效应和短期效应的计算和分析，动态 SDM 模型可以从长期和短期中的直接效应和间接效应的角度出发，分别就各解释变量对于包含产业优化与城市进化的京津冀城市群经济增长影响性质和大小做出进一步的解释。

上述通过对动态 SDM 的参数估计结果进行检验，认为只包含 μ_i 情况下的修正后的参数估计结果为最优，因此，本节就表 7－10 第 3 列的计算结果进行具体分析。

表 7－11　动态面板 SDM 模型（$\beta_2 = 0$）长期直接效应、间接效应、总效应估计结果

长期直接效应	修正前只含μ_i	修正后只含μ_i	修正前只含μ_i和λ_t	修正后只含μ_i和λ_t
Log(IOL)	－0.0095	0.2905	0.0577	－0.0009
Log(UEL)	－0.1958	－1.6173	－0.3122	－0.0112
Log(MCS)	0.5495	1.2840	0.3360	－0.0063
Log(EHC)	－0.0235	－0.6097	－0.2426	－0.0090
Log(FDI)	0.0433	0.2266	0.0703	0.0023
Log(R&D)	0.0146	0.2365	－0.1508	－0.0030
Log(NED)	0.1658	0.8546	0.2228	0.0065
长期间接效应	修正前只含μ_i	修正后只含μ_i	修正前只含μ_i和λ_t	修正后只含μ_i和λ_t
Log(IOL)	－0.0002	0.0017	－0.0002	－0.0050
Log(UEL)	－0.0048	0.0093	0.0009	－0.0621
Log(MCS)	0.0134	－0.0074	－0.0009	－0.0288
Log(EHC)	－0.0006	0.0035	0.0007	－0.0498
Log(FDI)	0.0011	－0.0021	－0.0002	0.0128
Log(R&D)	0.0004	－0.0014	0.0004	－0.0163
Log(NED)	0.0040	－0.0049	－0.0006	0.0308
长期总效应	修正前只含μ_i	修正后只含μ_i	修正前只含μ_i和λ_t	修正后只含μ_i和λ_t
Log(IOL)	－0.0097	0.2922	0.0575	－0.0059
Llog(UEL)	－0.2006	－1.6080	－0.3113	－0.0733
Log(MCS)	0.5629	1.2766	0.3351	－0.0340
Log(EHC)	－0.0241	－0.6062	－0.2419	－0.0588
Log(FDI)	0.0444	0.2253	0.0701	0.0151
Log(R&D)	0.0150	0.2351	－0.1504	－0.0192
Log(NED)	0.1698	0.8497	0.2222	0.0364

资料来源：根据公式 7－50 回归分析和检验后得到。

各解释变量的短期总效应为直接效应和间接效应的加和，通过对各解释变量短期直接效应和间接效应的比重，可以计算得出其对短期京津冀城市群

经济增长的贡献水平，因此可以得出结论为：对短期经济增长与经济集聚均具有正向促进作用的变量中，log（MCS）、log（FDI）、log（R&D）、log（NED）的贡献率分别为96%和4%、97%和3%、96%和4%、96%和4%；对短期经济增长与经济集聚均具有负向抑制作用的变量中，log（EHC）、log（URB）、log（IOL）的贡献率均为96%和4%。

从长期效应考察，各解释变量的长期总效应为直接效应和间接效应的加和，通过对各解释变量长期直接效应和间接效应的比重，可以计算得出其对长期经济增长与集聚的贡献水平，因此，可以得出结论为：不同于短期效应，除log（IOL）以外的解释变量对于长期经济增长与经济集聚的影响方向基本相反。对长期经济增长与经济集聚均具有正向促进作用的变量log（IOL）的贡献率分别为99%和1%；对长期经济增长具有促进作用而对经济集聚均具有抑制作用的变量中log（MCS）、log（FDI）、log（R&D）、log（NED）的贡献率均为99%和1%；对长期经济增长具有抑制作用而对经济集聚均具有促进作用的变量中log（EHC）、log（URB）的贡献率均为99%和1%。

7.4.4　实证分析结果

（一）静态空间面板模型实证分析结果

考虑反馈效应的前提下，在包含空间固定效应 μ_i 的静态 SDM 面板模型中，从长期角度，对各解释变量在京津冀城市群经济增长发挥作用的绝对水平和相对贡献比重进行实证分析。log（MCS）、log（EHC）、log（FDI）、log（R&D）、log（URB）、log（NED）、log（IOL）对区域经济增长发挥作用的绝对水平分别为 0.5553、0.0844、－0.0082、－0.0368、0.0801、0.0337、0.0465，对区域经济集聚作用的绝对水平分别为 0.3096、0.3056、0.0417、－0.0435、0.2467、－0.0154、0.0082。解释变量在京津冀城市群经济增长发挥作用相对贡献比重中，具有正向促进作用的变量中，log（MCS）、log（EHC）、log（URB）、log（IOL）发挥的作用分别为：59%和41%、23%和77%、24%和76%、89%和11%；具有负向抑制作用的变量 log（R&D）发挥的作用为37%和63%。

在京津冀城市群经济增长中，log（MCS）的促进作用最为突出，log

（EHC）、log（URB）、log（IOL）次之，log（NED）最小。结果显示京津冀城市群经济增长还是主要依靠物质资本的推动，但是人力资本、城市进化和产业优化规模等作用仍然较为突出并且具有较大潜力，非国有经济发展水平的促进作用尚未完全显现；log（FDI）和 log（R&D）变量均对京津冀城市群经济增长发挥负作用，说明二者对京津冀城市群经济增长的影响没有发挥应有的作用和水平。在京津冀城市群经济增长中，具有正促进作用的变量中 log（MCS）、log（EHC）、log（URB）的绝对影响最为突出，log（FDI）和 log（IOL）相对较小。结果显示，物质资本、人力资本和城市化因素对促进京津冀城市群经济增长具有关键作用，而 FDI 和产业优化规模因素作用相对较弱；log（R&D）、log（NED）对京津冀城市群经济增长具有负向促进作用。

（二）动态空间面板模型实证分析结果

包含固定效应 μ_i 的情况下，动态面板 SDM 模型（β^2）参数修正后计算的短期效应中，对各解释变量在京津冀城市群发挥作用的绝对水平和相对贡献比重进行实证分析。解释变量 log（MCS）、log（EHC）、log（FDI）、log（R&D）、log（URB）、log（NED）、log（IOL）在京津冀城市群经济增长中发挥作用的绝对水平分别为 0.0345、－0.0164、0.0061、0.0064、－0.0435、0.0178、－0.0078。对短期京津冀城市群经济增长具有正向促进作用的变量中，log（MCS）、log（FDI）、log（R&D）、log（NED）的贡献率均为 96% 和 4%，具有负向抑制作用的变量中，log（EHC）、log（URB）、log（IOL）的贡献率均为 96% 和 4%。

在京津冀城市群短期经济增长中，其中除 log（EHC）、log（URB）、log（IOL）具有负向影响外，其余变量均具有正向促进作用，其中 log（MCS）、log（NED）影响最为突出，其次为 log（FDI）、log（R&D）。研究结果表明，京津冀城市群经济增长中，物质资本和非国有经济发展的促进作用最为突出，FDI 和 R&D 作用相当而且相比较小，城市进化的短期抑制作用较为突出，人力资本和产业优化的抑制作用相当且相对较小。

在京津冀城市群长期经济增长中包含 μ_i 情况下，动态面板 SDM 模型（$\beta_2 = 0$）参数修正后计算的长期效应中，解释变量 log（MCS）、log（EHC）、log（FDI）、log（R&D）、log（URB）、log（NED）、log（IOL）在京津冀城市群经济增长中，发挥作用的绝对水平分别为 1.2840、－0.6097、0.2266、0.2365、

-1.6173、0.8546、0.2905。解释变量对长期经济增长均具有正向促进作用的变量 log（IOL）的贡献率分别为 99% 和 1%；具有抑制作用的变量中 log（MCS）、log（FDI）、log（R&D）、log（NED）的贡献率均为 99% 和 1%。

在京津冀城市群长期经济增长中，除人力资本、城市进化具有较强的负向影响外，其余变量均具有正向促进作用，其中物质资本、非国有经济发展因素的影响最为突出，其次为产业优化，再次为 FDI、R&D。在这里物质资本和非国有经济发展因素的促进作用最为突出，产业优化、FDI、R&D 三者基本持平。人力资本和城市进化的促进作用未得到充分发挥。

第8章

京津冀区域治理创新的政策体系

京津冀产业协同发展对于缩小国内区域发展差距、推动南北平衡东西互动、促进区域之间的协调发展，具有特殊重要的战略意义。本章基于上述对京津冀城市群产业优化、城市进化、空间重塑等的分析，继续向前递进研究京津冀产业治理创新的政策保障体系。囿于国家区域治理体系的不足以及地方政府间合作机制的缺乏，区域战略与规划、产业定位与分布、城市分工与协作等方面亟待突破原有的体制机制性"桎梏"，将京津冀协同发展重大国家战略推向新阶段。本章在借鉴国外区域财税政策、区域协调机制、区域产业协调机制等方面的各国经验的基础上，将从政府间协调政策体系和财政政策体系两方面构建京津冀产业链治理创新的政策保障体系。

8.1 京津冀区域治理创新的制度因素

8.1.1 不利因素

总结归纳上述研究可以发现，阻碍京津冀区域治理的制度因素主要集中在两方面：中央政府管理体制障碍与地方政府间合作制度障碍。

（一）中央政府管理体制障碍

1. 政绩考核机制的一致性与主体功能区定位差异化的不匹配

政绩考核机制是上级政府考核下级政府的主要依据，国家规划是中央政府对地方政府的重要管理工具之一，二者之间发展的不匹配成为京津冀地区协同的主要障碍之一，国家规划的实施效果受到现行政绩考核机制的严峻挑战。虽然全国和京津冀各自的《主体功能区规划》都依据各地区域条件的不同做出了差别化的主体功能定位，并且都指出要"按照不同区域的主体功能定位，实行各有侧重的绩效考核评价体系"，但这一主张与现行的政绩考核机制相悖，同时缺乏相关法律体系的支持。在"对上负责"的政绩考核机制的激励下，京津冀各地方政府为了获得晋升机会，仍以 GDP 等易于考核的指标为最终目标，甚至出现了为争夺相关项目，不顾市场和产业发展的一般规律，大举投资战略性新兴产业，并出台一系列支持性规划和政策，以获取政治晋升中的胜利，从而引发新一轮的产业同构和重复建设（袁艳平，2012）。即使按照《主体功能区规划》的要求，地方政府的政绩考核标准依据主体功能划分加以调整，仍然在某一地区可能存在双重或多重功能，政绩考核标准却没有据此区分的问题。

2. 中央政策执行与辖区居民利益诉求的矛盾

近年来，中央政府开始使用一些约束性指标和问责机制来约束地方政府的行为，以引导地方政府关注经济效益之外的生态效益和社会效益。随着经济增长以及民意传达机制的完善，公众的偏好和需求更加多样化，越来越关注 GDP 以外的其他目标，并主要集中在公平、环保、灾害应对、公共安全等区域公共事务方面（杨龙，2008）。中央政策的总体方向与公众的利益诉求相符，即对上代理的目标与对下代理的目标达成一致，地方政府的委托－代理问题似乎将大大得到缓解，然而现实情况并非如此。

河北省作为京津冀生态环境支撑区，在主体功能上，张家口、承德等地被限制或禁止开发，实际上是被剥夺了一部分发展权，只能享受农产品和生态产品带来的低附加值，从而达到耕地保护和生态环境保护的目的，有利于区域整体利益的提升，然而相关法律并没有对这部分成本的补偿进行保障，而是赋予整个区域无偿享有由此产生的社会效益和生态效益的权利。这就使得本就落后的经济发展起来更加困难，与其他地区的收入差距将不断扩大，当地居民迫切需要通过经济发展来获得生活质量的提升，当这一基本需求得不到满足时，极易滋生一些破坏社会秩序和安全的行为。并且已有许多学者从理论和实证多方面论证了收入差距或贫富差距对于犯罪率和社会安定有显著影响，这对地方政府官员的政治晋升将造成非常恶劣的影响。

因此，限制和禁止开发区域的地方政府面临中央政策执行与辖区居民生活水平的两难境地。在我国坚持维稳宗旨的背景下，为了保证地区社会安定的基本前提，地方政府在与中央政府博弈时，会将发展经济作为自己的第一要务，从而与国家规划产生冲突。这势必会导致限制和禁止开发区域与优化和重点开发区域围绕产业、市场、资源、政策展开争夺。

3. 地方政府官员任期制的诱导性

由于任期制的存在，地方政府官员会为了在短期内取得可观的政绩，而制定或者实施一些"短平快"，但有悖于长期利益的政策或行为，此前京津冀地区严重的环境污染问题就是以牺牲长期公共利益为代价换取短期经济增长的突出例子。

（二）地方政府间合作制度障碍

1. 监督机制与奖惩机制的困境

良性的制度和有效的实施需要健全的监督奖惩机制作保障，因为制度如果缺乏监督，就容易被滥用，出现制度异化，也会由于缺乏评价而得不到修正完善。同时，没有监督就不会对偷懒或者破坏制度的人进行惩罚，也不会对遵守规则的人进行激励，所以必然会使得制度实施陷入困境。因而，在跨区域行政合作中，合作制度的实施有赖于必要的监督奖惩机制。但一方面监督奖惩机制是需要成本的，作为监督的主体不仅要付出时间的代价，而且监督的公正性和有效性也会受到质疑，但监督和惩罚带来的利益又可能被全体合作参与者所占有。因而，当地方政府认为不惩罚不遵守制度者比惩罚更有利和低成本时，他们会对监督和惩罚持消极态度。另一方面，监督奖惩机制的实施需要明确合作参与主体各自的责任。但由于区域公共责任的共担和政府部门分割的矛盾，难以明确合作各方的责任，这也是长期以来，造成区域内各地方政府行政冲突和纠纷的症结所在，这在同一流域的共同治理中表现得尤为突出。正因为跨区域行政合作中，监督奖惩的高成本和存在责任认定的难题，致使监督奖惩机制效力的缺乏，从而导致跨区域行政合作的随意性和违规行为不受制约等问题的广泛存在。

2. 区域利益协调机制缺失

京津冀尽管联系密切，但均是独立的行政区域，出于对地方利益和当前利益的考虑，三地始终难以站在区域和长远的角度思考问题。北京在土地资源紧张、人口压力巨大的情况下，为了应对金融危机，要把北京建设成为全国高端制造业的重要基地，汽车工业产值在国内省区市和主要城市排名进入前列；天津则专注发展滨海新区，大力发展现代制造业。多年来，北京、天津两大城市专注自身发展，难以顾及与河北等地的协调。此外，大气环境治理、水环境渤海海洋环境的保护等跨流域、跨地区的协调工作，无法形成有效的利益协调机制。

3. 区域信息不对称

信任是合作和协调行动的前提和基础，没有信任良好的合作关系，有效的协同管理就无从谈起。以信任为支撑的协同管理，在协同者之间能够产生安全感和确定感，从而达成协作意愿，这是协同治理的保证。在一个共同体中，信任水平越高，合作的可能性就越大。对于跨区域行政合作而言，建立政府之间的信任关系是非常重要和必要的。在跨区域行政合作过程中，一方政府最担心的就是自己采取合作行动，而另一方政府却不采取合作行动，产生"搭便车"行为或有意垄断行政资源，从而损害自身利益或整体利益。因而，在跨区域行政合作中由于缺乏信任而导致无法合作和合作失败的现象较为普遍。而导致跨区域政府合作面临信任困境的根源在于政府间的信息不对称。良好的信任必须以充分的了解为前提，这有赖于双方信息的沟通和共享，但在跨区域行政合作中，由于部门利益和封闭性管理习惯，地方政府总是想方设法垄断信息，阻碍信息的公开和正常流通。同时，在技术层面，各个地区的数据库，由于数据采集渠道和标准不尽相同，又实行独立建设和自我维护，从而导致地方政府之间信息共享的困难。正是由于地方政府之间的信息不对称，进而导致了双方难以建立彼此信任的关系，也最终影响了共同合作行为的实现。

8.1.2 有利因素

1. 顶层设计的高位推动

目前京津冀地区城市间产业链的衔接配套相对薄弱，市场机制对技术等要素进行合理配置的动力不足，在企业认定、安全标准、资源消耗限制等方面没有统一准入，制约了资金、技术、人才等要素跨区域流动。所以仅仅依靠市场力量难以打破这种割裂现状，需要政府顶层设计的推动才能形成优势互补、错位发展的产业格局。第一，中央政府的政策引导地区政府的政策落实，将带动一系列的资金、技术、劳动等流向最佳的资源配置场所，使地区发展具备政策优势；第二，转移支付能促进地区产业结构合理化，也将成为解决区域差距问题的重要手段之一；第三，政绩考核是激励政府政策优化及落实的机制，特别是要督促政绩考核机制的一致性匹配主体功能区定位差异化。

2. 公共利益的共同诉求

京津冀地区对公共利益的诉求是实现区域合作的关键，目前较为基础且迫切的诉求主要有两方面：一方面是对公共物品的诉求，另一方面是对生态环境的诉求。在京津冀区域，区域公共物品的供给不均和过量都需要化解。然而由于集体行动逻辑的存在，区域公共物品供给中很难避免一方"搭便车"的情况。加之京津冀区域市场的供给不足，以及单个地方政府无能力提供公共物品的充足供给，因此，问题的解决可能需要更高层次的公共部门通过利益协调和转移支付等手段来完成。有些公共物品的供给需要公共部门协调进行，其中可以通过规划设计为区域公共物品供给的组合模式做出安排。其中的典型是区域规划和进行跨界合作的空间规划，比如《京津冀地区城乡空间发展规划研究三期报告》建议的区域生态网络建设（吴良镛等，2013），通过联系京津冀当前的公园系统和河湖水系改善受污染水体，在局部补充公园绿地，并用绿道连接各地，设立区域生态网络，从数量、质量和组合三方面为区域公共物品的生态网络进行供给。

3. 区域合作的预期收益

京津教育、科技实力拥有难以比拟的优势，具有发展教育产业、科技产业的独特条件，京津可以将这种优势辐射到河北的临近城市，带动整个京津冀产业链上的人才、技术流动；河北又具有承接北京非首都功能疏解的要素优势，可以提供土地、资源等承接京津的产业转移，从而进一步调整优化京津冀地区的产业布局。

京津冀产业结构具有明显的互补作用，两市一省在技术、产业上存在梯度性以及生产要素方面存在互补性，三地地域相连，可以借助这种区域形势加以协同合作，在合作过程中降低交易成本、提高生产效率，加快资本、技术、劳动力、信息等生产要素在该区域的流动，实现区域内的要素配置的最优化。

8.2　区域治理创新的经验借鉴

（一）区域财税政策

1. 促进产业发展的财税研究，以美国、欧盟、日本为例

欧盟政府对产业发展的财税支持是以政府产业援助的形式提供的。欧盟国家的产业援助框架明确了地区发展、中小企业发展、研究开发活动、风险资本以及就业、培训、环境和困境企业重组等作为可以提供财税支持的领域。这些领域都与产业升级和城市发展有着密不可分的联系。提高欧盟经济的创新能力是"里斯本战略"的核心内容，而鼓励研发是欧盟支持产业升级的最主要的政策着力点，主要包括对研发项目、技术可行性研究、中小企业申请和保护工业知识产权、新创立的创新性小企业、服务业的过程与组织创新、创新咨询服务与创新支持服务、创新集群等全方位的财税支持。风险资本的相对缺乏是欧盟高技术产业落后于美国和日本的重要原因，在一定程度上制约了欧盟产业结构的升级。为此，欧盟专门制定了为风险资本提供财税支持的政策准则。只要风险资本中有70%是以股权和类似股权方式投资于目标企业，风险投资额中至少有50%来自私人投资者（落后地区至少30%），且投资对象是扩张期及以前的小型企业或初创阶段的中型企业，即可享受欧盟的财税支持。

利用财税政策扶持产业发展成为日本政府"二战"后经济政策体系的重

要内容。日本政府的理念是，在影响产业发展的财税政策实践中，不存在一成不变的或普适的政策、原则和方法，而是必须根据所处的环境状况及其发展变化随机制宜地选择最适合的政策，因此，其政策体现为一种"权变战略"。日本扶持产业发展的财政政策包括直接干预产业活动、利用政策性融资、主动有序退出部分"夕阳产业"以及通过设备更新补贴、研发援助等手段发展新技术。为了使产业结构更加合理化和高级化，日本利用税收杠杆扶持新兴产业和促进衰退产业的转型，其中既有直接优惠又有间接优惠，直接优惠主要是免税政策。折旧优惠制度是日本政府发展"瓶颈"产业和扶持新兴产业的一种经济手段，具体包括提高折旧率和特别折旧两种措施。

美国通过财税政策对产业发展的干预要少于欧洲和东亚国家，美国对产业发展的财税支持体系由三部分构成：一是对作为产业发展基础的科技研发活动的支持；二是通过减免税和融资、担保措施支持产业发展；三是对产业升级与转型中市场开发的支持。美国作为典型的市场经济国家，一向对包括产业政策在内的政府干预的合法性持怀疑态度。美国政府是在不影响市场秩序和各类市场主体公平竞争的前提下实施产业发展的财税政策。

2. 首都非核心功能疏解的一体化，以首尔为例

21世纪之初，韩国开始了首都功能疏解的实践，成立了作为行政新都的世宗市，并制定了一系列的支持政策。政府一系列的支持政策，特别是财税政策在支持机构、产业和人员的搬迁中发挥着重要的作用。政府机构的搬迁涉及原机构所在地的建筑、办公楼、房屋等资产的处置，新址的办公楼购买、相关基础设施建设等需要财税政策的支持。人员的迁移需要更多的配套政策，一方面是行政机构搬迁涉及相关人员的迁移，另一方面还希望带动相关产业人口的疏散，要使居民都能在新址安居乐业，更需要依靠新城市的基础设施、住房、教育、医疗、交通、生活服务等公共服务来承载人口的安居和发展功能。政府机构和企业的搬迁一方面需要处置原机构所在地的办公楼、房屋等；另一方面需要购买、建设新的办公场所、基础设施等，通过相应的财税政策支持，搬迁的机构和产业可以降低搬迁发生的成本费用，减少损失。韩国这方面主要的财税政策包括两个方面，一是给予一定的财政补贴，二是给予一些可行的税收优惠，即由政府财政支持来分担相关机构的一部分成本费用。财政补贴政策主要包括损失补贴和财政贴息，税费减免是最直接的优惠政策。

3. 区域生态补偿的财税研究，以美国、丹麦为例

"保护储备计划"（CRP）是美国在保护生态环境和防止水土流失方面主要的最大生态补偿措施保护计划。为了减少农业耕作造成的生态环境破坏，对水土流失较严重的区域，采取有计划、有条件的退耕还草还林及休耕措施。农业部每年通过给予退耕农户相应的补助进行补偿，对那些永久性退耕的农户，给予一次性补偿种植费用总额一半的补助。保护储备计划设立某些活动的奖励金、年度租用金以及在优良农地上播种已准许的保护植被的植物额外补贴。

20 世纪 80 年代以来，丹麦开征了一系列具有环境保护作用的税种，通过生态税制改革，丹麦初步建立起以能源税为主，其他税种相结合的环保税收体系。一是能源税。包括普通能源税和污染排放税（二氧化碳税、二氧化硫税），征税对象主要是矿物燃料和电（煤、天然气、电、燃料油、罐装液化气等）。二是其他环境税。丹麦的环境税还包括车用燃油税、垃圾税、一次性使用皮具税、自来水税、溶剂税、生长促进剂税、特定零售商品包装税、杀虫剂税、镍福电池税等，这些税种都取得了明显的环境保护效果。

（二）区域协调机制

1. 政府引导市场主导，以珠江三角洲为例

珠江三角洲（以下简称珠三角）曾经是引领中国改革开放和经济发展潮流的区域，如今珠三角地区的区域合作以及珠三角与粤东西北的对口帮扶也为全国诸多区域做出了表率。

广东省把珠三角的九个市按经济联系和地理位置划分为三个经济圈，即广佛肇、深莞惠、珠中江。每个经济圈确定一个牵头市，三个经济圈都出台了各自的总体规划，总体规划是在自愿合作的基础上协商形成的。三大经济圈在工作机制方面，建立了党政主要领导联席会议制度，联席会议每年举行一次，确定工作重点，联席会议下面还有副市长牵头的工作小组，经济圈工作主要是以市际的推动为主，自主性很强。另外还有分管市领导协调会议，有城市规划、交通基础设施、产业协作、环境保护等多个专责小组。在经济圈规划方面，出台了《广佛肇经济圈发展规划（2010~2020 年)》和《广佛同城化规划》；编制完成《深莞惠区域协调发展总体规划（2012~2020)》，开展了《珠中江区域紧密合作规划》编制；三个经济圈均出台交通运输、产

业协作、环境保护等多个专项规划。

2. 中央政府主导型，以京津冀为例

京津冀的行政权力运行具有明显的自上而下的单向性，虽然地方政府也做出不少努力，但是京津冀区域发展的实际情况表明中央政府在其中发挥的作用更为重要，即中央政府的顶层设计给京津冀的区域发展的推动最大。

目前京津冀协同发展规划纲要涉及京津两直辖市和河北省 11 个地级市的范围。2014 年 3 月发布的国家新型城镇化规划（2014~2020 年）中三次提到了京津冀城市群，可见京津冀城市群的发展潜力是巨大的，同时也表明京津冀城市群发展的必要性和紧迫性。京津冀地区的交通基础设施共建共享、大气污染联防联控已经有了很大的突破。

京津冀三省市政府协调机制主要表现为联席会议协调机制，但是该机制并未持续有效运转。2008 年 2 月在天津召开第一次京津冀发改委区域工作联席会议。国家发展改革委、北京市发展改革委、河北省发展改革委、天津市发展改革委以及天津市经协办、滨海委等部门负责人参加了会议，共同签署了《北京市天津市河北省发改委建立"促进京津冀城市群发展协调沟通机制"的意见》。

3. 省际市场主导，地方参与，以长江三角洲为例

长江三角洲（以下简称长三角）是在一市两省地方政府自发自愿的基础上发展起来的，其空间范围包括上海市、江苏省和浙江省的 16 个城市。2010 年 5 月，《长江三角洲地区区域规划》正式发文，明确了长江三角洲地区发展的战略定位。起初，长三角主要实行的是三层制度化组织结构的区域协调机制，即沪苏浙经济合作与发展座谈会、长江三角洲城市经济协调会、城市政府部门之间的协调会；近几年来，长三角主要实行的是三级运作的区域合作机制，即决策层的长三角地区主要领导座谈会，协调层的由常务副省（市）长参加的长三角地区合作与发展联席会议，执行层的联席会议办公室、重点合作专题组和城市经济合作组。

长江三角洲城市经济协调会是由长江三角洲地区城市和其他地级市及以上城市，为推进和加强长江三角洲地区城市间的交流与合作，促进长江三角洲地区的联动发展，通过平等协商自愿组成的经济协调组织。该机制是长三角区域地方政府合作的核心组织和机制，它在批准设立有关专题工作和有关

经费预算、决算等方面发挥核心作用。长三角以行政协议为主要合作制度。通过各种会议所作出的区域经济一体化的制度性安排和长效运作机制，长三角区域内各政府首创了行政协议制度，即各种各样的宣言、共识、意向书、议定书和合作协议等。

4. 省际地级市间政府主导型，以黄河金三角为例

晋陕豫黄河金三角地区位于山西、陕西、河南三省交界地带的黄河沿岸，包括运城市、临汾市、渭南市和三门峡市，处于我国中西部结合带和欧亚大陆桥重要地段，是实施西部大开发战略和促进中部地区崛起战略的重点区域，在我国区域发展格局中具有重要地位。

经过近 30 年的区域合作实践，黄河三角经济协作区在实现规划共编、建立合作机制、基础设施共建、产业合作等方面取得了较为显著的成效：一是编制了《晋陕豫黄河三角经济协作区经济社会发展规划》，明确了协作区发展的方针、目标，确定了发展的重点领域，提出了相应的措施和建议；二是建立了区域合作机制，制定了《晋陕豫黄河三角经济协作区发展联合和协作的实施意见》，建立专员、市长联席会议制度。从 1986 年以来召开了 13 次专员、市长联席会，确定区域合作的总体要求和重点事项，并建立了联络员制度，同时建立了三地（市）有关职能部门沟通协商机制和行业协作联合会；三是基础设施共建共享，根据所制定的区域规划，在三省、三地市和国务院有关部门的共同努力下，联合建设了三门峡、风陵渡黄河公路大桥，密切了三地间的联系，为晋煤南运、两岸经贸往来和民间交往提供了强有力的支撑；四是产业联合与共兴，制定了《晋陕豫黄河三角经济协作区发展企业集群和企业集团的意见》，共同签订了《晋陕豫黄河金三角旅游合作协议书》，打造黄河金三角精品旅游，建立无障碍旅游协作区，运城和三门峡还实现了旅游年票一卡通，果汁加工企业在黄河金三角区三地市间互相投资，提高了区域整体对外竞争能力。

四市政府部门之间的协调机制主要有：果业发展联席会、区域警务协作会议、区域邮政业合作框架协议、区域旅游合作机制、高效联动的执法与投诉处理机制。

（三）区域产业协调机制，以美国为例

美国曾是世界上区域经济发展不平衡的大国之一。在发展历史上，美国

北部与南部、西部地区经济发展曾存在着较大的差距。北部地区工业体系完备、商业规模巨大，资本市场活跃；西部地区自然条件较好，地广人稀，发展潜力好；而南部地区发展速度缓慢，自然条件差，只有一些分散的工业企业，主要提供农林矿原料、半成品以及劳动密集型产品。为保障特定区域的开发，美国先后成立了具有区域综合管理职能的区域调节机构，以便对区域产业等进行调节。美国政府通过不断创新的土地政策与制度，吸引大量移民西进，促进了西部地区产业特别是农业的快速发展。为促进落后地区发展，美国政府建立与健全了财政转移支付、金融、投资、税收等调节工具协调使用制度，避免相互矛盾与冲突，以形成调节合力，促进落后地区产业等快速发展。

经过四十多年以产业调节为主线的区域经济协调发展战略实施，美国西部、南部经济发展速度超过了东北部和中北部，区域经济发展之间的差距明显缩小。到 20 世纪 80 年代末，美国形成了各大区域经济发展相对平衡的局面。构建区域化产业调节法律制度，是美国促进区域产业与区域经济协调发展的基本经验，为我国区域产业调节法律制度构建与促进区域经济协调发展提供了重要的启示和借鉴。

8.3　区域治理创新的制度创新路径

8.3.1　政绩评价机制及其创新

当前我国现行的党政政绩评价机制，是以一级行政区内的财政收入等作为主要标准的，因此，从某种意义上说，区域间实现协同发展的障碍，主要在于跨区域产业转移和城市功能疏散的阻力很大。因此，京津冀协同发展的关键是建立行之有效的政府间区域协调机制。虽然我国也出台了一些绿色GDP 指标，如万元产值能源消耗，但长期以来以追求 GDP 作为发展目标的惯性思维模式依然盛行，这就使一些大城市重积聚、轻扩散，担心一旦把不适合在本地发展的，如重化工业和劳动密集型工业转移出去，就会影响任期内的政绩。要改变这种不正确的政绩观，关键就是要对党政官员政绩评价机制进行创新。

8.3.2　财税体制创新

我国现行的增值税体制主要是在生产领域征税，这一体制有利于抑制企业盲目投资，从而抑制通货膨胀，有利于增加政府财政收入，但同时也加剧了地方政府争相上工业项目的盲目性。而且，生产型增值税也不利于我国企业应对全球化的竞争。2004 年 2 月国家税务总局在东北三省实施了增值税由生产型向消费型转型的试点，如果京津冀各省市以此为契机，加快增值税体制的创新，将大大促进京津冀地区的工业结构调整和优化速度。

8.3.3　区域利益分配机制创新

通过区域利益分配机制的创新，建立突破行政区划限制的京津冀利益分配机制，有利于鼓励北京、天津等大中城市向周边地区扩散不适合在本地发展的产业，加快产业转移与合作步伐。

8.3.4　实现机制创新

区域经济实践表明，行为主体之间的博弈会产生风险，其风险来自两个不对称，一是信息不对称，二是利益不对称。因此，要实现区域一体化必须具备两个前提条件，一是要有利益驱动，二是要有对不合作行为的约束。因此，区域一体化实现机制的设计可具体概括为信息沟通机制、利益协调（补偿）机制、激励和约束机制等。

8.3.5　生态补偿机制创新

京津冀三地可考虑联合发行生态补偿基金彩票或中长期环保债券，或者提供各种优惠政策鼓励更多的环保企业上市，在股票市场中形成环保板块，以筹集更多的生态补偿和环保资金。

8.4　区域治理创新的政策保障体系

8.4.1　政府间协调政策体系

（1）积极争取中央政府的政策支持。在当前京津冀市场化程度还不成熟背景下，中央政府通过从中央到地方统一的行政管理体系来约束和影响地方政府的行为，在一定程度上和特殊的情况下，不失为协调政府间关系的一种方式。如珠江三角洲、长江三角洲等区域合作经济区，就是中央政府组织的不同地区政府之间的联合与合作的成功范例。强调中央政府的政策支持作用，还是因为中央政府可以作为超脱于地方政府间利益争端的公正裁判，从而在地方政府的博弈结构中起信息沟通和冲突裁判的作用。这就要求必须强化中央政府的权威，提高中央政府的宏观调控能力，集中管理全国性有影响的公共事务。从弥补市场失灵的角度出发，在地方事务公共化的基础上，加强对地方政府的法律约束，规范地方政府的行为，建立一种规范的地方政府间利益关系的利益分享和利益调节机制。而只有强化了中央政府的宏观调控能力，才能保证中央政府对地方政府行为的约束，制定科学的区域发展战略和发展规划，才能有效利用相关政策杠杆来调控国家的经济发展，才能避免政府间关系的不协调。

（2）加强地方政府间的合理统筹。在京津冀整体性政府组织机构的基础上，构建一种政治上相对平等、经济上和产业上优势互补的整体性与网络状相结合的政府间关系新型模式，促进三地政府多边交流与协作。其中整体性指治理层级高度整合，构建行政区域内部的交流、沟通、谈判以及信息共享制，搭建透明的信息管理平台，化解行政区内信息不对称带来的无序竞争。网络状政府间关系指地方政府能够实现跨区域间的分权与合作，对京津冀区域重大问题进行协调，如对海河流域进行共同开发；对京津冀各独立行政区域进行城市功能定位，实现产业差异、优势互补。河北作为首都功能疏解和产业转移的首选地，一定要营造一个法治化的发展环境，确保疏得顺畅、转得愉快，河北省也需借势发展自己，改变首都"周边塌陷"的局面。因此，河北省要做好承接京津产业转移和京津部分行政功能迁移部署工作，使各地方政府间关系由单向依赖转变为双向依赖，从而实现区域间地方政府关系的协调和整合，走向合作共赢。

（3）积极引导企业、社会团体参与协调机制的构建。充分调动企业、社会团体在区域经济发展中的能动性，努力引导参与地方政府协调机制的构建。通过非政府组织的平台来宣传营造一种区域地方政府合作协商的良好氛围，主要通过企业、社会团体牵头，民间组织自发等形式创办类似"海峡经济合作发展论坛"的协调机制，积极宣传协调机制的构建理念，探索地方政府协调发展新模式，为地方政府协调机制的理论设计提供智力支持。同时，可通过建立区域间非政府组织的协调合作机制并组织实施，为地方政府协调机制的实践操作提供参考依据。另外，政府的决策直接会影响到市场其他各方，特别是企业主体，因此，在积极引导企业、社会团体参与协调机制构建的同时，还要认真听取企业、社会团体对地方政府协商合作的意见，使得企业、社会团体的意愿充分表达。可以说，企业、社会团体在参与地方政府协调机制构建过程中三者是互动的，是推进地方政府协调机制构建的重要支撑力量。

8.4.2　财政政策体系

（一）北京非核心功能疏解的财税政策

1. 建立产业疏解专项资金制度

在推进首都非核心功能疏解的过程中，各个城市对产业的疏解是重点而且需要最先进行。借鉴我国地区开发和整治的经验，建议在财政支出领域，设立分层次、分领域的产业疏解资金。通过专项资金对相关企业的搬迁予以资助和补偿，完善激励调节机制，加快产业转移。一方面可以设立北京市产业疏解专项资金；另一方面共同建立京津冀产业疏解专项资金。

2. 实施跨区域税收分享政策

为消除首都非核心功能疏解的体制障碍，有必要探讨建立区际税收利益分享机制，消解地方保护的内在冲动，突破制约合作的体制障碍。对于北京来说，突出的问题是创新领域企业数量与税收数额严重不匹配的情况。研发企业一般选择在北京建立，但这些企业在初创期属于保护行列，税收普遍优惠甚至完全免除，等到研发成果需要较大规模产业化时，由于土地、劳动力等要素的成本比较，他们又会倾向于向周边地区转移，所以在培养财源上看对于北京来说等于"白忙"了，最终降低北京支持企业研发的积极性。因此，为鼓励人才、技术、产业园区等优势资源的跨区域流动配置，提高首都圈总体效益，建议首先在京津冀协同发展下积极探讨在高科技创新产业领域建立税收区域分享机制。

3. 加大社会保障支持和跨区域协调力度

人口疏散贯穿于整个疏解过程，而且是最大的问题。在非核心功能疏解过程中，如何将人口的合理疏散顺利推行，涉及职工安置、户籍变更、子女教育、医疗、养老以及跨区域补偿等一系列社会保障问题。因此，对于社会保障领域政策的考虑要慎之又慎，而且要具体细致、落到实处。当前，财税政策的作用空间有以下三方面：一是在产业疏解过程中，注重产业配套设施与公共服务设施配套共建，包括行政办公、商业、卫生、教育及娱乐等。加大优质公共资源的倾斜力度，引导人口向外流动，实现"人业同地、职住均衡"，解决其迁移决定时的后顾之忧。二是推动天津、河北在大学城及其他区域建立以高校为依托的附属中学甚至小学等教育资源，形成京津冀三地教育资源的联合发展等多种方式的共建关系。在中央相关资金的引导下，三地财政资金要拿出配套资金，尽量提前解决职工转移时子女的教育问题。三是对于国营事业单位的职工等涉及北京户籍的人口，建议在搬迁企业和重点产业园区内，保留北京户籍并在迁入区内保障与北京市养老等社会福利同等待遇，资金投入由迁出和迁入区协商，通过财政资金弥补区域差距。

4. 保证土地等要素的有效对接和整合利用

在首都非核心功能疏解过程中，土地是首要要素。涉及两方面：一是对疏入区征地等如何给予支持，二是加强疏出区环境综合治理和土地改造、整合和后续利用。对于天津和河北两个主要疏入地来说，提供有效的土地供给尤为必要；对于输出地北京来说，要加强环境综合治理和土地改造利用。

（二）京津冀生态环境保护的财税政策

1. 完善资源税制度

应该积极创造条件对水、森林、滩涂等自然环境开征资源税。例如，2016 年 7 月在河北省开征水资源税试点工作，水资源是人赖以生存的基础，在河北省开展水资源税征收的试点工作是因为河北是全国比较缺乏水的一个省，实行定额征收，而对一些耗水量高的企业实行高额征收，这样的征收方法有利于保护公民对水的基本需求，也做到了对水资源的保护。这样的征收方式在河北征收的基础上推动在京津冀全面实行。针对试点中出现的问题，首先提高征税定额，其次从价计税应该从原来的销售环节移至开采环节。原收定额比较低，导致买家或者开采者忽略浪费的问题，并且原来只有在销售环节才征收税费，可能造成资源的积压，不利于节约资源，提高定额和改变征收环节，从而在减少资源浪费的同时，治理环境污染。

2. 完善排污"费改税"的制度

未来将通过改革完善排污许可制度，全面推进和完善环境保护各项制度。完善内容主要包括推动排污许可条例的出台，制定管理名录，实现排污许可全覆盖等。排污许可制度的完善，有利于从根本上改变现行排污许可制度存在的管理粗放，缺乏法律支撑等问题，同时有利于费改税政策的实施，在二者的配合实施下，企业的排污成本上升，有利于推动企业加快进行污染治理，对环保企业构成利好，在推动京津冀产业协同发展的同时倒逼区域产业转型升级。

（三）京津冀协同发展的财税合作机制

1. 收入政策

收入政策的重点在于完善税制。随着"营改增"深入推进，在产业转型升级过程中，京津冀三地政府将面临巨大的财力缺口。应通过加快推进税制改革，完善税收制度，为三地政府提供稳定财源。具体来说，可进一步推进增值税改革，在逐步简化税率的基础上，适当提高地方分享比例。落实京津冀地区资源税改革，保证河北省的资源优势转化为经济优势。按照"谁开发谁补偿、谁污染谁补偿、谁受益谁补偿"的原则，在该区域试点环境保护"费改税"，并完善相关配套，实现环境成本内部化，促使企业通过技术创新改变其污染行为，实现以最小的经济和福利成本改善环境质量。推进消费税改革，调整消费税征收范围、环节、税率，把高耗能、高污染产品及部分高档消费品纳入征收范围。

2. 支出政策

支出政策的重点在于完善纵横结合的转移支付制度。在纵向转移支付方面，中央政府应适当减少专项转移支付，通过一般性财政转移支付，给予需要援助的河北省更大财力支持，平衡京津冀在初次利益分配中形成的贫富差距。此外，可在治理大气雾霾、淘汰过剩产能、建设防护林、保护京津水源地等方面进行专项转移支付，以帮助河北省加快产业结构升级。完善以"因素法"为基础的一般性转移支付制度，做好转移支付的资金分配。在横向转移支付方面，北京、天津可以通过地方政府支援、企业投资等形式，积极支持河北等落后地区加快产业升级、淘汰落后产能。中央可协调京津冀，建立京津财力雄厚区县与河北财力薄弱县市的对口帮扶关系。

3. 管理政策

管理政策的重点在于创新税收政策、加强税收征管。在创新税收政策方面，首先，要规范税收优惠政策。逐步清理整并京津冀区域内现有的税收优惠政策，改变过去那种在引入产业时直接减免城镇土地使用税、房产税、契税等简单的"输血式"税收优惠，在生产、研发、营销等产业发展关键环节，以及在激发企业自主创新、引导企业加大研发投入、促进品牌形成等方面，加大税收的调控和引导作用，提高税收优惠政策的"造血"功能，如企业投入高新技术产业的资金可以按照相应比率抵扣应纳税款。其次，实行差异化的税收政策，使得河北的税负水平在区域内处于较低水平，吸引社会资本到河北投资，特别是对国家大力发展的高新技术产业和新兴产业可实行税收减免政策，逐步提高整个河北省的自我发展能力。最后，应合理解决区域税收分配问题。在京津冀产业转移过程中，为解决因"飞地经济"而造成的税源与税收相背离的现象，应对现有的税收分配政策进行调整。

■ 第 9 章

结 论 与 展 望

本书认为，在城市群经济与城市发展关联的种种因素之中，最重要和最具现实意义的是产业优化与城市进化的关系，产业优化是城市进化的动力源泉，城市进化是产业优化的支撑保证。在产业优化中预防城市衰退，在城市进化中实现产业优化，在产业优化与城市进化的互动中，使京津冀城市群进入新的更高层次的发展周期，并实现经济结构优化，在螺旋式上升的过程中实现可持续发展，是京津冀城市群的战略选择。

9.1　主要结论

（一）城市群产业优化与城市进化理论模型构建

1. 城市群产业优化与城市进化理论模型表达（见图 9-1）

在城市群的空间中，产业的出现和集聚是城市兴起和增长的一般前提，产业的产生、成长和演进乃至优化的过程都与城市发展有密切的联系。产业发展与城市演进高度耦合，城市载体与产业规模相适应，城市效益与产业效率相关联，城市间的协作与其产业分工相联系。城市化的本质决定了城市化不可离开产业的发展优化而单独存在，没有产业支撑的城市化只能是徒具形式的"空壳"，更不可能形成规模化，产生城市规模效益。因此，产业的集聚地一般而言就是城市的所在，产业集聚的规模决定城市的规模，如果出现产业优化，城市结构也会随之改变。

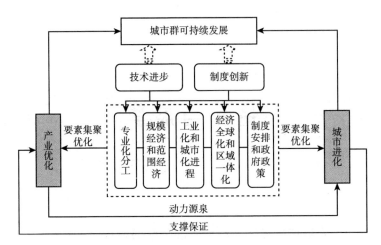

图9-1 城市群产业优化与城市进化理论模型

因此，综合国内外研究，可以判定，在产业与城市关联的种种因素之中，最重要和最具现实意义的应该是产业优化与城市进化的关系，产业优化是城市进化的动力源泉，城市进化是产业优化的支撑保证。两者在相互作用中，推动城市群经济可持续发展。

2. 城市群产业优化与城市进化作用机制

第一，专业化分工与外部经济性。处于扩张的城市中的企业，通过实施分工协作，不断提高劳动者的工作效率，不断降低交易成本和生产成本，促进城市群产业优化与城市进化的耦合发展。交易成本理论认为，企业的边界由企业之间的交易成本以及两类劳动力市场共同确定。加快产业优化和城市群的城市发展，促进两个区域的发展与城市经济的耦合。第二，规模经济和范围经济。产业集群和城市群的耦合的产生和发展，是企业和城市发展的必然产物，共同寻求规模经济和范围经济组域。各种资源及要素在市场经济的作用下，以获取利润最大化、成本最小化为目标，通过各种方式集聚在一起进一步获取外部性，从而促进了城市群产业发展与城市经济的协调。第三，工业化和城市化进程。城市是有利于资源的快速积累和元素的扩散，促进工业化以更好的效率推进，同时也提升了城市效益，从而进一步促进了资源配置的效率，优化了产业发展，通过促进城市的进化，进而促进城市群的发育。

第四，经济全球化和区域一体化进程。通过产业集群和城市群的发展，以提高经济的整体竞争力，促进国家和区域经济发展，已成为在世界各个国家和地区的经济发展新趋势。提高按照国家城市群建设领域的产业集群和区域竞争力，已成为发达国家和发展中国家在产业空间组织形式和区域经济发展模式的共同选择。第五，制度安排和政府政策。制度安排和政府政策作为一个内生变量，对城市群的形成和发展，产业优化与城市进化的协调程度，发挥了决定性作用。在经济系统中，制度就是行为规则，制度安排按照市场经济的法则实现产业经济与城市发展。较好的政策安排，可以抑制随机行为和机会主义行为，促进企业和城市交互作用，提高参与合作的盈利可预见性，减少信息不对称和交易成本。

（二）城市群产业优化与城市进化协调发展经验证据

先发国家的城市群发展在不同程度上均经历了"衰落—整治—复兴"的过程。并且，从城市化发展过程来看，在欧洲、美国、日本等已经经历完整城市化进程的国家中表现得较为完整，其城市群的发展轨迹有着突出的典型性与代表性。本章选取了东京城市群、纽约城市群和巴黎城市群作为研究对象，总结归纳了城市群产业经济与城市发展的规律。第一，从人口规模来看，城市群的中心城市是由一个或者两个特大或者超特大城市构成，然后由几个人口规模次之的大城市，再次就是多个中小城市构成。它们的规模与数量呈"金字塔"关系，"金字塔"顶是规模大的中心城市，如纽约、巴黎、东京、上海和香港，而在"金字塔"底部是数量众多的中小城市。第二，城市群产业因城市规模不同而呈现不同的圈层分布。中心城市拥有以服务业为主导产业的产业圈层，兼有部分都市制造业和极少量农林渔牧的产业，随着中心城市土地、劳动力成本的上升以及联系中心城市与周边地区交通设施的完善，一般制造业则由中心城市向外扩散。与中心城市邻近的中间规模等级的城市以工业制造业为主，同时具有少量的差不多的服务业和第一产业。第三等级规模的城市，即"金字塔"底部的城市则以农林渔牧业为主，兼有少量服务业和制造业。城市规模越大的城市位于"金字塔"上端，以农业为主要城市的底部，兼有少量服务业和制造业。在一个发达的城市群，这条规则是相当明显的。长江城市群的产业布局三角洲和珠江三角洲的中国城市群是逊色于西部的城市群，有一个明确的关系，但产业布局和城市规模的逻辑关系已经初步显现出来。第三，城市群的形成过程是产业在城市群中不同城市集聚分布和优化的过程。城市群中的各个城市都有自身的资源禀赋和比较优势，以此为基础，发挥相应的功能，形成不同的分工，产生集成优势。从发展实际来看，基于职能分工，城市间形成紧密协作的产业体系，以此推动区域经济的一体化进程，并提升产业层次，优化区域布局，这是城市群形成和发展的主要规律。

（三）京津冀城市群空间联系及空间范围判定

1. 京津冀城市群空间联系强度

本章选取多种指标对京津冀城市群进行分析，在此基础上，分析京津冀城市群的发展现状，进而从城市联系强度与城市流两方面，从区域与产业两大维度，对京津冀城市群的空间联系进行分析，并确定京津冀城市群的空间范围。综合上述分析，可以判定，京津冀城市群各城市之间存在一定程度的空间联系，但较为松散。京津之间经济联系非常紧密，而与其他城市联系均相对松散。而同期长三角城市群中上海、苏州、无锡、杭州、南京等城市之间联系量高达3893422，占长三角城市群联系总量的62.11%，城市发展更为均衡，网络化发展的态势已经显现。与之相较，说明京津两市的空间集聚效应大于扩散效应。京津冀三地的经济自成体系，构筑各自的城市体系、拥有各自的产业结构、培育各自的联系腹地、拓展各自的对外联系方向、打造各自的中心城市、建设各自的出海口，与长三角城市群相比，远未形成资源共享、优势互补、良性互动的区域经济联合体。但天津相对北京而言，与其他城市空间联系广度稍大，但由于外向型服务业发展不充分，导致天津对其他城市联系的强度不高。其他城市中，石家庄、唐山与京津空间联系最为紧密，但是，唐山由于产业结构"偏重"，因而城市流不如石家庄，两者依然是成为京津冀城市群次核心城市的主要候选者。其他城市与京津的联系强度及城市流都较小，说明其与京津的落差在进一步加大，这也导致了其承接京津产业转移存在较高难度，京津"孤岛"现象仍将进一步持续。

2. 京津冀城市群空间范围

回顾归纳了戈特曼的城市群空间范围识别标准、日本行政厅对都市圈空间范围的界定标准、周一星的都市连绵区空间范围界定标准、姚士谋都市连绵区空间范围识别标准、宁越敏大城市群空间范围识别标准、方创琳城市群空间范围识别标准。本书基于城市群空间联系及上述判别标准，采用地区生产总值（亿元）、人均地区生产总值（元）、第一产业从业人员比重、当年实际使用外资金额（万美元）、各城市与北京的公路距离（千米）、年末实有城市道路面积（万平方米）等指标，基于城市联系强度，可以判定：京津冀城市群的空间范围以"2+8"更为科学，即：北京、天津、唐山、秦皇岛、承德、张家口、保定、石家庄、廊坊、沧州。

（四）京津冀城市群产业优化与城市进化实证研究

1. 静态空间面板模型实证分析结果

考虑反馈效应的前提下，在包含空间固定效应 μ_i 的静态 SDM 面板模型中，从长期角度，对各解释变量在京津冀城市群经济增长发挥作用的绝对水平和相对贡献比重进行实证分析。log（MCS）、log（EHC）、log（FDI）、log（R&D）、log（URB）、log（NED）、log（IOL）对区域经济增长发挥作用的绝对水平分别为 0.5553、0.0844、-0.0082、-0.0368、0.0801、0.0337、0.0465，对区域经济集聚作用的绝对水平分别为 0.3096、0.3056、0.0417、-0.0435、0.2467、-0.0154、0.0082。解释变量在京津冀城市群经济增长发挥作用相对贡献比重中，具有正向促进作用的变量中，log（MCS）、log（EHC）、log（URB）、log（IOL）发挥的作用分别为：59% 和 41%、23% 和 77%、24% 和 76%、89% 和 11%；具有负向抑制作用的变量 log（R&D）发挥的作用为 37% 和 63%。

在京津冀城市群经济增长中，log（MCS）的促进作用最为突出，log（EHC）、log（URB）、log（IOL）次之，log（NED）最小。结果显示京津冀城市群经济增长还是主要依靠物质资本的推动，但是人力资本、城市进化和产业优化规模等作用仍然较为突出并且具有较大潜力，非国有经济发展水平的促进作用尚未完全显现；log（FDI）和 log（R&D）变量均对京津冀城市群经济增长发挥负作用，说明二者对京津冀城市群经济增长的影响没有发挥应有的作用和水平。在京津冀城市群经济增长中，具有正促进作用的变量中 log（MCS）、log（EHC）、log（URB）的绝对影响最为突出，log（FDI）和 log（IOL）相对较小。结果显示，物质资本、人力资本和城市化因素对促进京津冀城市群经济增长具有关键作用，而 FDI 和产业优化规模因素作用相对较弱；log（R&D）、log（NED）对京津冀城市群经济增长具有负向促进作用。

2. 动态空间面板模型实证分析结果

包含固定效应 μ_i 的情况下，动态面板 SDM 模型（β^2）参数修正后计算的短期效应中，对各解释变量在京津冀城市群发挥作用的绝对水平和相对贡献比重进行实证分析。解释变量 log（MCS）、log（EHC）、log（FDI）、log（R&D）、log（URB）、log（NED）、log（IOL）在京津冀城市群经济增长中发挥作用的绝对水平分别为 0.0345、– 0.0164、0.0061、0.0064、– 0.0435、0.0178、– 0.0078。对短期京津冀城市群经济增长具有正向促进作用的变量中，log（MCS）、log（FDI）、log（R&D）、log（NED）的贡献率均为 96% 和 4%，具有负向抑制作用的变量中，log（EHC）、log（URB）、log（IOL）的贡献率均为 96% 和 4%。

在京津冀城市群短期经济增长中，其中除 log（EHC）、log（URB）、log（IOL）具有负向影响外，其余变量均具有正向促进作用，其中 log（MCS）、log（NED）影响最为突出，其次为 log（FDI）、log（R&D）。研究结果表明，京津冀城市群经济增长中，物质资本和非国有经济发展的促进作用最为突出，FDI 和 R&D 作用相当而且相比较小，城市进化的短期抑制作用较为突出，人力资本和产业优化的抑制作用相当且相对较小。

在京津冀城市群长期经济增长中包含 μ_i 情况下，动态面板 SDM 模型（$\beta_2 = 0$）参数修正后计算的长期效应中，解释变量 log（MCS）、log（EHC）、log（FDI）、log（R&D）、log（URB）、log（NED）、log（IOL）在京津冀城市群经济增长中，发挥作用的绝对水平分别为 1.2840、– 0.6097、0.2266、0.2365、– 1.6173、0.8546、0.2905。解释变量对长期经济增长均具有正向促进作用的变量 log（IOL）的贡献率分别为 99% 和 1%；具有抑制作用的变量中 log（MCS）、log（FDI）、log（R&D）、log（NED）的贡献率均为 99% 和 1%。

在京津冀城市群长期经济增长中，除人力资本、城市进化具有较强的负向影响外，其余变量均具有正向促进作用，其中物质资本、非国有经济发展因素的影响最为突出，其次为产业优化，再次为 FDI、R&D。在这里物质资本和非国有经济发展因素的促进作用最为突出，产业优化、FDI、R&D 三者基本持平。人力资本和城市进化的促进作用未得到充分发挥。

9.2 研究展望

城市群的繁兴是国家经济重心多极化发展的必然趋势，是实现国家经济良性循环和可持续增长的重要一环。但是，截至 2015 年京津冀城市群协调机制没有从根本上建立起来，没有形成统一的发展板块，即缺乏有效的整合是严重制约京津冀城市群发展的关键因素。虽然一些学者等在对个别城市群整合研究的基础上对城市群的整合理论进行了提炼和总结，但仍处于初步的探索阶段。城市群的深度整合需要理论上进一步的深化与论证。就京津冀城市群而言，深度整合的主要瓶颈在于区域治理结构和水平的提升和完善。这将是本书进一步研究的重要视角之一。

进入 21 世纪以来，经济的快速发展及全球化走向深入，京津冀城市群面临前所未有的复杂局面。城市建成区不断膨胀，各种快速便捷的交通网络，拉近了城市群内城市间的时空距离，城市物理边界日渐消融。而经济的国际化发展，进一步扩大了市场规模，使得产业能在更广的范围内形成集群。在市场化、城市化和国际化等力量的综合作用下，城市之间的联系越发紧密，需协调的内容越来越多。在此背景下，寻找新的治理方式成为京津冀城市群迫切需要解决的问题。京津冀城市群原有的行政区经济逐步难以适应未来发展的需求，迫切需要新的区域治理模式来适应变化的竞争环境。因此，研究和借鉴国外区域治理方面的先进经验，归纳总结我国典型城市群治理结构的动态演变，对于促进京津冀建设世界级城市群的发展方向，提升城市群整体竞争力具有重要的意义。这也将是本书进一步的重要方向。

区域经济的发展和地方分权推动了地方政府间的竞争与合作，以经济协调作为基础的地方政府间的横向合作，不仅有利于京津冀城市群的整体发展，而且有利于缓解城市群内部的不平衡，促进可持续发展。因此，京津冀三地地方政府间合作的发展是符合区域经济发展一般规律，也符合中国社会经济发展趋势。在此意义上，城市群作为一个由众多相同等级或不同等级的城市政府紧密联系的集合体，其内部各城市的发展以及城市群整体优势的发挥都需要加强政府间关系的协调。而这也是需要本书深入研究分析的重要课题。

主要参考文献

［1］埃比尼泽，霍德华．明日的田园城市［M］．上海：商务出版社，2002．

［2］蔡碧良．我国省际劳动就业及其影响因素的空间计量分析［D］．湖南大学，2009．

［3］蔡孝箴．城市经济学［M］．天津：南开大学出版社，1998．

［4］陈鸿宇，周立彩．城市化与产业结构关系探讨［J］．岭南学刊，2001，(6)：53－57．

［5］陈美玲．城市群相关概念的研究探讨［J］．城市发展研究，2012，18(3)：5－8．

［6］陈群元，宋玉祥．基于城市流视角的环长株潭城市群空间联系分析［J］．经济地理，2011，31(11)：1840－1844．

［7］陈园园，李宁，丁四保．城市群空间联系能力与SOM神经网络分级研究——以辽中南城市群为例［J］．地理科学，2011，31(12)：1461－1467．

［8］程大林，李侃桢，张京祥．都市圈内部联系与圈层地域界定——南京都市圈的实证研究［J］．城市规划，2003，27(11)：30－33．

［9］崔胜辉，李方一，于裕贤，林剑艺．城市化与可持续城市化的理论探讨［J］．城市发展研究，2010，17(3)：17－21．

［10］代谦，别朝霞.FDI、人力资本积累与经济增长［J］．经济研究，2006，(4)：15－27．

［11］戴伯勋等．现代产业经济学［M］．北京：经济管理出版社，2001．

［12］单豪杰．中国资本存量K的再估算：1952－2006年［J］．数量经济技术经济研究，2008，(10)：17－31．

［13］董冠鹏，郭腾云，马静．京津冀都市区经济增长空间分异的GIS分析［J］．地球信息科学学报，2010，12(6)：797－805．

［14］杜江，刘渝．农业经济增长因素分析：物质资本，人力资本，还是

对外贸易？[J]．南开经济研究，2010，(3)：73-89.

[15] 杜龙政，汪延明，李石．产业链治理架构及其基本模式研究 [J]．中国工业经济，2010 (03)：108-117.

[16] 樊杰．京津冀城市群区域综合规划研究 [M]．科学出版社，2008.

[17] 方创琳，蔺雪芹．武汉城市群的空间整合与产业合理化组织 [J]．地理研究，2008，27 (2)：397-408.

[18] 方俊伟．浙江省现代服务业与城市化的协整及 Granger 检验 [J]．工业技术经济，2007，(7)：72-74.

[19] 冯碧梅，刘传江．全球价值链视角的武汉城市圈产业体系构建—推动武汉城市圈低碳经济发展 [J]．中国人口·资源与环境，2010，20 (3)：67-72.

[20] 冯志军，陈伟．技术来源与研发创新全要素生产率增长——基于中国区域大中型工业企业的实证研究 [J]．科学学与科学技术管理，2013，34 (3)：33-41.

[21] 高汝熹．城市圈域经济论 [M]．北京：科学出版社，2001.

[22] 高素英，郝晓华，刘建朝等．滨海新区城市进化评价研究 [J]．天津大学学报 (社会科学版)，2013，15 (1)：15-20.

[23] 高素英，胡丹，刘建朝等．京津冀高新技术产业协同创新研究 [J]．河北工业大学学报，2011，40 (6)：107-112.

[24] 高素英，杨丽芸，王竞等．滨海新区与环渤海地区经济增长互动效应研究—基于 VAR 模型的脉冲影响分析 [J]．天津大学学报 (社会科学版)，2010 (4)：338-342.

[25] 高翔，鱼腾飞，程慧波．城镇体系结构及与城市化的耦合机制：以西陇海兰新经济带甘肃段为例 [J]．地理科学进展，2009，28 (9)：744-750.

[26] 高远东．中国区域经济增长的空间计量研究 [D]．重庆大学，2010.

[27] 辜胜阻，刘传江，钟水映．中国自上而下城镇化发展研究 [J]．中国人口科学，1998，3：1-10.

[28] 顾朝林，庞海峰．基于重力模型的中国城市体系空间联系与层域划分 [J]．地理研究，2008，27 (1)：1-12.

[29] 顾朝林．城市群研究进展与展望 [J]．地理研究，2011，30 (5)：771-784.

［30］顾朝林. 中国城镇体系：历史·现状·展望［M］. 北京：商务印书馆，1992.

［31］顾乃华，陈秀英. 财政约束、城市扩张与经济集聚密度、劳动生产率变动［J］. 经济学家，2015，（6）：30 - 40.

［32］顾乃华. 生产性服务业对工业获利能力的影响和渠道——基于城市面板数据和 SFA 模型的实证研究［J］. 中国工业经济，2010，（5）：48 - 58.

［33］郭凤城. 产业群、城市群的耦合与区域经济发展［D］. 吉林大学，2008.

［34］郭腾云，董冠鹏，孙威. 规模报酬递增与京津冀都市区经济增长［J］. 地理研究，2011，30（10）：1873 - 1881.

［35］黄群慧，霍景东. 全球制造业服务化水平及其影响因素——基于国际投入产出数据的实证分析［J］. 经济管理，2014，36（01）：1 - 11.

［36］黄宗远，宫汝凯. 中国省区物质资本存量的重估：1978—2007 年［J］. 广西师范大学学报，2010，（1）：74 - 80.

［37］江曼琦，谢姗. 京津冀地区市场分割与整合的时空演化［J］. 南开学报（哲学社会科学版），2015（01）：97 - 109.

［38］姜博，修春亮，陈才. 辽中南城市群城市流分析与模型阐释［J］. 经济地理，2008，28（5）：853 - 857.

［39］焦继文，李冻菊. 再论产业结构合理化的评判标准［J］. 经济经纬，2004（4）：88 - 91.

［40］靖学青. 中国省际物质资本存量估计：1952 - 2010［J］. 广东社会科学，2013，（2）：46 - 55.

［41］李敦瑞. 产业集群发展与区域城市化的互动作用［J］. 经济导刊，2007，（10）：54 - 55.

［42］李红，张平宇，刘文新. 基于新区域主义的城市群制度整合研究——以辽宁中部城市群为例［J］. 地域研究与开发，2010，29（5）：45 - 51.

［43］李红锦，李胜会. 基于引力模型的城市群经济空间联系研究——珠三角城市群的实证研究［J］. 华南理工大学学报（社会科学版），2011，13（1）：19 - 24.

［44］李京文，吉昱华. 中国城市化水平之国际比较［J］. 城市发展研究，2004，11（3）：1 - 10.

［45］李丽萍，郭宝华．城市化形成机制的经济学分析［J］．中州学刊，2006，(5)：53－57．

［46］李娜．长三角城市群空间联系与整合［J］．地域研究与开发，2011，30 (5)：72－77．

［47］李培祥，李诚固．区域产业结构演变与城市化时序阶段分析［J］．经济问题，2003，(1)：4－6．

［48］李维安，齐鲁骏．公司治理中的社会网络研究——基于科学计量学的中外文献比较［J］．外国经济与管理，2017，39 (1)：68－83．

［49］李小平，朱钟棣．国际贸易、R&D溢出和生产率增长［J］．经济研究，2006，(2)：31－43．

［50］李郇．中国城市化滞后的经济因素——基于面板数据的国际比较［J］．地理研究，2005，(3)：421－431．

［51］李彦军．产业长波、城市生命周期与城市转型［J］．发展研究，2009，(11)：4－8．

［52］林毅夫，蔡昉，李周．中国经济转型时期的地区差距分析［J］．经济研究，1998，(6)：3－10．

［53］刘海英，张纯洪．非国有经济发展对中国经济增长质量影响机理研究——来自VEC模型的新证据［J］．经济学家，2007，(6)：63－70．

［54］刘慧波．产业链纵向整合研究［D］．浙江大学，2009．

［55］刘建朝，高素英．基于城市联系强度与城市流的京津冀城市群空间联系研究［J］．地域研究与开发，2013，32 (2)：57－61．

［56］刘小玄．中国转型经济中的产权结构和市场结构［J］．经济研究，2003，(1)：56－58．

［57］刘雪，刁承泰，黄娟．江津市城镇体系结构研究［J］．长江流域资源与环境，2007，16 (3)：284－288．

［58］刘耀彬，王启仿．改革开放以来中国工业化与城市化协调发展分析［J］．经济地理，2004，(5)：600－603．

［59］刘宇春，景维民．中国转型期投资效率下降的所有制结构解析［J］．南开经济研究，2011，(1)：15－23．

［60］卢方元，靳丹丹．我国R&D投入对经济增长的影响——基于面板数据的实证分析［J］，2011，3：149－157．

［61］马国霞，田玉军，石勇．京津冀都市圈经济增长的空间极化及其模

拟研究 [J]. 经济地理, 2010, 30 (2): 177-182.

[62] 欧阳晓, 生延超. 城市化水平与产业结构调整的内在互动机制 [J]. 广州大学学报 (社会科学版), 2006, 11: 47-51.

[63] 潘凡峰, 高长春, 刘畅. 跨区域产业价值链协同创新与路径选择 [J]. 湖南社会科学, 2015, 2: 138-141.

[64] 仇保兴. 应对机遇与挑战——中国城镇化战略研究主要问题与对策 [M]. 北京: 中国建筑工业出版社, 2009.

[65] 钱晓烨, 迟巍, 黎波. 人力资本对我国区域创新及经济增长的影响 [J]. 数量经济技术经济研究, 2010, 4: 107-121.

[66] 全诗凡, 江曼琦. 京津冀区域产业链复杂度及其演变 [J]. 首都经济贸易大学学报, 2016, 18 (2): 42-49.

[67] 任崇强, 宗跃光, 王燕军. 京津冀产业结构和竞争力空间分异研究 [J]. 地域研究与开发, 2012, 31 (3): 1-5.

[68] 任英华, 徐玲, 游万海. 金融集聚影响因素空间计量模型及其应用 [J]. 数量经济技术经济研究, 2010, 5: 104-115.

[69] 师谦友, 郭华. 区域一体化背景下关中空间整合研究 [J]. 地理与地理信息科学, 2007, 23 (5): 77-82.

[70] 孙贵艳, 王传胜, 肖磊等. 长江三角洲城市群城镇体系演化时空特征 [J]. 长江流域资源与环境, 2011, 20 (6): 641-649.

[71] 孙辉, 支大林, 李宏瑾. 对中国各省资本存量的估计及典型性事实: 1978~2008 [J]. 广东金融学院学报, 2010, 25 (3): 103-116.

[72] 汤放华, 陈立立, 曾志伟等. 城市群空间结构演化趋势与空间重构——以长株潭城市群为例 [J]. 城市发展研究, 2010, 17 (3): 65-71.

[73] 唐志宏. 中国平均利润率的估算 [J]. 经济研究, 1999, 5: 61-65.

[74] 涂人猛. 产业集群理论与城市圈的发展 [J]. 湖北社会科学, 2007, 12: 87-89.

[75] 汪延明, 杜龙政. 基于关联偏差的产业链治理研究 [J]. 中国软科学, 2010, 7: 184-192.

[76] 王德章, 赵大伟, 杜会永. 中国绿色食品产业结构优化与政策创新 [J]. 中国工业经济, 2009 (9): 67-76.

[77] 王芳, 夏丽华, 张太煜. 基于 GIS 的珠江三角洲城市群结构与空间关联研究 [J]. 广州大学学报 (自然科学版), 2010, 9 (1): 47-53.

［78］王君萍，项桂英．产业集群发展对城市化进程的影响研究［J］．商业研究，2007，10：133－135.

［79］王茂军，张学霞，齐元静．近50年来山东城市体系的演化过程：基于城市中心性的分析［J］．地理研究，2005，24（3）：432－442.

［80］王少波，黄桂然．山东、江苏两省人力资本水平评估及启示［J］．中国人口·资源与环境，2013，23（2）：163－168.

［81］王小鲁，樊纲．中国收入差距的走势和影响因素分析［J］．经济研究，2005，10：24－36.

［82］王小鲁．城市化与经济增长［J］．经济社会体制比较，2002，1：23－32.

［83］吴丰林，方创琳，赵雅萍．城市产业集聚动力机制与模式研究的PAF模型［J］．地理研究，2011，30（1）：71－81.

［84］吴福象，王德鑫．产业融合的产业结构高级化效应——基于上海市六大支柱产业的实证研究［J］．南京邮电大学学报：社会科学版，2009，2：8－12.

［85］吴金明，邵昶．产业链形成机制研究——"4＋4＋4"模型［J］．中国工业经济，2006（04）：36－43.

［86］吴群刚，杨开忠．关于京津冀区域一体化发展的思考［J］．城市问题，2010，1：11－16.

［87］吴玉鸣．中国经济增长与收入分配差异的空间计量经济分析［M］．北京：经济科学出版社，2005.

［88］吴玉鸣．空间计量经济模型在省域研发与创新中的应用研究［J］．数量经济技术经济研究．2006，23（5）：74－85，130.

［89］武建强．产业集聚和全球价值链空间重组的关系研究［J］．生产力研究，2008，24：109－110，149.

［90］熊映梧等．论产业结构优化的适度经济增长［J］．经济研究，1990（3）：3－11.

［91］徐现祥，周吉梅，舒元．中国省区三次产业资本存量估计［J］．统计研究，2007，5：6－13.

［92］薛凤旋，蔡建明．中国三大都会经济区的演变及其发展战略［J］．地理研究，2003，22（5）：532－533.

［93］严北战．集群式产业链组织形态治理模式及演化研究［J］．软科

学，2012，26（11）：21-26.

[94] 杨波，吴聘奇. 城市化进程中城市集中度对经济增长的影响 [J]. 社会科学研究，2007，4：20-26.

[95] 杨冠琼，刘雯雯. 公共问题与治理体系——国家治理体系与能力现代化的问题基础 [J]. 中国行政管理，2014（02）：15-23.

[96] 杨蕙馨，纪玉俊，吕萍. 产业链纵向关系与分工制度安排的选择及整合 [J]. 中国工业经济，2007（09）：14-22.

[97] 杨开忠. 中国城市化驱动经济增长的机制与概念模型 [J]. 城市问题，2001，3：4-7.

[98] 杨林，邢开蓉. 充分发挥地方政府和市场在产业结构优化升级中的作用 [J]. 经济问题探索，2001（11）：33-34.

[99] 姚士谋，陈振光，朱明英. 中国城市群 [M]. 合肥：中国科技大学出版社，2006.

[100] 姚士谋等. 我国城市群区战略规划的关键问题 [J]. 经济地理，2008，28（4）：529-534.

[101] 叶宗裕. 中国省际资本存量估算 [J]. 统计研究，2010，27（12）：65-71.

[102] 于洪俊，宁越敏. 城市地理概论 [M]. 安徽：安徽科学技术出版社，1983.

[103] 余华银，杨烨军. 安徽新型工业化与城市化关系研究 [J]. 财贸研究，2007，1：13-19.

[104] 郁义鸿. 产业链类型与产业链效率基准 [J]. 中国工业经济，2005（11）：35-42.

[105] 袁志刚，绍挺. 土地制度与中国城市结构、产业结构选择 [J]. 经济学动态，2010，12：28-35.

[106] 曾国平，刘佳，曹跃群. 中国服务业发展与城市化关系的区域差异—基于省级面板数据的协整检验 [J]. 山西财经大学学报，2008，（1）：32-37.

[107] 臧旭恒等. 产业经济学 [M]. 北京：经济科学出版社，2002.

[108] 战明华，许月丽. 规模和产业结构的关联效应、城市化与经济内生增长 [J]. 经济科学，2006，3：19-27.

[109] 张建伟，杜德斌，张战仁. 研发产业与城市化互动视角下研发城

市的构建 [J]. 科学学与科学技术管理, 2011, 32 (5): 102 –107.

[110] 张京祥, 罗小龙, 殷洁, 陆枭麟. 大事件营销与城市的空间生产与尺度跃迁 [J]. 城市问题, 2011 (01): 19 –23.

[111] 张淑莲, 高素英, 刘建朝. 京津冀医药制造业产业协同的实证研究 [J]. 河北经贸大学学报, 2011, 5 (32): 87 –92.

[112] 张樨樨. 我国城市化水平综合评价指标体系研究 [J] 中国海洋大学学报, 2010 (1): 60 –64.

[113] 张祥建, 唐炎华, 徐晋. 长江三角洲城市群空间结构演化的产业机理 [J]. 经济理论与经济管理, 2003, 10: 65 –69.

[114] 张亚斌, 张敏敏. 中心外围理论与3 +5 城市群圈层发展模式设计 [J]. 湖南大学学报 (社会科学版), 2010, 24 (2): 156 –162.

[115] 张艳, 程遥, 刘婧. 中心城市发展与城市群产业整合——以郑州及中原城市群为例 [J]. 经济地理, 2010, 30 (4): 579 –584.

[116] 张燕, 吴玉鸣. 中国区域工业化与城市化时空耦合协调机制分析 [J]. 城市发展研究, 2006, 6: 46 –51.

[117] 赵航. 产业集聚效应与城市功能空间演化 [J]. 城市问题, 2011, 3: 16 –21.

[118] 赵儒煜, 刘畅, 张锋. 中国人口老龄化区域溢出与分布差异的空间计量经济学研究 [J]. 人口研究, 2012, 2: 71 –81.

[119] 钟业喜, 陆玉麒. 基于空间联系的城市腹地范围划分——以江苏省为例 [J]. 地理科学, 2012, 32 (5): 536 –543.

[120] 周黎安. 晋升博弈中政府官员的激励与合作——兼论我国地方保护主义和重复建设问题长期存在的原因 [J]. 经济研究, 2004 (06): 33 –40.

[121] 周一星. 城市地理学 [M]. 北京: 商务印书馆, 1995.

[122] 周毅. 城市化理论的发展与演变 [J]. 城市问题, 2009 (11): 27 –30, 97.

[123] 朱传耿. 外商直接投资对城市发展的影响效应研究 [J]. 中国软科学, 2004, (3): 111 –116, 129.

[124] 朱翔. 洞庭湖区城镇体系建设研究 [J]. 长江流域资源与环境, 1999, 8 (3): 236 –242.

[125] 朱英明. 长三角城市群产业一体化发展研究——城际战略产业链

的视角 [J]. 产业经济研究, 2007 (06): 48-57.

[126] 朱智文. 基于产业集聚的城市化和城市化过程中的产业集聚 [J]. 开发研究, 2006, (6): 45-48.

[127] 祝尔娟. "十二五" 时期京津冀发展阶段与趋势特征分析 [J]. 经济与管理研究, 2010, (10): 122-128.

[128] Abdel-Rahman, H. M, Fujita, M. Product Variety, Marshallian Externalities and City Sizes [J]. *Journal of Regional Science*, 1990, (30): 165-183.

[129] Abdel-Rahman, H. M, Fujita, M. Specialization and Diversification in a System of Cities [J]. *Journal of Urban Economics*, 1993, (33): 189-222.

[130] Abdel-Rahman, H. M. Agglomeration Economies, Types, and Sizes of Cities [J]. *Journal of Urban Economics*, 1990, (27): 25-45.

[131] Albino V, Carbonara N, Giannoccaro I. Supply chain cooperation in industrial districts: A simulation analysis [J]. *European Journal of Operational Research*, 2007, 177 (1): 261-280.

[132] Alonso-Villar O, Chamorro-Rivas J-M, Gonzalez-Cerdeira X. Agglomeration Economies and Industrial Location: City-level Evidence [J]. *Economic Geography*, 2004, 4 (5): 565-582.

[133] Alonso-Villar, O. Urban Agglomeration: Knowledge Spillover and Produet Diversity [J]. *Annals of Regional Scienee*, 2002, (36): 551-573.

[134] Amengual, M. Complementary labor regulation: The uncoordinated combination of state and private regulators in the Dominican Republic [J]. World Development, 2010, 38 (3): 405-414.

[135] Anas, A., K. Xiong. Intercity Trade and the Industrial Diversification of Cities [J]. *Journal of Urban Economics*, 2003, (54): 258-276.

[136] Anselin L. Spatial data analysis with GIS: an introduction to application in the social sciences [M]. Santa Barbara, CA: *National Center for Geographic Information and Analysis*, 1992.

[137] Anselin L. Spatial econometrics: methods and models [M]. *Dordrecht: Kluwer Academic Publishers*, 1988.

[138] Anselin L. Spatial externalities, spatial multipliers, and spatial econometrics [J]. *International Regional Science Review*, 2003, 26 (2): 156-166.

［139］ Anselin L. , Bera A. K, Florax R. , Yoon M. J. Simple Diagnostic Tests for Spatial Dependence ［J］. *Regional Science and Urban Economics*, February, 1966, 26 (1): 77 –104.

［140］ Anselin L. , Le Gallo J. , Jayet H. Spatial Panel Econometrics In: Ma 'tya' s L, Sevestre P (eds) ［M］ //The Econometrics of Panel Data, Fundamentals and Recent Developments in Theory and Practice (3rd edn). Kluwer: Dordrecht, 2008: 625 –657.

［141］ Baldwin R, Forslid R. The Core-Periphery Model and Endogenous Growth: Stabilizing and Destabilizing Integration ［J］. *Economica*, New Series, 2000, 67 (267): 307 –324.

［142］ Baltagi, B. H. Econometric Analysis of Panel Data (3rd edn) ［M］. *Wiley: Chichester*, 2005, 1 –9.

［143］ Barrientos, S. Corporate purchasing practices in global production networks: A socially contested terrain ［J］. Geoforum, 2013, 44: 44 –51.

［144］ Barrientos S. , Gereffi G. , Rossi A. Economic and social upgrading in global production networks: A new paradigm for a changing world ［J］. International Labour Review, 2011, 150 (3 –4): 319 –340.

［145］ Berliant M. , Reed R. R. , Wang P. Knowledge Exehange, Matching, and Agglomeration ［J］. *Journal of Urban Economics*, 2006, (60): 69 –95.

［146］ Bernhardt T. , Milberg W. Economic and social upgrading in global value chains: Analysis of horticulture, apparel, tourism and mobile telephones ［R］. Capturing the Gains Working Paper 2011/06.

［147］ Black D, Henderson V A. Theory of Urban Growth ［J］. *Journal of Political Economy*, 1999, 107: 252 –284.

［148］ Bloom D. E. , D. Canning and J. Sevilla. The Effect of Health on Economic Growth: A Production Function Approach ［J］. *World Development*, 2004, 32 (1): 1 –13.

［149］ Boarnet M G. Spillovers and the Locational Effects of Public Infrastructure ［J］. *Journal of Regional Science*, 1998, 38 (3): 381 –400.

［150］ Brady, R. R. Measuring the Diffusion of Housing Prices across Space and Time ［J］. Journal of Applied Econometrics, 2011, 26 (2): 213 –231.

［151］ Brezis, Elise. , Paul R. , Krugman. Technology and the Life Cycle of

Cities [J]. *Journal of Eeonomic Growth*, 1997, (2): 369 – 383.

[152] Carriquiry, Miguel A. Babcock, Bruce A. Reputations, Market Structure, and the Choice of Quality Assurance Systems in the Food Industry [J]. *American Journal of Agricultural Economics*, 2007, 89 (1): 1 – 5.

[153] Chery Long, Xiaobo Zhang. Patterns of China's industrialization: Concentration, specialization, and clustering [J]. *China Economic Review*, 2012, 23: 593 – 612.

[154] Chi, W. The Role of Human Capital in China's Economic Development: Review and New Evidence [J], *China Economic Review*, 2008, 19: 421 – 436.

[155] Contreras O. F. , Carrillo J. , Alonso J. Local entrepreneurship within global value chains: A case study in the Mexican automotive industry [J]. World Development, 2012, 40 (5): 1013 – 1023.

[156] Coslovsky, S. V. Flying under the radar? The state and the enforcement of labour laws in Brazil [J]. Oxford Development Studies, 2014, 42 (2): 190 – 216.

[157] David Cuberes. Sequential city growth: Empirical evidence [J]. *Journal of Urban Economics*, 2011, 69: 229 – 239.

[158] Davis D R, Weinstein D E. Economic Geography and Regional Production Structure: An Empirical Investigation [J]. *European Economic Review*, 1999, 43: 379 – 407.

[159] Davis James C. and J. Uernon Henderson. Evidence on the Political economy of the Urbanization Process [J]. *Journal of Urban Economics*, 2003, 53: 98 – 125.

[160] De Marchi, V. , Grandinetti, R. . Industrial districts and the collapse of the Marshallian model: Looking at the Italian experience [J]. Competition and Change, 2014, 18 (1): 70 – 87.

[161] De Neve, G. Fordism, flexible specialization and CSR: How Indian garment workers critique neoliberal labor regimes [J]. Ethnography, 2014, 15 (2): 184 – 207.

[162] DeWitt T, Giunipero L C, Melton H L. Clusters and supply chain management: The Amish experience [J]. International Journal of *Physical Distri-*

bution and Logistics Management, 2006, 36 (4): 289 – 308.

[163] Donald R. Davis and David E. Weinstein. A search for multiple equilibria in urban industrial structure [J]. *National Bureau of Economic Research*, 2004: 29 – 65.

[164] Dongya Li a, Yi Lu b, Mingqin Wu. Industrial agglomeration and firm size: Evidence from China [J]. *Regional Science and Urban Economics*, 2012, 42: 135 – 143.

[165] Duranton G. , Puga D. Diversity and Specialization in Cities: Why, Where and When Does it Matter [J]. *Urban Studies*, 2000, (37): 53 – 555.

[166] Duranton G. , D. Puga. Nursery Cities: Urban Diversity, Process Innovation, and the Life Cycle of Products [J]. *American Economic Review*, 2001, (91): 1454 – 1477.

[167] Edward L Glaeser. Learning in Cities [J]. *Journal of Urban Economics*, 1999, 46 (2): 254 – 277.

[168] Elhorst, J. P. Applied Spatial Econometrics: Raising the Bar [J]. *Spatial Economic Analysis*, 2010, 5 (1): 18 – 24.

[169] Elhorst, J. P. Dynamic Panels with Endogenous Interaction Effects when T is Small [J]. *Regional Science and Urban Economics*, 2010, 40 (5): 272 – 282.

[170] Elhorst, J. P. Dynamic Spatial Panels: Models, Methods, and Inferences [J]. *Journal of Geographical Systems*, 2012, 14 (1): 1 – 25.

[171] Elhorst, J. P. Handbook of Applied Spatial Analysis [M]. *Berlin: Springer*, 2009: 2 – 4.

[172] Ertur C, Le Gallo J, Baumont C. The European Regional Convergence Process, 1980 – 1995: Do Spatial Dependence and Spatial Heterogeneity Matter? [J]. *International Regional Science Review*, 2006, 29: 2 – 34.

[173] Ertur, C. , Koch, W. Growth, Technological Interdependence and Spatial Externalities: Theory and Evidence [J]. *Journal of Applied Econometrics*, 2007, 22 (6): 1033 – 1062.

[174] Esteban J. E. , Ray D. On the Measurement of Polarization [J]. *Econometrica*, 1994, 62 (4): 819 – 851.

[175] European Commission. A renewed EU strategy 2011 – 2014 for corporate

social responsibility [EB/OL]. (2014 - 5 - 10). http://eur-lex. europa. eu/LexUriServ/LexUriServ. do? uri = COM: 2011: 0681: FIN: EN: PDF. 2011.

[176] Franco Malerba. Innovation and the evolution of industrial [J]. *Journal of Evolutionary Economics*, 2005, 9 (16): 13 - 23

[177] Franzese Jr, R. J. , Hays, J. C. Spatial Econometric Models of Cross-Sectional Interdependence in Political Science Panel and Time-Series-Cross-Section Data [J]. *Political Analysis*, 2007, 15 (2): 140 - 164.

[178] Fujita M, Morit T. Structural stability and evolution of urban systems [J]. *Regional Science and Urban Economics*, 1997, 27 (4 - 5): 399 - 442.

[179] Fujita M, P A Krugman, A J Venables. The Spatial Economy [M]. *MIT Press*, 1999.

[180] Fujita M, Thisse J F. Economics of Agglomeration, Cities, Industrial Location, and Regional Growth [M]. *Cambridge University Press*, 2002.

[181] Fujita, M, , T. Mori. Structure Stability and Evolution of Uthan Systems [J]. *Rcgional Science and Urban Economies*, 1997, (27): 399 - 442.

[182] Fujita, M. , Krugman, P. When is the Economy Mono-centric: von Thünen and Chamberlin Unified [J]. *Regional Science and Urban Economies*, 1995, (25): 505 - 528.

[183] Gallagher, M. E. China's workers movement and the end of the rapid-growth era [J]. Daedalus, 2014, 143 (2): 81 - 95.

[184] Gereffi, G. Global value chains in a post-Washington consensus world [J]. Review of International Political Economy, 2014, 21 (1): 9 - 37.

[185] Gereffi, G. The global economy: Organization, governance, and development [M] //N. J. Smelser and R. Swedberg. The handbook of economic sociology (2nd ed). Princeton, NJ: Princeton University Press, 2005: 160 - 182.

[186] Gereffi, G. , Fernandez-Stark, K. Global value chain analysis: A primer [EB/OL]. Center on Globalization, Governance and Competitiveness, Durham, NC. (2013 - 12 - 4). http://www. cggc. duke. edu/pdfs/2011 - 05 - 31_GVC_analysis_a_primer. pdf. 2011.

[187] Gereffi, G. , Lee, J. Why the world suddenly cares about global supply chains [J]. Journal of Supply Chain Management, 2012, 48 (3): 24 - 32.

[188] Glaeser E, Kolko J, Saiz A. Consumer City [J]. *Journal of Econom-*

ic Geography, 2001, 1: 27 – 50.

[189] Goldstein, G. S, Gronberg, T. Economies of Scope and Economies of Agglomeration [J]. *Journal of Urban Economics*, 1984, (16): 91 – 104.

[190] Gottmann. Megalopolis: or the urbanization of the Northeastern Seaboard [J]. *Economic Geography*, 1957, (33): 189 – 200.

[191] Hall P, Pain K. The Polycentric Metropolis: Learning from Mega-city Regions in Europe [M]. *London: Earthscan*, 2006.

[192] Hall P. . Toward a General Urban Theory [M] //J. Brotchic, M. Batty, Blackely, P. Hall, & P. Newton. Cities in Competition: productive and sustainable cities for 21st century, Melbourne: Longman Austealia. 1995, 3 – 31.

[193] Hans R. A. Koster, Jan Rouwendal. Agglomeration, commuting costs, and the internal structure of cities [J]. *Regional Science and Urban Economics*, 2013, 43: 352 – 366.

[194] Hastie T. , Tibshirani R. . Varying Coefficient Models [J]. *Journal of the Royal Statistics*, 1993, 18 (4): 162 – 171.

[195] Hazel Moir. Relationships between Urbanization Level and the Industrial Structure of the Labor Force [J]. *Economic Development and Cultural Change*, 2006, 25 (1): 123 – 135.

[196] Helpman, E. . The size of regions [M] //D. Pines, E. Sadka and I. Zilcha. Topics in Public Economics: Theoretical and Applied Analysis, Cambridge University Press, 1998, 33 – 54.

[197] Henderson J V, Y Ioannides. Aspects of Growth in a System of Cities [J]. *Journal of Urban Economics*, 1981, 10: 117 – 139.

[198] Henderson J. V. Cities and Development [J]. *Journal of Regional Science*, 2010, 50 (1): 515 – 540.

[199] Henderson J. V. The Urbanization Process and Economic Growth: The So-What Question [J]. *Journal of Economics Growth*, 2003, 8: 47 – 71.

[200] Henderson, J. V, Wang, H. G. Urbanization and City Growth The Role of Institutions [J]. *Regional Science and Urban Eeonomic*, 2007, (37): 283 – 313.

[201] Henderson, J. V. Eeonomic Theory and the Cities [M]. *Academy Press*, 1985, 1 – 3.

[202] Hidenobu Matsumoto. International Urban Systems and Air Passenger and Cargo Flows Some Calculations [J]. *Journal of Air Transport Management*, 2004, (10): 241 –249.

[203] Hiroki Kondo. International R&D subsidy competition, industrial agglomeration and growth [J]. *Journal of International Economics*, 2013, 89: 233 –251.

[204] Hobson, P. Optimal Product Variety in Urban Areas [J]. *Journal of Urban Economics*, 1987, (22): 190 –197.

[205] Huasheng Song, Jacques-François Thisse, Xiwei Zhu. Urbanization and/or rural industrialization in China [J]. *Regional Science and Urban Economics*, 2012, 42: 126 –134.

[206] Itoh R. Dynamic Control of Rural-urban Migration [J]. *Journal of Urban Economics*, 2009, 66: 196 –202.

[207] J. Vernon Henderson, H. Gun Wang. Urbanization and city growth: The role of institutions [J]. *Regional Science and Urban Economics*, 2007, 37 (3): 283 –313.

[208] J. V. Henderson. The Sizes and Types of Cities [J]. *American Economic Review*, 1974, (64): 640 –656.

[209] Jacobs, J. P. A. M. , Ligthart, J. E. , Vrijburg, H. Dynamic Panel Data Models Featuring Endogenous Interaction and Spatially Correlated Errors [J/OL]. 2009. http://ideas. repec. org/p/ays/ispwps/paper0915. html

[210] Jordan W. Smith, Myron, Floy. The urban growth machine, central place theory and access to open space [J]. *City, Culture and Society*, 2013, 4: 87 –98.

[211] Joshua Drucker, Edward Feser. Regional industrial structure and agglomeration economies: An analysis of productivity in three manufacturing industries [J]. *Regional Science and Urban Economics*, 2012, 42: 1 –14.

[212] Kaplinsky, R. , Terheggen, A. , Tijaja, J. China as a final market: The Gabon timber and Thai cassava value chains [J]. World Development, 2011, 39 (7): 1177 –1190.

[213] Kelejian H H, Prucha I R. Specification and estimation of spatial autoregressive models with autoregressive and heteroskedastic disturbances [J]. *Journal of Econometrics*, 2010: 157 (1): 53 –67.

［214］Kelejian, H. H., Prucha, I. R. A Generalized Spatial Two Stage Least Squares Procedure for Estimating a Spatial Autoregressive Model with Autoregressive Disturbances ［J］. *Journal of Real Estate Finance and Economics*, 1998, 17 (1): 99 – 121.

［215］Khara, N., Lund-Thomsen, P. Value chain restructuring, work organization and labour outcomes in football manufacturing in India ［J］. Competition and Change, 2012, 16 (4): 261 – 280.

［216］Kiyohiro Ikeda, Takashi Akamatsu, Tatsuhito Kono. Spatial period-doubling agglomeration of a core-periphery model with a system of cities ［J］. *Journal of Economic Dynamics and Control*, 2012, 36: 754 – 778.

［217］Korniotis, G. M. Estimating Panel Models with Internal and External Habit Formation ［J］. *Journal of Business and Economic Statistics*, 2010, 28 (1): 145 – 158.

［218］Krugman, Paul. Increasing Returns and Economic Geography ［J］. *Journal of Political Economy*, 1991, 99 (3): 483 – 499.

［219］Kukenova, M., Monteiro, J. A. Spatial Dynamic Panel Model and System GMM: a Monte Carlo Investigation ［J/OL］. 2009, http: //ideas. repec. org/p/pra/mprapa/11569. html.

［220］Kunzmann K R, Wegener M. The Attern of Urbanizationin Western Euro Pe J ［J］. *Ekistics*, 1991, 50 (2): 156 – 178.

［221］Kurt Fuellhart. Inter-metropolitan Airport Substitution by Consumers in an Asymmetrical Airfare Environment Harrisburg Philadelphia and Baltimore ［J］. *Journal of Transport Geography*, 2003, (11): 285 – 296.

［222］Lall S, Shalizi, Deichmann U. Agglomeration Economies and Productivity in Indian Industry ［J］. *Journal of Development Economics*, 2004, 73 (2): 643 – 673.

［223］Lang R E, Dhavale D. Beyond megalopolis: Exploring America's new "Megapolitan" geography ［J］. *Metropolitan Institute Census Report*, 2005, 5 – 6.

［224］Le Sage, J. P., Pace, R. K. Introduction to Spatial Econometrics ［M］. *Boca Raton: CRC Press Taylor und Francis Group*, 2009: 73 – 75.

［225］Lee, J., Gereffi, G., Beauvais, J. Global value chains and agri-food standards: Challenges and possibilities for smallholders in developing countries

［C］. Proceedings of the National Academy of Sciences of the United States of America, 2012, 191 (31): 12326 – 12331.

［226］ Lee, L. F. , Yu, J. Efficient GMM Estimation of Spatial Dynamic Panel Data Models With Fixed Effects ［J/OL］. 2010. www. economics. smu. edu. sg/events/Paper/LungfeiLee. pdf

［227］ Lesage J. P. A Family of Geographically Weighted Regression Models ［M］//Luc Anselin, Raymond, J. G Florax, Sen go J. Rey. Advances in Spatial Econometrics. Berlin: Springer-Verlag, 2004: 241 – 264.

［228］ LeSage, J. P. , Pace, R. K. Introduction to Spatial Econometrics ［M］. *Boca Raton: Taylor and Francis*, 2009.

［229］ Levine, R. . Finance and Growth: Theory and Evidence ［M］// Aghion, P. , Durlauf, S. (Eds.). *Hand Book of Economic Growth*, Elsevier: 2004.

［230］ Levine, R. . International Financial Liberalization and Economic Growth ［J］. *Review of International Economics*, 2001, 9 (4): 688 – 702.

［231］ Ling Peng, Yongmiao Hong. Productivity spillovers among linked sectors ［J］. *China Economic Review*, 2013, 25: 44 – 61.

［232］ Locke, R. , Amengual, M. , Mangla, A. Virtue out of necessity? Compliance, commitment, and the improvement of labor conditions in global supply chains ［J］. Politics and Society, 2009, 37 (3): 319 – 351.

［233］ Lucas, Robert E. On the Mechanics of Economic Development ［J］. *Journal of Monetary Economics*, 1988, 22 (1): 3 – 42.

［234］ Lund-Thomsen, P. , Lindgreen, A. Corporate social responsibility in global value chains: Where are we now and where are we going? ［J］. Journal of Business Ethics, 2014, 123 (1): 11 – 22.

［235］ Lund-Thomsen, P. , Nadvi, K. Clusters, chains and compliance: Corporate social responsibility and governance in football manufacturing in South Asia ［J］. Journal of Business Ethics, 2010, 93 (2): 201 – 222.

［236］ Maarten Bosker, Steven Brakman, Harry Garretsen, Marc Schramm. Relaxing Hukou: Increased labor mobility and China's economic geography ［J］. *Journal of Urban Economics*, 2012, 72: 252 – 266.

［237］ Magnus Blomstrom and Ari Kokko. From Nature Resources to High-Tech

Production: The evolution of industry Competitiveness in Sweden and Finland [M]. *Stanford University Press*, 2006: 213 –238.

[238] Mankiw. N. G. , D. Romer and D. N. Weil. A Contribution to the Empires of Economic Growth [J]. *Quarterly Journal of Economics*, 1992, 107 (2): 407 –437.

[239] Marcus Berliant, Chia-Ming Yu. Rational expectations in urban economics [J]. *Regional Science and Urban Economics*, 2013, 43: 197 –208.

[240] Mark Roberts, Uwe Deichmann, Bernard Fingleton a, Tuo Shi. Evaluating China's road to prosperity: A new economic geography approach [J]. *Regional Science and Urban Economics*, 2012, 42: 580 –594.

[241] Masahisa Fujita. Thünen and the New Economic Geography [J]. *Regional Science and Urban Economics*, 2012, 42: 907 –912.

[242] Mayer, F. Leveraging private governance for public purpose: Business, civil society and the state in labour regulation [M] //A. Payne and N. Philips. Handbook on the international political economy of governance. Cheltenham, UK: Edward Elgar, 2014: 344 –360.

[243] Mezzadri, A. Indian garment clusters and CSR norms: Incompatible agendas at the bottom of the garment commodity chain [J]. Oxford Development Studies, 2014, 42 (2): 238 –258.

[244] Michael C, Wolfson. Conceptual Issues in Normative Measurement: When Inequalities Diverge [J]. *American Economic Review*, 1994, 84 (2): 353 –358.

[245] Mills, Edwin S. Studies in Indian Urban Development [M]. Washington, D. C. : *Oxford University Press*, 1986.

[246] Moomaw R. L, Shatter A. M. Urbanization and Economic Development: A Bias Toward Large Cities? [J]. *Journal of Urban Economics*, 1996, 40 (1): 13 –37.

[247] Nadvi, K. ' Rising powers ' and labor and environmental standards [J]. Oxford Development Studies, 2014, 42 (2): 137 –150.

[248] Ord J. K. , Getis A. Local Autocorrelation Statistics: Distributional Issues and an Application [J]. *Geographical Analysis*, 1995, 27 (4): 286 –306.

[249] P. Knox. Urbanization [J]. *International Encyclopedia of Human Ge-*

ography，2009：112 - 118.

[250] Parent，O.，LeSage，J. P. A Space-Time Filter for Panel Data Models Containing Random Effects ［J］. *Computational Statistics and Data Analysis*，2011，55（1）：475 - 490.

[251] Parent，O.，LeSage，J. P. A Spatial Dynamic Panel Model with Random Effects Applied to Commuting Times ［J］. *Transportation Research Part B*：*Methodological*，2010，44（5）：633 - 645.

[252] Pesaran MH，Tosetti E. Large panels with common factors and spatial correlation ［J］. *Journal of Econometrics*，2011，161（2）：182 - 202.

[253] Ponte，S.，Sturgeon，T. Explaining governance in global value chains：A modular theory-building effort ［J］. Review of International Political Economy，2014，21（1）：195 - 223.

[254] Puppim de Oliveira，J. A.. Upgrading clusters and small enterprises in developing countries：Environmental，labor，innovation and social issues ［M］. Burlington，VT：Ashgate. 2008.

[255] Pyrgiotis Y. N. Urban Networking in Euro Pe J ［J］. *Ekisties*，1991，（2）：350 - 351.

[256] Rivera-Batiz，F. L. Increasing Returns，Monopolistic Competition and Agglomeration Economies in Consumption and Production ［J］. *Regional Science and Urban Economics*，1988，（18）：25 - 153.

[257] Ron A Boschma and Rik Wenting. The spatial evolution of the British Automobile industry：Does location matter？［J］ *Industrial and Corporate Change*，2007，16（2）：213 - 238.

[258] Rosenthal S S，Strange W C. Chapter 49 Evidence on the Nature and Sources of Agglomeration Economies ［M］//Thisse J F，Henderson V. *Handbook of Regional and Urban Economics*. Elsevier，2004，4：2119 - 2171.

[259] Ruwanpura，K. N.，Wrigley，N. The costs of compliance？ Views of Sri Lankan apparel manufacturers in times of global economic crisis ［J］. Journal of Economic Geography，2011，11（6）：1031 - 1049.

[260] S. Findeisen，J. Südekum. Industry churning and the evolution of cities：Evidence for Germany ［J］. *Journal of Urban Economics*，2008（64）：326 - 339.

[261] S. M. Pandy. Nature and Determinants of Urbanization in a Developing Economy: The Case of India [J]. *Economic development and cultural change*, 1997, 25: 265 – 278.

[262] Shen Guo qiang. Reverse-Fitting the Gravity Model to Inter-city Airline Passenger Flows by an Algebraic Simplification [J]. *Journal of Transport Geography*, 2004, 12: 219 – 234.

[263] Simeon Djankov, Caroline Freund. Trade Flows in the Former Soviet Union 1987 to 1996 [J]. *Journal of Comparative Economics*, 2002, 30 (1): 76 – 90.

[264] Stahl K. A Note on the Microeconomics of Migration [J]. *Journal of Urban Economics*, 1983, 14: 318 – 326.

[265] Steven Brakman, Charles van Marrewijk. Lumpy countries, urbanization, and trade [J]. *Journal of International Economics*, 2013, 89: 252 – 261.

[266] Steven Klepper. The Evolution of the US Automobile Industry and Detroit as its Capital [J]. *Industrial and Corporate Change*, 2001, 11: 645 – 676.

[267] Stuart A. Gabriel, Stuart S. Rosenthal. Urbanization, agglomeration economies, and access to mortgage credit [J]. *Regional Science and Urban Economics*, 2013, 43: 42 – 50.

[268] Tabuchi T. Urban Agglomeration and Dispersion: A synthesis of Alonso and Krugman [J]. *Journal of Urban Economics*, 1998, 44: 333 – 351.

[269] Theodore Tsekeris, Nikolas Geroliminis. City size, network structure and traffic congestion [J]. *Journal of Urban Economics*, 2013, 76: 1 – 14.

[270] Tobler W. R. Lattice Tuning [J]. Geographical Analysis, 1997.

[271] Van Tulder, R. Chains for change. Position paper for the Third Max Havelaar lecture [EB/OL]. (2014 – 1 – 6) from: http://www. maxhavelaarlecture. org/downloads/max_havelaar_lectures_2009_booklet. pdf. 2009.

[272] World Bank. World Development Report 2009: Reshaping Economic Geography [R]. *Oxford University Press*, 2009.

[273] Yoshitsugu Kanemoto. Second-best cost-benefit analysis in monopolistic competition models of urban agglomeration [J]. *Journal of Urban Economics*, 2013, 76: 83 – 92.

[274] Yu, J. , Jong R. De. , Lee, L. Quasi-Maximum Likelihood Estimators

for Spatial Dynamic Panel Data with Fixed Effects when Both N and T are Large [J]. *Journal of Econometrics*, 2007, 146 (1): 118 – 126.

[275] Zhang X B, Kanbur R. What Difference Do Polarization Measures Make? An Application to China [J]. *Journal of Development Studies*, 2001, 37 (31): 85 – 98.